[आलोचना]

# मुक्तिबोध : कविता का आद्यबिम्बत्व

# मुक्तिबोध

## कविता का आद्यबिम्बत्व

कृष्णमुरारि मिश्र

राधाकृष्ण प्रकाशन

ISBN : 978-81-19989-63-8

**मुक्तिबोध : कविता का आद्यबिम्बत्व**



**पहला संस्करण :** 2024

**मूल्य :** ₹795

**प्रकाशक**
राधाकृष्ण प्रकाशन प्राइवेट लिमिटेड
जी-17, जगतपुरी, दिल्ली-110 051

**शाखाएँ :** अशोक राजपथ, साइंस कॉलेज के सामने, पटना-800 006
पहली मंजिल, दरबारी बिल्डिंग, महात्मा गांधी मार्ग, प्रयागराज-211 001
1, अनमोल सोराबजी सन्तुक लेन, धोबी तलाव, मरीन लाइंस, मुम्बई-400 002
वेबसाइट : www.radhakrishnaprakashan.com
ई-मेल : info@radhakrishnaprakashan.com

**मुद्रक**
राजकमल प्रेस
नई दिल्ली-110 002

MUKTIBODH : KAVITA KA AADYABIMBATTVA
*Criticism* by Krishna Murari Mishra

श्रद्धेय गुरुवर **आचार्य जगदीश कुमार** की
पुण्य स्मृति को

# क्रम

*प्राक्कथन* 9

**अध्याय-1**
विषय-प्रवेश 15

**अध्याय-2**
युंगीय मनोविज्ञान और मुक्तिबोध 35

**अध्याय-3**
अचेतन के आद्यबिम्ब 43

**अध्याय-4**
आत्मोपलब्धि-प्रक्रिया के आद्यबिम्ब 76

**अध्याय-5**
मुक्तिबोध : भाषा का आद्यबिम्बत्व 130

**अध्याय-6**
'अँधेरे में' आजानुबाहु का आद्यबिम्ब 146

**अध्याय-7**
ब्रह्मराक्षस की पहचान 164

**परिशिष्ट-1**
पारिभाषिक शब्दावली 177

**परिशिष्ट-2**
ग्रन्थ-सूची 180

# प्राक्कथन

गजानन माधव मुक्तिबोध की कविताओं की ओर आलोचकों का ध्यान आकृष्ट करने का श्रेय दिल्ली विश्वविद्यालय के आचार्य जगदीश कुमार को प्राप्त है। 1972 ई. में उनकी कृति 'नई कविता की चेतना' का प्रकाशन हुआ जिसमें पहली बार उन्होंने मुक्तिबोध की कविताओं को सही परिप्रेक्ष्य में परखा और सिद्ध किया कि मुक्तिबोध खरी आत्मा वाले प्रगतिवादी थे, जो अपने ही खेमे में उपेक्षित रहे। नतीजा यह हुआ कि दिल्ली के प्रगतिवादी मित्र जागे और आने वाले एक-दो वर्षों में मुक्तिबोध पर अनेक आयोजन किए गए। फिर क्या था! देखते-देखते मुक्तिबोध की कविता नारा बन गई। किसी भी रचनाकार के लिए यह कोई ख़ुशी की बात नहीं होती है कि उसकी रचनाएँ किसी ख़ास वर्ग के लिए केवल नारा बनकर रह जाएँ।

मैं उन दिनों दिल्ली में था और उसी वर्ष गुरुवर प्रोफ़ेसर जगदीश कुमार जी के सद्परामर्श से मैंने एम. लिट् में प्रवेश लिया तथा उनके निर्देशन में प्रबन्धिका के लिए युंगीय मनोविज्ञान की दृष्टि से मुक्तिबोध की कविताओं के अध्ययन का निश्चय किया। हिन्दी में आद्यबिम्बात्मक आलोचना का आरम्भ मुक्तिबोध की कविताओं के इस अध्ययन से ही हुआ था। अत: इस अध्ययन का ऐतिहासिक महत्त्व है।

इस दृष्टि से भी यह अध्ययन महत्त्व रखता है कि यह मुक्तिबोध की कविता के व्यवस्थित अध्ययन के कतिपय शुरुआती प्रयासों में से एक है। यह प्रयास आद्यबिम्बात्मक आलोचना के नाम से हिन्दी में आलोचना के एक स्वतंत्र सम्प्रदाय के विकास की पूर्वस्थिति के रूप में भी प्रतिष्ठित हुआ। चार दशकों से भी अधिक समय तक यह अध्ययन पाठकों के लिए अनुपलब्ध रहा। कारण लेखक की यह महत्त्वाकांक्षा ही रही कि इस प्रारम्भिक अध्ययन को मुक्तिबोध की

अनेक बहुचर्चित लम्बी कविताओं के आद्यबिम्बात्मक आलोचना की दृष्टि से अध्ययन के द्वारा पूर्णतर बनाया जाए। सम्प्रति इस आकांक्षा को संवृत कर ग्रन्थ को परिवर्धित रूप में प्रस्तुत किया जा रहा है। अतः इस अध्ययन में समग्रता या पूर्णता का दावा कदापि नहीं है। यह अध्ययन अपनी प्रकृति में अन्तरशास्त्रीय है। आज के युग में साहित्यालोचक इतर अनुशासनों के प्रति आँख मूँदे नहीं रह सकता। आलोचना के विकास के लिए यह अनिवार्य हो उठा है कि आलोचक उसकी स्वायत्तता को अक्षुण्ण रखते हुए इतर अनुशासनों के प्रत्ययों को उसकी मूलभूत प्रवृत्ति के अनुरूप ढालें। निश्चित समयावधि में किए गए प्रारम्भिक अध्ययन की अपनी सीमाएँ होती हैं। ख़ास तौर से तब जबकि अनुशासन गहन मनोविज्ञान की हो और कविता मुक्तिबोध की हो। लेखक ने अपने परवर्ती अध्ययनों में उन सीमाओं से उबरने का प्रयास किया है। वे प्रयास स्वतंत्र ग्रन्थ के रूप में प्रकाशित हैं; अतः इस अध्ययन के मूल और ऐतिहासिक रूप को अक्षुण्ण रखने के लिए उन प्रयासों को यहाँ सम्मिलित नहीं किया गया है।

प्रस्तुत ग्रन्थ में मुक्तिबोध की कविता का विभिन्न समयों पर किया गया अध्ययन प्रस्तुत है। ग्रन्थ सात अध्यायों में विभक्त है। 'विषय-प्रवेश' में युंगीय मनोविज्ञान की प्रमुख स्थापनाओं का संक्षिप्त परिचय दिया गया है, जिसकी पृष्ठभूमि के अभाव में आद्यबिम्ब की धारणा का स्पष्टीकरण असम्भव था। मुक्तिबोध की विश्व-दृष्टि प्रगतिवादी थी किन्तु उनका प्रगतिवाद विभिन्न दर्शनों और विज्ञानों से पोषित था। प्रगतिवादी होते हुए भी उनके काव्य में तिलक और गांधी के बिम्ब आए हैं। नये कवियों में मुक्तिबोध ने ही युंगीय मनोविज्ञान के महत्त्व को सर्वप्रथम और सर्वाधिक अनुभव किया था। इसी प्रकार फ्रायड के सिद्धान्त भी उनके काव्य में प्रगतिवादी विचारधारा के अनुरूप ढलकर प्रयुक्त हुए हैं। 'युंगीय मनोविज्ञान और मुक्तिबोध' शीर्षक द्वितीय अध्याय में बहिस्साक्ष्य और अन्तःसाक्ष्य के आधार पर मुक्तिबोध का विश्लेषणात्मक मनोविज्ञान से घनिष्ठ परिचय एवं उनके सृजन में विश्लेषणात्मक मनोविज्ञान की धारणाओं के उपयोग को प्रमाणित किया गया है। तृतीय अध्याय में मुक्तिबोध के काव्य में उपलब्ध अचेतन के आद्यबिम्ब विवेचित हैं। चतुर्थ अध्याय आत्मोपलब्धि-प्रक्रिया के विशिष्ट आद्यबिम्बों से सम्बन्धित है। इस अध्याय में छाया, माया, आप्तपुरुष और आत्म के आद्यबिम्बों की दृष्टि से मुक्तिबोध की कविता का अध्ययन किया गया है। 'भाषा का आद्यबिम्बत्व' शीर्षक पाँचवें अध्याय

में मुक्तिबोध के काव्य की भाषिक संरचना में अभिव्यक्त बिम्बात्मक दीप्तियों का अध्ययन है। 'अँधेरे में : आजानुबाहु का आद्यबिम्ब' शीर्षक छठे अध्याय में आप्तपुरुष के आद्यबिम्ब के माध्यम से व्यक्त कविता के युगीन सन्देश को उद्घाटित किया गया है। अन्तिम अध्याय में 'ब्रह्मराक्षस' शीर्षक कविता के ब्रह्मराक्षस की पहचान है। इसमें सिद्ध किया गया है कि ब्रह्मराक्षस पात्र में जयशंकर प्रसाद बिम्बित हैं। यह निबन्ध मेरे अध्यापन-कर्म का सुफल है।

विषय की नवीनता के कारण निबन्ध में विशिष्ट शब्दावली का व्यवहार अपरिहार्य है। इस शब्दावली की सूची तो परिशिष्ट में दे दी गई है किन्तु उसके चयन की पद्धति का स्पष्टीकरण यहाँ अपेक्षित है। शब्दावली के चयन में प्रथम वरीयता संस्कृत के ऐसे शब्दों को दी गई है जिन्हें स्वयं युंग ने अपनी धारणाओं के लिए सटीकतम स्वीकार किया है, उदाहरणर्थ 'लिबिडो' के लिए 'तेजस' का, 'एनिमा' के लिए 'माया' का उल्लेख किया जा सकता है। शिक्षा मंत्रालय, भारत सरकार के वैज्ञानिक एवं तकनीकी शब्दावली आयोग की शब्दावली से भी सहायता ली है यथा 'अफेक्ट' के लिए 'भाव', 'एसोसिएशन' के लिए 'साहचर्य' का प्रयोग। आयोग ने 'साइके' के लिए तत्त्व मीमांसा में 'चित्त' और मनोविज्ञान में 'मन' और 'मानस' का प्रयोग किया है। कुछ कोशों और ग्रन्थों में इसके लिए 'चेतना', 'प्राण', 'जीव', 'मनीषा' आदि शब्द भी प्रयुक्त हैं। डॉ. सीताराम जायसवाल ने 'मनोविज्ञान की ऐतिहासिक रूपरेखा' में 'चित्त' शब्द का प्रयोग किया है। 'साइके' की युंगीय धारणा के लिए 'चित्त' ही सर्वाधिक व्यंजक है। समीक्षा के अनुशासन में रहने के कारण आयोग द्वारा स्वीकृत अल्पप्रचलित शब्दों के स्थान पर समीक्षा में सामान्यतः प्रचलित शब्दों को स्वीकार किया गया है, उदाहरणार्थ 'प्रॉरोरा' और 'कॉम्प्लीमेंट्री' के लिए आयोग की शब्दावली में क्रमशः 'प्रक्रम' और 'पूरक' शब्द दिये गए हैं, जिनके स्थान पर प्रस्तुत ग्रन्थ में 'प्रक्रिया' और 'सम्पूरक' शब्द व्यवहृत हैं। 'इंडिविजुएशन' के लिए आयोग ने 'व्यष्टीयन' का प्रयोग किया है जबकि 'आत्मोपलब्धि' युंगीय भावना के अधिक निकट है। 'माना' और 'पर्सना' को आयोग ने ज्यों का त्यों स्वीकार किया है। इनके लिए प्रस्तुत ग्रन्थ में क्रमशः 'आप्त' और 'मुखौटा' शब्द प्रयुक्त हैं। 'विज़नरी पोइट्री' के लिए 'संकल्पात्मक काव्य' का व्यवहार काव्य की प्रसादीय परिभाषा से प्रेरित होकर किया गया है। नई धारणाओं के अनुरूप कुछ नये शब्द भी अपनाए गए हैं, उदाहरणार्थ 'टेरीबुल मदर'

के लिए 'कराला', 'लविंग मदर' के लिए 'वत्सला', 'द वाइज ओल्डमैन' के लिए 'आप्तपुरुष' जैसे प्रयोग लिये जा सकते हैं।

इस अवसर पर मुझे अपने पितृकल्प स्व. प्रोफ़ेसर हरवंश लाल शर्मा, पूर्व निदेशक, केन्द्रीय हिन्दी निदेशालय, पूर्व अध्यक्ष, वैज्ञानिक तथा तकनीकी शब्दावली आयोग, नई दिल्ली एवं पूर्व कुलपति, बुन्देलखंड विश्वविद्यालय, झाँसी का स्मरण हो रहा है। वे मेरे अध्ययन की ओर से पूरी तरह आश्वस्त रहते थे। जीवन-सहचरी प्रोफ़ेसर मनीषा रानी शर्मा ने ग्रन्थ के प्रकाशन के लिए बार-बार आग्रह किया। धन्यवाद-ज्ञापन उन्हें क्षुब्ध करेगा। नवाचारप्रिय धेवती कु. आस्था कौशिक और क्रीड़ाप्रिय धेवते उन्मेष गौड़ को इस अवसर पर स्नेहाशीष।

यह अध्ययन श्रद्धेय गुरुवर स्व. प्रोफ़ेसर जगदीश कुमार को समर्पित है। मेरे जीवन को सँवारने में उनका बहुत बड़ा योगदान रहा है।

सुरुचि-सम्पन्न प्रकाशक श्री अशोक महेश्वरी का साधुवाद! उन्होंने सदैव मेरी रचनाओं को सहर्ष अपनाया है।

**—कृष्णमुरारि मिश्र**

# मुक्तिबोध

## कविता का आद्यबिम्बत्व

अध्याय-1

# विषय-प्रवेश

युंग ने चित्तीय प्रक्रिया की समग्रता को चित्त की अभिधा प्रदान की है। चित्त के दो स्तर हैं—चेतन और अचेतन। हमारी चेतना अचेतन के असीम समुद्र में प्रवहमान लघु द्वीप की तरह हमारे चित्त का क्षुद्र अंश है।[1] यह चित्त की वह क्रिया है जो उसकी सामग्री को अहं से सम्बद्ध करती है। अहं प्रत्यय-ग्रन्थि है जो चेतना का केन्द्र है। समग्र चित्तीय सामग्री चेतन नहीं है एवं अहं चेतना का केन्द्र होने के कारण चित्त की समग्रता के रूप में ग्राह्य नहीं है। चेतना चित्तीय सामग्री एवं अहं के सम्बन्ध की पर्याय भी मानी जा सकती है।[2] मानव ने अपनी चेतना का धीरे-धीरे और श्रमपूर्वक एक ऐसी प्रक्रिया द्वारा विकास किया है जिसे सभ्य अवस्था तक पहुँचने में अकथनीय युग लगे हैं। यह विकास आज भी अपूर्ण है क्योंकि हमारे चित्त का अधिकांश अभी तक अन्धकारमय है।[3]

चित्त की इन चेतन और अचेतन क्रियाओं का अध्ययन करते हुए युंग ने मनोवैज्ञानिक प्रकारों और आद्यरूपों का विशेष विवेचन किया है। मनोवैज्ञानिक प्रकारों का सम्बन्ध मनोवैज्ञानिक कार्यों और अभिवृत्तियों से है। मनोवैज्ञानिक कार्य से युंग का तात्पर्य चित्तीय क्रिया के उस विशिष्ट रूप से है जो विभिन्न स्थितियों में सिद्धान्ततः यथावत् रहता है।[4] युंग ने मानव के चार आधारभूत मनोवैज्ञानिक कार्यों का विवेचन किया है—चिन्तन, भावना, सहजानुभूति और संवेदन। चिन्तन वह मनोवैज्ञानिक कार्य है जो स्वनियमाधीन रहकर प्रत्यय के विषयों का परस्पर धारणात्मक संयोजन करता है।[5] भावना 'पूर्णतः विषयपरक प्रक्रिया'[6] है। इसमें प्रिय या अप्रिय, स्वीकार्य या अस्वीकार्य की धारणाओं के द्वारा किए गए मूल्यांकन के आधार पर विश्व का बोध होता है।[7] संवेदन मुख्यतः ऐन्द्रिक बोध है। यह एक ओर प्रत्ययीकरण का तत्त्व है, क्योंकि मन में बाह्य वस्तुओं के मानसिक बिम्बों को उद्भूत करता है एवं दूसरी ओर भावना का तत्त्व है, क्योंकि शारीरिक परिवर्तनों के बोध से यह भावना को भाव में परिणत करता है।[8] युंगीय मनोविज्ञान में 'भाव' का पारिभाषिक अर्थ वह भावनात्मक अवस्था है, जिसमें एक ओर शारीरिक तंत्रिकोत्तेजन

का वैशिष्ट्य और दूसरी ओर प्रत्ययीकरण की प्रक्रिया का संक्षोभ लक्षित होता है।[9] सहजानुभूति द्वारा बाह्य या आभ्यन्तर विषयों के अस्तित्व की खोज या व्याख्या के बिना ही हम उनका सम्पूर्ण रूप में ग्रहण करते हैं।[10] दूसरे शब्दों में यह एक अचेतन व्यापार है जिसके द्वारा वस्तुओं की सत्ता का आभ्यन्तर रूप उद्घाटित होता है[11], उदाहरणार्थ किसी प्राकृतिक दृश्य को देखकर संवेदनप्रधान व्यक्ति फूलों, वृक्षों, रंगों आदि के प्रति सचेत होगा और सहजानुभूति-प्रधान व्यक्ति उसका समग्र प्रभाव ग्रहण करेगा। कोई व्यक्ति मुख्यत: किसी एक ही मनोवैज्ञानिक कार्य से बाह्य जगत् के साथ समंजन स्थापित करता है।[12] यह पृथक्कृत या उच्चतर कार्य कहलाता है, जो व्यक्ति के मनोवैज्ञानिक प्रकार का निश्चायक है। इस उच्चतर कार्य के अति पृथक्कृत हो जाने पर व्यक्ति मानसिक सन्तुलन खो बैठता है।[13]

इन मनोवैज्ञानिक कार्यों के अतिरिक्त युंग ने दो सामान्य मनोवैज्ञानिक अभिवृत्तियों का विश्लेषण भी किया है जिनके नाम हैं—बहिर्मुखता और अन्तर्मुखता। ये क्रमश: प्रवृत्ति और निवृत्ति की पर्याय मानी जा सकती हैं। इन अभिवृत्तियों की प्रधानता के आधार पर किसी व्यक्ति को बहिर्मुखी या अन्तर्मुखी कहा जा सकता है। बहिर्मुखी की दृष्टि विषयप्रधान होती है और अन्तर्मुखी व्यक्ति की दृष्टि विषयप्रधान होती है। बहिर्मुखी प्राय: बाहरी दुनिया से समंजित हो जाता है और अन्तर्मुखी व्यक्ति उसमें असफल रहता है।[14]

इन कार्यों और अभिवृत्तियों के आधार पर युंग ने मुख्यत: आठ मनोवैज्ञानिक प्रकारों का उल्लेख किया है। ये प्रकार निम्नलिखित हैं—

1. अन्तर्मुखी चिन्तन प्रकार के व्यक्तित्व की यह विशेषता है कि उसमें ऐसे विचारों की प्रधानता होती है जो व्यक्तिनिष्ठ हैं। दूसरे शब्दों में, इस प्रकार का व्यक्ति केवल अपनी ही दृष्टि से चिन्तन करता है। यह सम्भव है कि इस प्रकार के व्यक्ति को कुछ सामाजिक सफलता मिले।
2. अन्तर्मुखी भावना प्रकार के व्यक्ति में भावनाओं और संवेगों की प्रधानता होती है। यह व्यक्ति दिवास्वप्न में लीन रहता है और किसी प्रकार का सामाजिक सम्बन्ध स्थापित नहीं करता।
3. अन्तर्मुखी संवेदन प्रकार का व्यक्ति अपने सामाजिक पर्यावरण के कार्यों की ओर ध्यान देता है, लेकिन फिर भी वह मूलत: उनके प्रति सचेत नहीं रहता। उसकी मानसिक स्थिति कलाकारों के समान होती है, जो समाज में रहते हुए भी उसके प्रति उदासीन रहते हैं।
4. अन्तर्मुखी सहज बोध (इस शब्द के लिए प्रस्तुत निबन्ध में 'सहजानुभूति' का प्रयोग हुआ है) प्रकार के व्यक्ति अधिकतर धार्मिक और रहस्यवादी प्रवृत्ति के होते है। इनकी कल्पना अत्यन्त उर्वर होती है।

5. बहिर्मुखी चिन्तन प्रकार के व्यक्ति अपने बाह्य जीवन के प्रति अधिकतर सचेत होते हैं। जैसी परिस्थिति होती है उसके अनुसार कार्य करने की कोशिश करते हैं।
6. बहिर्मुखी भावना प्रकार के व्यक्ति बाह्य जीवन से सम्बन्धित वस्तुओं के प्रति भावुक होते है। इनमें मित्रता करने की क्षमता अधिक होती है।
7. बहिर्मुखी संवेदन प्रकार के व्यक्ति यथार्थवादी होते हैं और उनका दृष्टिकोण भौतिक होता हैं। दूसरे शब्दों में, उनके कार्य और व्यापार का आधार वे संवेदन हैं, जो बाह्य जीवन से सम्बन्धित है।
8. बहिर्मुखी सहज बोध प्रकार के व्यक्ति अपने प्रत्यक्ष ज्ञान से प्राप्त अनुभव पर अधिक निर्भर नहीं रहते, वरन् वे परिस्थिति के अनुसार अपने सहज बोध का उपयोग करते है।[15]

युंग द्वारा प्रतिपादित आद्यरूपों का सम्बन्ध हमारे अचेतन से है। मनोवैज्ञानिक तथ्यों से पुष्ट अचेतन की सत्ता का अस्वीकार अज्ञात के भय की आदिम प्रवृत्ति का द्योतक है।[16] अचेतन के दो स्तर हैं—व्यक्तिगत और सामूहिक। व्यक्तिगत अचेतन का सम्बन्ध विस्मृत और दमित सामग्री से है।[17] सामग्री की इस विस्मृति में हम कुछ चेतन प्रयासों के प्रति अनवधान हो जाते हैं, क्योंकि हमारी चेतना एक समय में कुछ चुने हुए प्रत्ययों को ही धारण कर सकती है। इन विस्मृत प्रत्ययों का पूर्ण लोप नहीं होता। ये व्यक्तिगत अचेतन में विद्यमान रहते हैं। इस सामान्य विस्मृति के अतिरिक्त युंग ने अस्वीकार्य स्मृतियों के विस्मरण को फ्रायड के समान 'दमित सामग्री' कहकर स्वीकार किया है।[18]

युंग ने इस व्यक्तिगत अचेतन के साथ ही एक दूसरे चित्तीय निकाय का अस्तित्व स्वीकार किया है, जो अपनी प्रकृति में सामूहिक, सार्वभौम और अवैयक्तिक होने के कारण सभी व्यक्तियों में समान रूप से विद्यमान रहता है।[19] इस चित्तीय निकाय को उन्होंने 'सामूहिक अचेतन' कहा है। सामूहिक से उनका तात्पर्य उस समस्त चित्तीय सामग्री से है, जो एक व्यक्ति से नहीं अपितु बहुजन अर्थात समाज, जाति या सामान्य मानवता से सम्बन्धित है।[20] सामूहिक अचेतन[21] चित्त का वह अंश है जिसका अस्तित्व व्यक्तिगत अचेतन के समान स्वानुभव पर आश्रित नहीं है और, फलत: स्वार्जित भी नहीं है। व्यक्तिगत अचेतन अनिवार्यत: उस सामग्री से निर्मित है, जो कभी चेतन रही थी किन्तु अब विस्मरण या दमन के कारण चेतना से विलुप्त हो गई है। इसके विपरीत सामूहिक अचेतन की सामग्री कभी चेतना में नहीं रही, अत: वह कभी व्यक्तिगत रूप से गृहीत भी नहीं हुई। उसका अस्तित्व केवल आनुवंशिकता पर निर्भर है। जहाँ व्यक्तिगत अचेतन का सम्बन्ध अनिवार्यत: ग्रन्थियों से है वहाँ सामूहिक अचेतन का निर्माण अनिवार्यत: आद्यरूपों से होता है।

युंग का "अचेतन केवल भूत का संग्राहक नहीं है, उसमें भावी चित्तीय स्थितियों और प्रत्ययों के बीज भी निहित हैं।...यह एक तथ्य है कि भूत की चेतन स्मृतियों के साथ ही पूर्णतः नये विचार और सृजनात्मक प्रत्यय भी स्वयमेव अचेतन से प्रस्तुत हो सकते हैं।"[22] 'हिन्दी साहित्यकोश' की अचेतन-सम्बन्धी टिप्पणी के अनुसार, "फ्रायड के शिष्य युंग भी अचेतन मानस में विश्वास करते हैं किन्तु फ्रायड के अचेतन की धारणा को उन्होंने कुछ परिवर्तित और विस्तृत कर दिया है। उनके अनुसार अचेतन में केवल काम-वृत्ति नहीं, वरन् जीवन-शक्ति रहती है। 'लिबिडो' शब्द का अर्थ वह यही जीवन-शक्ति या जीवनेच्छा करते हैं। वह यह भी मानते हैं कि अचेतन कुछ अंशों में जातिगत या वंशगत होता है। अचेतन मानस में सोचने और अनुभव करने के कुछ ऐसे ढंग मिलते हैं, जिन्हें प्रागैतिहासिक पूर्वजों से आया हुआ मानते हैं।" इस सन्दर्भ में यह उल्लेख्य है कि सामूहिक अचेतन की धारणा फ्रायड के व्यक्तिगत अचेतन की धारणा का केवल 'कुछ परिवर्तित और विस्तृत' अंश नहीं है। पिछले अनुच्छेद में यह स्पष्ट हो चुका है कि युंग ने उसे व्यक्तिगत अचेतन से पूर्णतः पृथक किया है। उनकी दृष्टि में व्यक्तिगत अचेतन की अपेक्षा सामूहिक अचेतन बृहत्तर है, क्योंकि वैयक्तिक अचेतन का आधार यह गम्भीरतर और व्यापकतर सामूहिक अचेतन ही है। फलतः उनका अचेतन 'कुछ अंशों में जातिगत और वंशगत' न होकर बृहदंश में आनुवंशिक है। इस प्रकार अचेतन की युंगीय धारणा के विषय में विचार करने वालों को प्रायः अनेक भ्रान्तियाँ होती रही हैं। अचेतन की धारणा को प्रायः ठीक से न समझने के कारण ही लोग प्रायः युंगीय मनोविज्ञान को रहस्यात्मक और तथ्यों से अपुष्ट मानते रहे हैं।[23] इसीलिए युंग को प्रायः यह स्पष्टीकरण देना पड़ा है कि वे दार्शनिक नहीं, तथ्यों के सम्परीक्षक हैं।[24] वे मनोवैज्ञानिक सन्दर्भों में धार्मिक विषयों का आनुवंशिक दृष्टि से प्रेक्षण तो करते हैं परन्तु रहस्यवादी या दार्शनिक चिन्तन से बचते हैं।[25]

युंग के अनुसार सम्पूर्ण चित्तीय निकाय निरन्तर गतिशील रहता है। चित्तीय निकाय के विभिन्न रूपों और कार्यों को परस्पर सम्बद्ध करने वाली सम्पूर्ण ऊर्जा को वे चित्तीय ऊर्जा कहते हैं। यही चित्तीय ऊर्जा उनके विचार से तेजस (लिबिडो) है। इस चित्तीय ऊर्जा का एक आधारभूत सिद्धान्त अनिवार्य सम्पूरकता का नियम है, जिसके अनुकूल सभी मनोवैज्ञानिक घटनाएँ घटित होती हैं। सम्पूरकता का अभिप्राय यह है कि चेतन-अचेतन, प्रवृत्ति-निवृत्ति आदि विरोधी तत्त्वों में ऊर्जा का सन्तुलन स्वतः बना रहता है, उदाहरणार्थ किसी प्रवृत्तिपरक मानसिक प्रयास के उपरान्त हमारी चेतना में प्रायः निवृत्तिपरक भावात्मक प्रतिक्रियाएँ घटित होती हैं। साथ ही भौतिक ऊर्जा की भाँति चित्तीय ऊर्जा में भी पूर्णतया समान प्रवाह से उत्क्रम सम्भव है। मानसिक ऊर्जा के चेतनोन्मुख प्रवाह को प्रगति और अचेतनोन्मुख प्रवाह को प्रतिगति कहते हैं।[26]

चित्तीय संरचना पर विचार करते हुए युंग ने उन तत्त्वों का भी विवेचन किया है, जो अचेतन की संरचना का निश्चय कराने में सहायक हैं। अचेतन की संरचना का निश्चय उससे अभिव्यक्त लक्षणों, ग्रन्थियों, बिम्बों और प्रतीकों द्वारा होता है। ऊर्जा के सामान्य प्रवाह की अवरोधक स्थिति लक्षण कहलाती है। चेतना से विघटित चित्तीय तत्त्वों को ग्रन्थि कहते हैं। अचेतन की संरचना से परिचित होने का सरलतम और प्रभावी माध्यम स्वप्नों, फ़ैंटेसियों, दिव्य-दर्शनों आदि में अभिव्यक्त बिम्ब या प्रतीक हैं। इन बिम्बों या प्रतीकों में ऐसी बहुत-सी सामग्री उपलब्ध होती है, जिसका सम्बन्ध निजी चित्तीय जीवन से न होकर सामूहिक अचेतन से होता है।[27]

मनोविज्ञान में हीनता-ग्रन्थि, पितृ-ग्रन्थि आदि का पर्याप्त विचार हुआ है। ये ग्रन्थियाँ चेतना से स्वतंत्र रहकर सामान्य व्यवहार में अवरोधक ही नहीं होतीं, कभी-कभी व्यक्ति पर अधिकार भी कर लेती हैं। उनकी इस स्वायत्तता का कारण उनकी संवेगात्मकता है। उनकी अभिव्यक्ति भावदीप्त केन्द्र के निकट संकलित साहचर्यों पर आश्रित है। ग्रन्थियों की आधारभूत भावात्मक अभिवृत्तियाँ या वृत्तियाँ, जिन रूपों में स्वप्न, फ़ैंटेसी आदि द्वारा अभिव्यक्त होती हैं, उनमें देशकाल-निरपेक्ष साम्य दिखाई देता है। वृत्ति के इसी रूपात्मक पक्ष को युंग ने 'आर्केटाइप' कहा है।[28] युंग ने अपने अनुभव के आधार पर देखा कि कुछ भावमूलक ग्रन्थियाँ तो स्वार्जित होती हैं, परन्तु कुछ अन्य एक विशेष क्षण में अभिव्यक्त होने से पूर्व व्यक्ति-चेतना का विषय कभी नहीं रही होतीं। उनके अनुसार पहली कोटि की ग्रन्थियों का वाहक व्यक्तिगत अचेतन है और दूसरी कोटि की ग्रन्थियों (या आर्केटाइपों) का वाहक सामूहिक अचेतन।[29] जेकोबी ने इन्हें क्रमशः रुग्ण और स्वस्थ व्यक्तियों की ग्रन्थियाँ स्वीकार किया है।[30] प्रस्तुत निबन्ध में आद्यरूप को 'आर्केटाइप' का प्रतिशब्द स्वीकार किया गया है।

युंग ने अपने व्यापक अध्ययन और गहन अनुभव के आधार पर मानव चित्त के गहनतम स्तरों में प्रवेश करके मनोविश्लेषण का साहस दिखाया। इसीलिए उनके मनोविज्ञान को गहनता-मनोविज्ञान (Depth Psychology) अथवा विश्लेषणात्मक मनोविज्ञान (Analytical Psychology) की आख्या प्राप्त हुई। उनके परवर्ती मनोवैज्ञानिकों में इस शक्ति और साहस का सामंजस्य प्रायः दिखाई नहीं देता। इसलिए उनकी पद्धति मनोविश्लेषकों में लोकप्रिय नहीं हो सकी। फलतः उनके सिद्धान्त मनोविज्ञान के क्षेत्र में ही या तो अल्पाख्यात रहे या भ्रान्त रूप में प्रचारित हुए। इस तथ्य का प्रमाण विभिन्न कोशों पर दृष्टिपात करते ही मिल जाता है। 'इनसाइक्लोपीडिया ऑफ़ साइको-अनेलिसिस' में आर्केटाइप पर कोई स्वतंत्र टिप्पणी नहीं है। कुछ अन्य कोशों में इस शब्द की जो भ्रामक व्याख्याएँ की गई हैं, उनके उदाहरण प्रस्तुत हैं—

1. 'डिक्शनरी ऑफ़ फ़िलॉसफ़ी एंड साइकोलॉजी' में आर्केटाइप की व्याख्या केवल प्लेटो की धारणा के आधार पर ही की गई है, जिससे यह भ्रम हो सकता है कि मनोविज्ञान में युंग ने भी इसी धारणा को अपनाया है। उसके अनुसार 'आर्केटाइप' प्रत्येक वस्तु का पूर्ण या निरपेक्ष प्रत्यय द्योतित करने वाला 'प्लेटोनिक शब्द' है।[31] युंग द्वारा प्रयुक्त 'आर्केटाइप' प्लेटो के 'प्रत्यय' का व्यंजक होकर भी पर्याय नहीं है।[32] प्लेटो के प्रत्यय की अर्थवत्ता केवल विषय के शुक्ल पक्ष तक सीमित है, जबकि युंग के आर्केटाइप की अर्थवत्ता में शुक्ल और कृष्ण दोनों पक्ष समाहित हैं।[33]
2. 'आर्केटाइप' विषय में सर्वाधिक भ्रामक धारणा यह रही है कि उसका आधार जातीय स्मृति है। 'डिक्शनरी ऑफ़ साइकोलॉजी' के अनुसार वह 'जातीय अचेतन की सामग्री' है।[34] यहाँ उल्लेख्य है कि युंग ने आद्यरूप और सामूहिक अचेतन का अनिवार्य साहचर्य स्वीकार किया है।[35] सामूहिक अचेतन जातीय अचेतन की अपेक्षा गहनतर स्तर है।[36]
3. 'इनसाइक्लोपीडिया ऑफ़ साइकोलॉजी' में तो जातीय अचेतन और सामूहिक अचेतन तथा आर्केटाइप और उसके अभिव्यक्त रूप आद्यबिम्ब में कोई अन्तर नहीं किया गया है। साथ ही, 'आर्केटाइप' की प्राक्कल्पना मात्र मानकर उसमें अविश्वास प्रकट किया गया है।[37]
4. 'इनसाइक्लोपीडिया ऑफ़ पोइट्री एंड पोएटिक्स' में 'आर्केटाइप' की जो व्याख्या की गई है वह अन्य उद्धृत व्याख्याओं की अपेक्षा युंगीय धारणा के निकटतर है। उसके अनुसार 'आर्केटाइप', सामान्यतः प्रतिरूपों का मूल प्रारूप या जाति-विशेष की वस्तुओं के जातिबोधक अनिवार्य तत्त्वों का द्योतक प्रत्यय है। दूसरे शब्दों में, वह सम्बद्ध जाति-विशेष में निहित गौण विशेषताओं से लगभग पूर्णतया मुक्त अति अमूर्त पदार्थ है।[38] वस्तुतः युंगीय धारणा की पूर्ण निर्भ्रान्त व्याख्या यहाँ नहीं हुई, क्योंकि उसमें आद्यबिम्बों को 'आर्केटाइप' का प्रतिरूप मान लेने की ध्वनि है। 'पाश्चात्य काव्यशास्त्र' के लेखक ने भी वही भ्रान्ति की है।[39] युंग के अनुसार आर्केटाइप अपने अनुकूल बिम्बों का उपयोग तो करता है, परन्तु वे बिम्ब उसके प्रतिरूप नहीं होते, क्योंकि वे बिम्ब द्रष्टा के भेद से भिन्न रूप ग्रहण कर लेते हैं।[40] इस प्रसंग में ज्ञातव्य है कि 1912 ई. से 1917 ई. तक तो युंग ने आद्यबिम्ब (Primordial Image) शब्द का ही प्रयोग किया था, परन्तु 1919 ई. में 'आर्केटाइप' को ग्रहण कर लिया। आगे चलकर उन्होंने आर्केटाइप और आद्यबिम्ब में स्पष्ट रूप से भेद भी प्रतिपादित किया। साथ ही, उन्होंने आर्केटाइप को 'चेतन मस्तिष्क को प्रभावित करने वाली वास्तविकता' कहा है और उसे कोरी कल्पना मानने का विरोध किया है।[41]

'आद्यरूप' शब्द का प्रयोग युंग से पहले भी हुआ है। कुछ लोगों ने इस शब्द का प्रयोग किए बिना उसमें निहित धारणा को स्पष्ट किया है। युंग ने इस शब्द और उससे सम्बद्ध परम्परागत अर्थों का उपयोग तत्सम्बन्धी मनोवैज्ञानिक धारणा के विकास में किया है। युंगीय आद्यरूप की सटीक व्याख्या असम्भव है। स्वयं युंग भी इसकी पूर्ण व्याख्या के भ्रम में कभी नहीं पड़े।[42] इसलिए हम आद्यरूप के निहितार्थों को तत्सम्बन्धी कथनों द्वारा प्रकट करने की आशा ही कर सकते हैं। चेतना में अभिव्यक्त होने पर ही उसका स्वरूप ग्राह्य होता है।[43] इनकी उत्पत्ति का रहस्यात्मक प्रश्न अव्याकरणीय है।[44] ये शाश्वत है।[45] ये वृत्तियों के साथ इतने घनिष्ठ रूप से सम्बद्ध हैं कि युंग ने इन्हें 'वृत्तियों के अचेतन बिम्ब' अथवा 'वृत्यात्मक व्यवहार के प्रारूप' माना है।[46] वंशानुगत निश्चित बिम्बों के साथ इनका कोई सम्बन्ध नहीं है। इनके वंशानुगत होने का अभिप्राय केवल इतना है कि हमारी चित्तीय संरचना का आधार सामान्य मानवीय दाय है और उसमें निश्चित तथा विशिष्ट रूपों में अभिव्यक्त होने की क्षमता है। इसलिए आद्यरूप 'वंशानुगत अभिव्यक्तियाँ' नहीं हैं; 'अभिव्यक्तियों की सम्भावनाएँ' हैं। वे अभिव्यक्तियों के प्रच्छन्न संगठनकर्ता हैं; वे अचेतन चित्त के अदृश्य क्रम में निहित आद्य प्रारूप हैं।[47] युंग के परवर्ती वैज्ञानिकों ने पशुओं में भी आद्यरूप के अस्तित्व की सम्भावना निरूपित की है। इस दृष्टि से एडोल्फ पोर्टमैन, एच. हैडीगर, के. लॉरेन्ज आदि के नाम उल्लेखनीय हैं। आर. केलॉग ने बच्चे के अहं विकास की आद्यरूपात्मक संरचना का अध्ययन कर युंग के सिद्धान्त की पुष्टि की है।[48] माइकेल फारदेम ने भी शिशु-मनोविज्ञान-सम्बन्धी अध्ययनों में आद्यरूपों के चेतना-पूर्व अस्तित्व का निष्कर्ष निकाला है।[49]

आद्यरूपों की अभिव्यक्ति स्वप्न-बिम्बों आदि के माध्यम से होती है। स्वप्न-बिम्बों को फ्रायड ने 'आद्यावशेष' कहा था। इस कथन से यह ध्वनित होता है कि अचेतन चित्त चेतना का परिशिष्ट-मात्र है। युंग इसे स्वीकार नहीं करते। उनकी दृष्टि में वे किसी भी अर्थ में मृत या अर्थहीन अवशेष नहीं हैं। वे अब भी कार्यरत हैं और अपने ऐतिहासिक स्वभाव के कारण विशेषतः मूल्यवान् हैं।[50] आद्यरूप एकत्रित चित्तीय ऊर्जा हैं।[51] ये असीम विकास और पृथक्करण में सक्षम हैं।[52] अपनी स्वायत्तता के कारण ये किसी भी समय किसी भी स्थल पर बिना किसी बाह्य प्रभाव के अभिव्यक्त हो सकते हैं।[53] हमारी चेतना यदि इस अभिव्यक्ति को समाहित कर ले तो मानवीय क्षमताओं की असीम सम्भावनाओं के द्वार उन्मुक्त हो जाते हैं।[54] विपरीत स्थिति में आद्यरूप चेतना को अधिकृत कर मनस्ताप, उन्माद या विक्षिप्ति का कारण बन जाते हैं।[55]

युंग ने आद्यरूप और आद्यबिम्ब में अन्तर किया है। 'आद्यबिम्ब' शब्द का प्रयोग प्रस्तुत निबन्ध में 'Archetypal Image' के अर्थ में किया गया है। आद्यरूप मूलतः अव्यक्त हैं। ये व्यक्तिगत चेतना से सामग्री प्राप्त कर प्रतीकों और बिम्बों के

माध्यम से व्यक्त होते हैं। ये अपनी विशिष्ट ऊर्जा और निश्चित स्वायत्तता के कारण चेतना से उस सामग्री को आकर्षित करने में सक्षम हैं जो इनके सर्वाधिक अनुकूल बैठती है।[56] आद्यरूप शारीरिक-संरचना की तरह वंशानुगत हैं और आद्यबिम्ब नहीं। आद्यरूप स्वतः अव्यक्त होते हुए भी अपनी अनुक्रियाओं अर्थात आद्यबिम्बों द्वारा दृश्य हो सकता है।[57]

युंग की दृष्टि में आद्यबिम्ब और आद्यप्रतीक में अन्तर नहीं है, क्योंकि प्रत्येक आद्यबिम्ब किसी-न-किसी आद्यरूप का प्रतीक है। उनके अपने शब्दों में—"प्रतीकों का आधार सदैव अचेतन के आद्यरूप होते हैं, परन्तु उनके व्यक्त रूप चेतन मस्तिष्क द्वारा अर्जित प्रत्ययों से गढ़े जाते हैं।"[58] अतः अपने स्पष्ट एवं प्रत्यक्ष अर्थ से अधिक व्यंजक शब्द या बिम्ब प्रतीकात्मक हैं।[59] प्रतीकों का माध्यम केवल स्वप्न नहीं हैं।[60]

पशुओं के पास संकेत और चिह्न तो होते हैं, परन्तु प्रतीक नहीं। प्रतीक-संसार मानव की सम्पदा है। वृत्यात्मक प्रवृत्तियों के पाशविक संसार से सर्जनात्मकता के संसार में उत्थान के लिए प्रतीक-सम्पदा की अभिव्यक्ति आवश्यक है।[61] दर्पण की भाँति बाह्याभ्यन्तर संसार का अभिव्यंजक चित्र प्रतीकों को सृजित करता है और उन्हें आत्मा से आत्मा तक सम्प्रेषित करता है।[62] सृजित प्रतीकों से अचेतन में प्रतिगमित ऊर्जा का चेतना में प्रगमन होता है।[63] इसीलिए युंग ने प्रतीक को 'ऊर्जा का चित्तीय परिवर्तक' कहा है।[64] प्रतीक का उक्त वैशिष्ट्य चित्त की समग्रता और स्वस्थता के पुनःस्थापन में सहायक है।

इस प्रकार युंग की दृष्टि में प्रतीक अचेतन से सृजित होने के कारण अस्पष्ट, अज्ञात अथवा प्रच्छन्न अर्थ लिये रहता है। इसके विपरीत चिह्न हमारी चेतना द्वारा स्पष्टतः गृहीत अर्थों के द्योतक होते हैं, उदाहरणार्थ यूनेस्को आदि संकेताक्षरों को लिया जा सकता है। ऐसे संकेताक्षर सम्बद्ध विषयों के स्पष्ट द्योतक होने के कारण चिह्न कहलाते हैं।[65] ऐसी स्पष्ट अभिव्यंजना के अभाव में कोई वैज्ञानिक सिद्धान्त भी प्रतीक हो सकता है। प्रतीक अचेतनोद्भूत होने के कारण भावदीप्त और चेतनानुभूत होने के कारण अर्थगर्भित होता है। चेतन-अचेतन की इस सन्धि के अभाव में वह निर्जीव होकर चिह्न मात्र रह जाता है।[66] व्यक्ति-भेद से प्रतीक का चिह्न रूप में और चिह्न का प्रतीक रूप में ग्रहण सम्भव है, उदाहरणार्थ क्रॉस एक व्यक्ति के लिए ईसाइयत का बाह्य चिह्न और किसी अन्य व्यक्ति के लिए वह समृद्ध भावोद्दीपक प्रतीक हो सकता है।[67] चिह्न के समान ही अध्यवसित रूपक भी प्रतीक से भिन्न है।[68] उदाहरणार्थ आदिम मानव जब सूर्योदय की घटना देखता है तो उसके अचेतन से उद्भूत किसी प्रतीक का उस पर प्रक्षेपण हो जाता है और इस रूप में वह किसी देवता या नायक के भाग्य का बिम्ब बन जाती है। इस प्रकार ऋतुओं आदि से सम्बद्ध आदिम मिथक बाह्य घटनाओं के व्यंजक अध्यवसित रूपक न होकर अचेतन आभ्यन्तर घटनाओं की प्रतीकात्मक अभिव्यक्तियाँ हैं।[69]

बाह्य और चित्तीय घटनाओं के युगपत साहचर्य की व्याख्या कार्य-कारण न्याय से नहीं, काकतालीय न्याय से ही की जा सकती है।[70] सूर्य-चक्र के प्राचीन प्रस्तरयुगीन रोडेशियाई शिलाचित्र इस तथ्य के पोषक हैं कि प्रतीकों की अभिव्यक्ति बाह्य घटनाओं के साथ संयोग हुए बिना भी हो सकती है।[71]

युंग की दृष्टि से अचेतन की ऐसी प्रतीकात्मक अभिव्यक्ति बाह्य जगत् से तादात्म्य[72] व्यक्ति की आत्मोपलब्धि में बहुत सहायक होती है। इसलिए युंगीय मनोविश्लेषण में स्वप्न, फ़ैंटेसी आदि में अभिव्यक्त प्रतीकों की व्याख्या पर बल दिया जाता है। स्वयं युंग की लगभग 80,000 स्वप्नों की व्याख्या के उपरान्त यह लगा कि वे स्वप्न एक व्यवस्था का अनुसरण करते हैं। इस व्यवस्था को उन्होंने 'आत्मोपलब्धि-प्रक्रिया' की अभिधा प्रदान की है।[73] उनके अनुसार 'आत्मोपलब्धि-प्रक्रिया' शब्द उस प्रक्रिया का द्योतक है, जिसके द्वारा व्यक्ति मनोवैज्ञानिक इकाई, अर्थात एक पृथक् अविभाज्य इकाई या पूर्ण बन जाता है।[74] आत्मोपलब्धि की प्रक्रिया एक गहन विश्लेषणात्मक प्रयास है, जो चेतना के निर्देशन में दृढ़तम समग्रता के साथ आन्तरिक मनोवैज्ञानिक प्रक्रिया के प्रति एकाग्र होता है, अचेतन-सामग्री को पूर्ण सक्रिय बनाकर विरोधी युग्मों का तनाव कम करता है, उनकी संरचना का थोड़ा-बहुत ज्ञान प्राप्त करता है और असंतुलित चित्त के संकटों में से स्तर पर स्तर भेदता हुआ हमारे चित्तीय अस्तित्व के अन्तिम आधार रूप आभ्यन्तर केन्द्र अर्थात आत्म की ओर उन्मुख होता है।[75] हमारे चित्त के केवल एक लघु अंश रूप अहं से भेद करने के लिए युंग ने 'आत्म' को चित्त की समग्रता के रूप में विवेचित किया है। चित्त की समग्रता का केन्द्र होने के कारण आत्म सभी स्वप्न-बिम्बों का सृजक, नियामक और उद्गम-स्रोत है। इस 'आत्म' को उपलब्ध करने की प्रक्रिया तभी वास्तविक होती है जब व्यक्ति इसके प्रति सजग हो एवं सचेत होकर इसके साथ जीवन्त सम्बन्ध स्थापित करे। इस प्रक्रिया का समुचित विकास आत्म के सन्देशों में अहं की रुचि पर निर्भर है।[76]

व्यक्ति के आहत और विसण्ण होने पर ही आत्मोपलब्धि की वास्तविक प्रक्रिया प्रारम्भ होती है।[77] इस प्रक्रिया की विभिन्न अवस्थाओं के अनुकूल आद्यरूपों पर आश्रित चित्र-विचित्र प्रतीक अभिव्यक्त होते हैं। व्यक्ति की विशिष्ट चेतनावस्था के अनुरूप उनकी अभिव्यक्ति के रूप और समय में वैशिष्ट्य रहता है।[78] मानवीय या मानवेतर रूपों में अभिव्यक्त कुछ प्रतीक आत्मोपलब्धि की प्रक्रिया में विक्षेप महत्त्वपूर्ण होते हैं और उन्हें प्रकारमाला के अनुरूप कुछ वर्गों में विभाजित किया जा सकता है।[79] युंग ने पुरुष की आत्मोपलब्धि-प्रक्रिया के प्रसंग में 'छाया', 'माया' और 'आप्तपुरुष' का विस्तार से विवेचन किया है।[80] स्त्री की आत्मोपलब्धि-प्रक्रिया में 'माया' और 'आप्तपुरुष' के अनुरूप 'एनिमस' और 'महामाता' हैं।[81] इन सबका सम्बन्ध चित्त के विभिन्न आयामों से है। इनके अन्त में योजक प्रतीक—

चित्तीय केन्द्र अर्थात आत्म के प्रतीक—आते हैं।[82] इन प्रमुख बिम्बों का संक्षिप्त परिचय इस प्रकार हैं—

1. **छाया :** विश्लेषणात्मक मनोविज्ञान में छाया का स्थान बहुत महत्त्वपूर्ण है। हमारे व्यक्तित्व का दूसरा हीन अथवा कृष्ण पक्ष छाया है।[83] सामान्यत: छाया चेतना के लिए अपेक्षित मूल्यों को ऐसे रूप में धारण करती है जिनका समन्वय व्यक्ति के जीवन में कठिन होता है।[84] आत्मोपलब्धि की प्रक्रिया में हमारा प्रथम साक्षात्कार छाया से होता है।[85] यह स्वप्न आदि में हमारे समलिंगी व्यक्ति के रूप में प्रकट होती है।[86] अहं अथवा सामूहिक अचेतन से अपने सम्बन्ध के अनुरूप छाया व्यक्तिगत अथवा सामूहिक रूप में प्रकट होती है। छाया के साक्षात्कार का अर्थ अपनी प्रकृति की सचेत आलोचना है। अपने अस्तित्व के अंश रूप में इसके अस्तित्व की स्वीकृति के उपरान्त अपने-आपको उससे भिन्न कर लेने पर ही हम चित्तीय द्वन्द्वों का साक्षात्कार कर सकते हैं।[87] इस साक्षात्कार के अभाव में बाह्य जीवन पर छाया का प्रक्षेपण मानवीय सम्बन्धों को दूषित कर देता है, जिसका प्रमाण अधिकांश राजनीतिक आन्दोलन हैं। छाया की मित्रता या शत्रुता का आधार हमारा व्यवहार है। वह अनिवार्यत: विरोधी नहीं होती। ठीक न समझे जाने पर ही वह प्रतिकूल होती है।[88]
2. **माया अथवा एनिमस :** छाया के साक्षात्कार के उपरान्त आत्मोपलब्धि की प्रक्रिया में हमारा द्वितीय साक्षात्कार भिन्नलिंगी के बिम्ब से होता है, जिसे युंग ने पुरुष में 'माया' और नारी में 'एनिमस' की आख्या प्रदान की है। हमारे चित्त में इस बिम्ब की प्रकृति हमारी आन्तरिक मनोवैज्ञानिक स्थिति की स्वाभाविक मापक है। इसकी अभिव्यक्तियों की विविधता लगभग अपार है, फिर भी इसके कुछ अभिव्यक्ति-वर्गों का उल्लेख किया जा सकता हैं, उदाहरणार्थ माया की अभिव्यक्ति देवी, भिखारिणी, पिशाची, रणचंडी, संगिनी आदि रूपों में सम्भव है। भिन्नलिंगी के इस बिम्ब का व्यक्ति के मुखौटे की प्रकृति से प्रत्यक्ष सम्बन्ध है। मुखौटा व्यक्ति की अभ्यस्त बाह्य अभिवृत्ति के एवं माया अथवा एनिमस व्यक्ति की अभ्यस्त आभ्यन्तर अभिवृत्ति के सदृश हैं। अहं और बाहरी दुनिया का संयोजक मुखौटा है तथा अहं और आभ्यन्तर विश्व की संयोजक माया अथवा एनिमस हैं। माया या एनिमस से अधिकृत व्यक्ति सामान्यत: अपने मुखौटे की रक्षा नहीं कर पाता। यह स्थिति माया अथवा एनिमस के चेतन साक्षात्कार से समाप्त होती है।[89] यह चेतन साक्षात्कार प्राय: संघर्ष के अभाव में नहीं होता। अधिकांश स्थितियों में हम अपने जीवन के

पूर्वार्द्ध की समाप्ति पर ही यह साक्षात्कार कर पाते हैं। इस प्रकार, माया या एनिमस का साक्षात्कार प्रौढ़ावस्था का कार्य है। वह साक्षात्कार जीवन के पूर्वार्द्ध की समाप्ति एवं आन्तरिक समंजन की ओर उन्मुख उत्तरार्द्ध के प्रारम्भ का सूचक है।

3. **आप्त पुरुष अथवा महामाता :** माया या एनिमस का साक्षात्कार करने के उपरान्त आत्मोपलब्धि प्रक्रिया में जिस आद्यरूप की अभिव्यक्ति होती है, उसे पुरुष के चित्त में आप्तपुरुष और स्त्री के चित्त में महामाता की संज्ञा से अभिहित किया गया है। ये क्रमश: आध्यात्मिक सिद्धान्त एवं प्रकृति के विषयपरक सत्य का प्रतिनिधित्व करते हैं। माया अथवा एनिमस के समान इनकी अभिव्यक्ति के रूप अनन्त हैं।[90] इस प्रसंग में उल्लेख्य है कि पुरुष के स्वप्न में देवी, पुजारिन आदि का बिम्ब माया के अन्तर्गत विवेच्य है, जबकि स्त्री के स्वप्न में वह महामाता की अभिव्यक्ति होगी।[91] आप्तपुरुष या महामाता की अभिव्यक्ति का प्रभाव द्विपक्षीय है। इनके द्वारा अधिकृत व्यक्ति स्वयं को अतिमानवीय शक्तियों से सम्पन्न समझने की भ्रान्ति कर सकता है।[92] इसके विपरीत आप्त व्यक्तित्व का निर्माण करने वाली सामग्री का चेतन साक्षात्कार पुरुष के लिए पिता से एवं स्त्री के लिए माता से स्वतंत्र होने और अपनी अद्वितीय व्यक्तिता का प्रथम बोध प्राप्त करने का सूचक है।[93]
4. **आत्म : छाया, माया :** एनिमस एवं आप्तपुरुष-महामाता के प्रति सचेत होने और उनकी वास्तविकता को स्वीकार करने से उनका ख़तरा स्वत: नष्ट हो जाता है। इस चेतन प्रयास के उपरान्त हम आत्मोन्मुख होते हैं। चित्तीय केन्द्र होने के कारण आत्म हमारा वास्तविक व्यक्तित्व है।[94] आत्म की अभिव्यक्ति का क्षेत्र असीम है। आत्म की अभिव्यक्ति प्राय: स्वप्नद्रष्टा के जीवन के संकटमय क्षणों में होती है, जब उसकी मूल अभिवृत्तियाँ एवं जीवन पद्धतियाँ परिवर्तनशील होती हैं। यह परिवर्तन प्राय: जल को पार करने की प्रतीकात्मक क्रिया से अभिव्यक्त होता है।[95]

आत्मोदय चेतन व्यक्तित्व के लिए अहं की स्थानच्युति का ही नहीं, उसके परिणामस्वरूप जीवन के प्रति पूर्णतया परिवर्तित दृष्टिकोण एवं अभिवृत्ति का—चित्तकल्प का—द्योतक है।[96] आत्म की यह उपलब्धि मात्र फ़ैशन न होकर उच्चतम मानवीय कार्य है। उसके द्वारा व्यक्ति स्वयं को उस शाश्वत स्रोत में प्रतिष्ठित करता है, जहाँ जीवन और मृत्यु केवल मार्ग के विराम-स्थल हैं और जहाँ जीवन का अर्थ अहं तक सीमित नहीं है।[97]

## युंगीय मनोविज्ञान और साहित्य[98]

काव्य के क्षेत्र में युंग ने मनोविज्ञान के दो उपयोग माने हैं—(1) काव्यसृजन की व्याख्या, और (2) सर्जक व्यक्तित्व की व्याख्या। काव्य-सृजन की व्याख्या करते हुए उन्होंने काव्य के दो रूप निश्चित किए हैं—मनोवैज्ञानिक काव्य और संकल्पात्मक काव्य। मनोवैज्ञानिक काव्य का सम्बन्ध मानव चेतना से गृहीत सामग्री के साथ है। चेतन अनुभवों से सम्बद्ध होने के कारण ऐसे काव्य का भावपक्ष बुद्धिगम्य होता है।

संकल्पात्मक काव्य की सामग्री अपरिचित होती है, क्योंकि उसमें अभिव्यक्त आद्य अनुभव हमें सुदूर अतीत में पहुँचा देता है। यह आद्य अनुभव हमारे व्यवस्थित विश्व के चित्रफलक की धज्जियाँ उड़ाकर एक भिन्न संसार का चित्र प्रस्तुत करता है। हम उसे देखकर विस्मित, स्तम्भित या विभ्रमित हो जाते हैं और इसी कारण सामान्य पाठक और साहित्यिक आलोचक उसे स्वीकार नहीं करते। ऐसे काव्य के आद्य अनुभव को युंग ने फ्रायड की भाँति व्यक्तिगत अनुभव का प्रच्छन्न रूप नहीं माना है। वे समृद्ध फ़ैंटेसी अथवा काव्यात्मक मन:स्थिति का परिणाम मानकर इसका तिरस्कार करना भी उचित नहीं समझते। वे उसे भौतिक वास्तविकता के समान चित्तीय वास्तविकता के रूप में स्वीकार करते हैं। ऐसे काव्य का सर्जक संतों आदि के समान ही जीवन के कृष्ण पक्ष से परिचित होता है और निशाचरों के भयावह चित्र खींचता है। चित्तीय घटना के प्रतीक रूप इन चित्रों की परम्परा के प्रमाण मानव समाज के आरम्भ से ही उपलब्ध होते हैं।

युंगीय मनोविज्ञान की भाषा में ये बहुरंगी कल्पना-चित्र सामूहिक अचेतन को अभिव्यक्त करते हैं और चेतन अभिवृत्ति के सम्पूरक होते हैं। युंग-विशेष के चेतन दृष्टिकोण के सीमाग्रों को देखते हुए यह सम्पूरकता आवश्यक होती हैं। सामूहिक अचेतन और सामूहिक चेतन की सन्धि का परिणाम रूप सर्जनात्मक कार्य समसामयिकों के लिए एक गम्भीर सन्देश लेकर प्रस्तुत होता है। दांते, हरमस आदि के सृजनात्मक कार्य इसीलिए अमर हैं।[99]

युंग के अनुसार सर्जक व्यक्तित्व की पूर्ण व्याख्या असम्भव है। फ्रायड की भाँति वे कलाकृति और कलाकार के व्यक्तिगत जीवन में अनिवार्य कार्य-कारण सम्बन्ध स्वीकार नहीं करते। उनके अनुसार काव्य के क्षेत्र में कवि का व्यक्तिगत पक्ष एक सीमा ही नहीं, पाप भी है क्योंकि महान काव्य व्यक्तिगत जीवन के धरातल से ऊपर उठकर आत्मा के धरातल से अभिव्यक्त होता है। वस्तुत: काव्यसृजन के क्षणों में कवि मानव न रहकर सामूहिक मानव बन जाता है। उसकी सर्जक प्रतिभा अकेली कभी नहीं होती और इसीलिए असंख्य आत्माओं से उसका संवाद होता है।[100] अपने-आपको इस संवाद के योग्य बनाने के लिए तथा सृजनात्मक अग्नि का दिव्य वरदान पाने के लिए, व्यक्ति के रूप में उसे महान बलिदान करना होता है।

कलात्मक सृजन एक स्त्रैण विशेषता है और सृजन के क्षणों में कलाकार अचेतन गहराइयों में, माताओं के राज्य में प्रवेश करता है। सृजन-क्षणों में वह जिन आद्यबिम्बों को अभिव्यक्त करता है, वे उसके चित्तीय विकास के निर्णायक और उसके भाग्य-विधाता बन जाते हैं। इतना ही नहीं, उसका सृजन उसके समाज की आध्यात्मिक आवश्यकता को पूरा करता है।

एक महान कलाकृति एक स्वप्न की भाँति अपनी व्याख्या स्वयं नहीं करती और कान्तासम्मित उपदेश नहीं देती। वह प्रकृति की भाँति बिम्बरूपी पौधा उगा देती है और उसका अर्थ समझने के लिए हमें कलाकार की कलाकृति के हाथों में उसी प्रकार ढलना होता है जिस प्रकार उसका सर्जक कलाकार ढला था। इस प्रकार सामूहिक अचेतन का व्यापार होने से कला अव्यक्तिगत होती है। फलतः, कलाकार का व्यक्तिगत जीवन कलाकृति को समझने के लिए अनिवार्य नहीं, सहायक अथवा बाधक है। कला के इस अव्यक्तिगत या सामूहिक उद्‌गम में ही उसका महत्त्व निहित है क्योंकि सामूहिक अचेतन की आद्यबिम्बात्मक भाषा में सहस्त्रों जिह्वाओं की शक्ति आ जाती है।[101] ऐसी सहस्त्रफणी भाषा के माध्यम से सर्जक "वैयक्तिक नियति को मानव-जाति की नियति में परिवर्तित कर देता है। इस प्रकार वह उन सभी मंगलमय शक्तियों को उद्‌बुद्ध कर देता है, जिन्होंने मानव-जाति की प्रत्येक संकट में रक्षा की है और अँधेरी से अँधेरी रात में उसे जीवन का बल दिया है।"[102]

मनोविज्ञान के क्षेत्र में फ्रायडीय स्थापनाओं की सीमाएँ विश्लेषणात्मक मनोविज्ञान के नये तथ्यों से स्पष्ट हो गई हैं। युंग ने अपनी असाधारण मेधा और अनवरत कार्यशीलता से चित्त के अन्धकार में छिपी अमित सम्भावनाओं को उद्‌घाटित किया। ज्ञात को चेतन और अज्ञात को अचेतन की संज्ञा देकर उन्होंने चिन्तन, भावना, संवेदन और सहजानुभूति नामक चार मनोवैज्ञानिक कार्यों और बहिर्मुखता एवं अन्तर्मुखता नाम्नी दो मनोवैज्ञानिक अभिवृत्तियों की स्थापना की। इन कार्यों और अभिवृत्तियों पर आधारित प्रमुखतः आठ मनोवैज्ञानिक प्रकारों का उन्होंने विस्तार से विवेचन किया।

युंग ने सामान्य विस्मृति और अस्वीकार्य स्मृतियों से सम्बन्धित व्यक्तिगत अचेतन के साथ ही सामान्य मानवता से सम्बन्धित सामूहिक अचेतन की सत्ता प्रमाणित की, जिसका गहनतम तल मानवीय चेतना के लिए सदैव अव्याख्येय रहेगा। उनकी दृष्टि में समग्र चित्त निरन्तर गतिशील है और उसके विभिन्न रूपों एवं कार्यों को सम्बद्ध करने वाली ऊर्जा तेजस है। तेजस का चेतनोन्मुख प्रवाह प्रगति और अचेतनोन्मुख प्रवाह प्रतिगति है।

युंग के अनुसार बिम्ब या प्रतीक अचेतन की संरचना से परिचित होने के प्रभावी माध्यम हैं। स्वप्न, फ़ैंटेसी, दिव्य-दर्शन आदि में अभिव्यक्त बिम्बों या प्रतीकों में उपलब्ध विपुल सामग्री का सम्बन्ध निजी चित्तीय जीवन से कम और सामूहिक अचेतन से अधिक है। इन बिम्बों का निर्माण अनिवार्यतः आद्यरूपों से होता है।

आद्यरूपों की युंगीय धारणा के सम्बन्ध में विद्वानों को प्राय: भ्रान्तियाँ रही हैं। युंगीय आद्यरूप की सटीक व्याख्या असम्भव है और उनकी उत्पत्ति का रहस्यात्मक प्रश्न अव्याकरणीय है। युंग की दृष्टि में आद्यरूप किसी भी स्थिति में मृत या अर्थहीन अवशेष नहीं हैं। उनमें एकत्रित चित्तीय ऊर्जा मानवीय विकास की असीम सम्भावनाएँ लिये हुए है।

आद्यरूप और आद्यबिम्बों में युंग ने अन्तर किया है। आद्यरूप शारीरिक संरचना की तरह आनुवंशिक हैं। वे मूलत: अव्यक्त, स्वायत्त और अभिव्यक्ति में सक्षम हैं। इसीलिए उन्हें 'अभिव्यक्ति की आनुवंशिक सम्भावनाएँ' कहा गया है। आद्यबिम्ब उनका अभिव्यक्त रूप है। आद्यबिम्ब का आत्मीकरण मानवीय विकास के नित्य जीवन द्वार उद्घाटित करता है। विपरीत स्थिति में मनस्ताप, उन्माद या विक्षिप्ति के दुष्परिणाम सम्भव हैं।

आद्यबिम्ब और आद्यप्रतीक में युंगीय दृष्टि से कोई अन्तर नहीं है, क्योंकि प्रत्येक आद्यबिम्ब किसी-न-किसी आद्यरूप का प्रतीक है। प्रत्येक व्यंजक शब्द या बिम्ब प्रतीकात्मक है। प्रतीक का आधार आद्यरूप है और उसकी सामग्री चेतना द्वारा अर्जित है। प्रतीक सभी प्रकार की चित्तीय अभिव्यक्तियों में दृष्टिगत होते हैं। प्रतीक-सम्पदा के कारण मानव पशु से भिन्न है, क्योंकि पशुओं के पास संकेत और चिह्न होते हैं; प्रतीक नहीं। सृजनात्मकता के संसार में उत्थान के लिए इस सम्पदा की अभिव्यक्ति अनिवार्य है। सृजित प्रतीकों में तेजस के प्रगमन की क्षमता निहित है। इसीलिए उन्हें 'ऊर्जा के चित्तीय परिवर्तक' भी कहा गया है।

प्रतीक और चिह्न में अन्तर है। चिह्न की अर्थवत्ता सीमित है और प्रतीक का अर्थ-विस्तार अनन्त है। व्यक्ति-भेद से प्रतीक का चिह्न रूप में और चिह्न का प्रतीक रूप में ग्रहण सम्भव है। प्रतीक और रूपक में भी स्पष्ट अन्तर है। प्रतीक अचेतनोद्भूत होने से भावदीप्त और चेतनानुभूत होने से अर्थगर्भित होते हैं। अध्यवसित रूपक चेतनानुभूत होने से अर्थगर्भित तो होते हैं, लेकिन उनकी अर्थवत्ता प्रतीकों की भाँति अक्षय नहीं होती और न ही वे भावदीप्त होते हैं। आदिम मिथक बाह्य घटनाओं के द्योतक रूपक न होकर आभ्यन्तर घटनाओं की प्रतीकात्मक अभिव्यक्तियाँ हैं। युंग की दृष्टि में बाह्य और आभ्यन्तर के युगपत साहचर्य की व्याख्या कार्य-कारण न्याय से नहीं, काकतालीय न्याय से ही सम्भव है।

ऊर्जा के चित्तीय परिवर्तक होने के कारण प्रतीक आत्मोपलब्धि-प्रक्रिया में सहायक हैं। आत्मोपलब्धि का अर्थ चित्तीय समग्रता की—सकल स्वप्न-बिम्बों के सृजक, नियामक और उद्गम स्रोत आत्मा की—उपलब्धि है। व्यक्ति के आहत और विषण्ण होने पर यह प्रक्रिया प्रारम्भ होती है। इस प्रक्रिया की विभिन्न अवस्थाओं के अनुकूल आद्यरूपों को युंग ने पुरुष के चित्त में छाया, माया और आप्तपुरुष की अभिधाएँ प्रदान की हैं। स्त्री के चित्त में माया और आप्तपुरुष के अनुरूप एनिमस और महामाता हैं। इनके अन्त में आत्मप्रतीकों की अभिव्यक्ति होती है।

छाया हमारे व्यक्तित्व का कृष्ण पक्ष है। अहं अथवा सामूहिक अचेतन से सम्बन्ध के अनुरूप इसके व्यक्तिगत और सामूहिक रूप होते हैं। इसके साक्षात्कार के लिए अपनी प्रकृति की सचेत आलोचना अनिवार्य है। इस साक्षात्कार के अभाव में छाया बाह्य जीवन में प्रक्षेपित होकर मानवीय सम्बन्धों को दूषित करती है, जिसका प्रमाण अधिकांश राजनीतिक आन्दोलन हैं। हमारे चित्त में भिन्नलिंगी का बिम्ब माया अथवा एनिमस है। यह बिम्ब अहं और आभ्यन्तर विश्व का संयोजक है। इसकी अभिव्यक्ति-क्षमता अपार है। इसका साक्षात्कार प्रौढ़ावस्था का अति दुष्कर कार्य है। आप्तपुरुष या महामाता क्रमश: आध्यात्मिक सिद्धान्त या प्रकृति के विषयपरक सत्य के प्रतिनिधि हैं। इनका साक्षात्कार पुरुष के लिए पिता से और स्त्री के लिए माता से स्वतंत्र होकर आत्मोन्मुख होने का सूचक है। आत्म योजक प्रतीक है। इसकी अभिव्यक्ति जीवन के संकटमय क्षणों में होती है, जब मूल अभिवृत्तियाँ या जीवन-पद्धतियाँ परिवर्तनशील हों। आत्मोदय से व्यक्ति स्वयं को चिरन्तन जीवन-स्रोत में निमज्जित करता है।

युंग ने काव्य-सृजन की व्याख्या करके काव्य के दो रूप निश्चित किए—मनोवैज्ञानिक और संकल्पात्मक। मनोवैज्ञानिक काव्य में भाव और शिल्प बुद्धिगम्य होते हैं और संकल्पात्मक काव्य में आद्यानुभवों की अभिव्यक्ति होती है। युंग ने आद्यानुभव को भौतिक वास्तविकता के समान चित्तीय वास्तविकता के रूप में स्वीकार किया है। उनके अनुसार श्रेष्ठ सृजन सामूहिक अचेतन और सामूहिक चेतन की सन्धि का परिणाम होता है और वह अपने युग के लिए गम्भीर सन्देश प्रस्तुत करता है। उनकी दृष्टि में सर्जक व्यक्तित्व की पूर्ण व्याख्या असम्भव है। सृजन और सर्जक में कार्य-कारण सम्बन्ध उन्हें स्वीकार्य नहीं। उनकी दृष्टि में महान काव्य व्यक्तिगत धरातल से ऊपर उठ आत्म के धरातल से अभिव्यक्त होता है। सृजन के क्षणों में महान कलाकार माताओं के राज्य में प्रविष्ट हो जिन आद्यबिम्बों को अभिव्यक्त करता है, वे उसके चित्तीय विकास के निर्णायक और भाग्यविधाता बन जाते हैं। उसका सृजन अपने समाज की आध्यात्मिक आवश्यकता को पूरा करता है। महान कलाकृति का प्रयोजन बिम्ब-सृष्टि है। सामूहिक अचेतन का व्यापार होने से कला अव्यक्तिगत होती है फलत: कलाकार का व्यक्तिगत जीवन कलाकृति की व्याख्या के लिए अनिवार्य नहीं है।

## सन्दर्भ

1. *द साइकोलॉजी ऑफ़ सी. जी. युंग*, पृ. 5
2. "Consciousness can even be equated with the relation between the ego and the psychic contents."
—*The Collected Works of C. G. Jung*, Vol. 9, Part I, p. 275

3. *मैन एंड हिज़ सिम्बल्स*, पृ. 23
4. "By a psychological function I mean a particular form of psychic that remains the same under varying circumstances."
   —*The Collected Works of C. G. Jung*, Vol. 6, p. 436
5. *द कलेक्टेड वर्क्स ऑफ़ सी. जी. युंग*, खंड 6, पृ. 481
6. वही, पृ. 434
7. *द साइकोलॉजी ऑफ़ सी. जी. युंग*, पृ. 10
8. *द कलेक्टेड वर्क्स ऑफ़ सी. जी. युंग*, खंड 6, पृ. 462
9. वही, पृ. 411
10. वही, पृ. 403
11. *द साइकोलॉजी ऑफ़ सी. जी. युंग*, पृ. 10
12. वही, पृ. 11
13. वही, पृ. 17
14. वही, पृ. 21-22
15. *मनोविज्ञान की ऐतिहासिक रूपरेखा*, पृ. 469-70
16. *मैन एंड हिज़ सिम्बल्स*, पृ. 23
17. *द कलेक्टेड वर्क्स ऑफ़ सी. जी. युंग*, खंड 9, भाग 1, पृ. 3
18. *मैन एंड हिज़ सिम्बल्स*, पृ. 34 एवं 36
19. "In addition to our immediate consciousness, which is of a throughly personal nature and which we believe to be the only empirical psyche (even if we tack on the personal unconscious as an appendix), there exists a second psychic system of a collective universal and impersonal nature which is identical in all individuals."
    —*The Collected Works of C. G. Jung*, Vol. 9, Part I, p. 43
20. "I term 'collective' all psychic contents that belong not to one individual but to many, i. e., to a society, a people. or mankind in general."
    —*The Collected Works of C. G. Jung*, Vol. 6, p. 417
21. "The collective unconscious is a part of the psyche, which can be negatively distinguished from a personal unconscious by the fact that it does not, like the latter, owe its existence to personal and consequently is not a personal acquisition. While the personal unconscious is made up essentially of the contents which have at one time been conscious but which have disappeared from consciousness through having been forgotten or repressed, the contents of the collective unconscious have never been individually acquired but owe their existence exclusively to heredity. Whereas the personal unconscious consists for the most part of complexes, the content of collective unconscious is made up essentially of archetypess."
    —*The Collected Works of C. G. Jung*, Vol. 9, Part I, p. 42
22. "The unconscious is no more depositary of the past but is also full of germs of future psychic situations and ideas...it is a fact that to the memories from

a long distant conscious past, completely new thoughts and creative ideas can also present themselves from the unconscious."

—*Man and His Symbols*, p. 38

23. (क) "इस प्रकार युंग मनोविश्लेषण के क्षेत्र में कलात्मक रहस्यवाद का प्रवर्तन करते हैं।"

—आधुनिक पाश्चात्य काव्य और समीक्षा के उपादान, पृ. 42

(ख) "सर्वप्रथम उसके आलोचक कहते हैं कि युंग द्वारा वर्णित विचार रहस्यात्मक है। उनमें धार्मिक पुट पाया जाता है।"

—*मनोविज्ञान की ऐतिहासिक रूपरेखा*, पृ. 470-71

(ग) "युंग का दृष्टिकोण एक दार्शनिक तथा रहस्यवादी की तरह है।"

—*आधुनिक हिन्दी कथा साहित्य और मनोविज्ञान*, पृ. 53

(घ) "सामूहिक अचेतन, सामूहिक मन, जातीय, सामाजिक मनुष्य, आदिम बिम्ब—ये या इनसे मिलती-जुलती दूसरी प्राक्कल्पनाएँ बहुत ही अपर्याप्त साक्ष्य पर खड़ी हैं।"

—*मनोविज्ञान और साहित्यालोचन*, पृ. 121

24. "Although I have often been called a philosopher, I am an empericist and adhere as such to the phenomenological standpoint."

—*The Collected Works of C. G. Jung*, Vol. 11, p. 5

25. "I approch psychological matters from a scientific and not from a philosophical stand point. In as much as religion has a very important psychological aspect, I deal with it from a purely empirical point of view, that is I restrict myself to the observation of the phenomena and I eschew any metaphysical or philisophical considerations."

—*The Collected Works of C. G. Jung*, Vol. 11, p. 6

26. देखिए, *द साइकोलॉजी ऑफ़ सी. जी. युंग*, पृ. 50-58
27. मुख्यत: *साइकोलॉजी ऑफ़ सी. जी. युंग*, पृ. 35 से 41 आधार पर
28. *कॉम्प्लेक्स/आर्केटाइप/सिम्बल*, 'फ़ारवर्ड' से
29. *द कलेक्टेड वर्क्स ऑफ़ सी. जी. युंग*, खंड 9, भाग 1, पृ. 4
30. *कॉम्प्लेक्स/आर्केटाइप/सिम्बल*, पृ. 22
31. "...A Platonic word meaning the perfect or absolute idea of each thing after its Kind."

—*Dictionary of Philosophy and Psychology*.

32. "Archetype is an explanatory paraphrase of the Platonic 'Idios'. For our purposes this term is opposite and helpful..."

—*The Collected Works of C. G. Jung*, Vol. 9. Part I, p. 4

33. *द साइकोलॉजी ऑफ़ सी. जी. युंग*, पृ. 43
34. 'The content of racial unconscious.'

—*Dictionary of Psychology*.

35. 'The concept of the archetype which is an indispensable correlate of the idea of the collective unconscious..."

—*The Collected Works of C. G. Jung*, Vol. 9, Part I, p.42

36. *द साइकोलॉजी ऑफ़ सी. जी. युंग*, पृ. 32-33

37. "Primordial images and ideas which are said to be genetically inherited and to be common to all men. Then are contained in the racial unconscious or collective unconscious...The notion of the archetype is, of course, a hyptothetical construct."

—*Encyclopedia of Psychology.*

38. "Generally speaking, an archetype is an original pattern from which copies are made or an idea of a class of things, representing the most essentially characteristic element shared by the members of that class. It is, in other words, a highly abstract all most completely removed from the accidental varieties of element contained in any particular species belonging to it."

—*Encyclopedia of Poetry and Poetics*

39. "अतएव आद्यरूप के सम्बन्ध में कहा जा सकता है कि वह प्राथमिक रूप रचना या आकृति है, जिसकी नकल कर बाद में प्रतिकृतियाँ बनती हैं।"

—*पाश्चात्य काव्यशास्त्र*, पृ. 194

40. *कॉम्प्लेक्स/आर्केटाइप/सिम्बल*, पृ. 33-35
41. द *कलेक्टेड वर्क्स ऑफ़ सी. जी. युंग*, खंड 9, भाग 1, पृ. 250
42. वही, पृ. 160
43. वही, पृ. 79
44. वही, पृ. 101
45. द *इंटीग्रेशन ऑफ़ पर्सनैलिटी*, पृ. 200
46. द *कलेक्टेड वर्क्स ऑफ़ सी. जी. युंग*, खंड 9, भाग 1, पृ. 43-44
47. *कॉम्प्लेक्स/आर्केटाइप/सिम्बल*, पृ. 51-52
48. देखिए, *कॉम्प्लेक्स/आर्केटाइप/सिम्बल*, पृ. 40-44
49. *न्यू डेवलपमेंट इन एनालिटिकल साइकोलॉजी*, पृ. 134
50. *मैन एंड हिज़ सिम्बल*, पृ. 74
51. *कॉम्प्लेक्स/आर्केटाइप/सिम्बल*, पृ. 75
52. "Every archetype is capable of infinite development and differentiation."

—*Complex/Archetype,* Symbol, p. 55

53. द *कलेक्टेड वर्क्स ऑफ़ सी. जी. युंग*, खंड 9, भाग 1, पृ. 79
54. कॉम्प्लैक्स/आर्केटाइप/सिम्बल, पृ. 67
55. द *कलेक्टेड वर्क्स ऑफ़ सी. जी. युंग*, खंड 9, भाग 1, पृ. 10-11
56. *सिम्बल्स ऑफ़ ट्रान्सफॉरमेशन*, पृ. 232
57. "One must constantly bear in his mind that what we mean by archetype is in itself irrepresentable but that it has effect which enable us to visualize it, namely archetypal images."

—*Quoted in Complex/Archetype/Symbol,* p. 35

58. "The symbols it crates are always grounded in the unconscious archetype but their manifest forms are moulded by the ideas aquired by the conscious mind."

—*The Collected Works of C. G. Jung,* Vol. 5, p. 232

59. “Thus a word or image is symbolic which implies something more than its obvious and immediate meaning.”
—*Man and His Symbols,* p. 23
60. “They appear in all kinds of psychic manifestations.”
—*Ibid,* p. 55
61. *कॉम्प्लेक्स/आर्केटाइप/सिम्बल,* पृ. 94
62. वही, पृ. 95
63. *द साइकोलॉजी ऑफ़ सी. जी. युंग,* पृ. 57
64. *कॉम्प्लेक्स/आर्केटाइप/सिम्बल,* पृ. 100
65. *मैन एंड हिज़ सिम्बल,* पृ. 20
66. *कॉम्प्लेक्स/आर्केटाइप/सिम्बल,* पृ. 97
67. वही, पृ. 55
68. *मॉडर्न मैन इन सर्च ऑफ़ सोल,* पृ. 197
69. *द कलेक्टेड वर्क्स ऑफ़ सी. जी. युंग,* खंड 9, भाग 1, पृ. 6
70. *कॉम्प्लेक्स/आर्केटाइप/सिम्बल,* पृ. 63
71. *मॉडर्न मैन इन सर्च ऑफ़ ए सोल,* पृ. 188-89
72. *द कलेक्टेड वर्क्स ऑफ़ सी. जी. युंग,* पृ. 447-48
73. *मैन एंड हिज़ सिम्बल्स,* पृ. 160
74. *द कलेक्टेड वर्क्स ऑफ़ सी. जी. युंग,* खंड 9, भाग 1, पृ. 275
75. *द साइकोलॉजी ऑफ़ सी. जी. युंग,* पृ. 101
76. *मैन एंड हिज़ सिम्बल्स,* पृ. 160
77. वही, पृ. 166
78. *कॉम्प्लेक्स/आर्केटाइप/सिम्बल,* पृ. 113-14
79. *कॉम्प्लेक्स/आर्केटाइप/सिम्बल,* पृ. 114
80. *द कलेक्टेड वर्क्स ऑफ़ सी. जी. युंग,* खंड 9, भाग 1, पृ. 3-41
81. *द साइकोलॉजी ऑफ़ सी. जी. युंग,* पृ. 115
82. *कॉम्प्लेक्स आर्केटाइप सिम्बल,* पृ. 114
83. *इंट्रोडक्शन टु युंग्स साइकोलॉजी,* पृ. 49
84. *मैन एंड हिज़ सिम्बल्स,* पृ. 170-71
85. *द साइकोलॉजी ऑफ़ सी. जी. युंग,* पृ. 102
86. *मैन एंड हिज़ सिम्बल्स,* पृ. 169
87. *द साइकोलॉजी ऑफ़ सी. जी. युंग,* पृ. 104
88. *मैन एंड हिज़ सिम्बल्स,* पृ. 172
89. देखिए, *द साइकोलॉजी ऑफ़ सी. जी. युंग,* पृ. 104 से 113
90. वही, पृ. 113-116
91. देखिए, *द साइकोलॉजी ऑफ़ सी. जी. युंग* के पृ. 116 की पाद-टिप्पणी
92. *एन इंट्रोडक्शन टु युंग्स साइकोलॉजी,* पृ. 60
93. *द साइकोलॉजी ऑफ़ सी. जी. युंग,* पृ. 117
94. वही, पृ. 121

95. *मैन एंड हिज़ सिम्बल्स,* पृ. 198
96 द *साइकोलॉजी ऑफ़ सी. जी. युंग,* पृ. 119
97. वही, पृ. 144
98. इस शीर्षक के अन्तर्गत प्रस्तुत सामग्री के शेष सन्दर्भों के लिए देखिए, *मॉडर्न मैन इन सर्च ऑफ़ द सोल* में संकलित 'साइकोलॉजी एंड लिटरेचर' शीर्षक लेख।
99. *साइकोलॉजिकल रिफ़्लैक्शन,* पृ. 181
100. वही, पृ. 183
101. *साइकोलॉजिकल रिफ्लेक्शंस,* पृ. 181
102. *पाश्चात्य काव्यशास्त्र की परम्परा,* पृ. 353

अध्याय-2

# युंगीय मनोविज्ञान और मुक्तिबोध

गजानन माधव मुक्तिबोध ने काव्य के सृजनार्थ 'ज्ञानात्मक आधार' का अधिकाधिक विस्तार और तदनुसार 'अन्त:करण का संशोधन-सम्पादन' अनिवार्य स्वीकार किया है।[1] उन्होंने आजीवन ज्ञान के आत्मीकरण का अथक प्रयास किया। उनकी जिज्ञासु आत्मा छुटपन से ही नभ-शिखरों तक किरणों की चढ़ान चढ़ती थी। फलत: वे अन्य विज्ञानों के साथ ही अपने युग के प्रमुख मनोवैज्ञानिक प्रत्ययों से परिचित थे। उनके सृजन में मनोविज्ञान के चेतन, अचेतन, अर्द्धचेतन, अवचेतन, कुंठा, डबल पर्सनैलिटी आदि प्रचलित शब्दों के साथ ही मन:पिंड[2], मन:शक्ति[3] मन:प्रतिमा[4], प्राणप्रतिबिम्ब[5], बिम्बमालिका[6], व्यक्तिमत्ता[7], आत्मबिम्ब[8], प्रक्षेप[9] आदि अल्पप्रचलित या अप्रचलित शब्द प्रयुक्त हैं।

पूर्व-विवेचित शब्दों के अतिरिक्त विलगीकरण[10], आत्मप्रक्षेप[11], मन:प्रक्रिया[12], आत्मीकृत बिम्ब[13] और भिन्नीकृत[14] जैसे शब्द भी क्रमश: युंगीय मनोविज्ञान में व्यवहृत एब्सट्रेक्शन, प्रोजेक्शन, साइकिक प्रॉसेस, एसिमिलेटेड इमेजिज और डिफरेंशिएटेड के प्रतिशब्द रूप में प्रयुक्त हैं।

उन्होंने अपने पात्रों के चरित्र-चित्रण में मनोवैज्ञानिक धारणाओं का उपयोग किया है, उदाहरणार्थ 'क्लाड ईथरली' कहानी में चित्रित 'व्यक्तिगत पाप-भावना का उल्लेख किया जा सकता है, जिसे कहानीकार ने प्रगतिप्रेरक मानकर सैद्धान्तिक स्वीकृति प्रदान की है। फ़ैंटेसी पर विचार करते हुए उन्होंने 'क्षतिपूर्ति' की प्रसिद्ध मनोवैज्ञानिक धारणा का उल्लेख किया है—"फ़ैंटेसी में इच्छित विश्वासों का सन्निवेश हो जाता है और व्यक्तित्व की कुछ मूलभूत कमज़ोरियों या कमियों की भी मनोवैज्ञानिक मानसिक पूर्ति हो जाती है।"[15] मुक्तिबोध मनोविज्ञान के साहचर्य सिद्धान्त से भी अपरिचित नहीं थे।[16] फ़ैंटेसी की व्याख्या में 'संगठित होकर प्रवहमान' सुसंगत चित्रों की बात में इस सिद्धान्त की गूँज सुनी जा सकती है।[17] उन्होंने काव्य की रचना-प्रक्रिया के सम्बन्ध में जिन धारणाओं का विवेचन किया है, वे मूलत: मनोवैज्ञानिक हैं और उनके बीज प्रो. लेविस के 'रोड टू ज़ानाडु' और मेंकेजी के

'प्रॉसेस ऑफ़ लिटरेचर' आदि ग्रन्थों में द्रष्टव्य हैं। 'एक साहित्यिक की डायरी' में 'एक मित्र की पत्नी का प्रश्न-चिह्न' शीर्षक में प्रस्तुत व्यक्तित्व-विश्लेषण से सम्बन्धित विचार मनोविज्ञान में उनकी गहरी रुचि का परिचय देते हैं। वे मनोवैज्ञानिक तत्त्वों के चित्रण को साहित्यकार का कर्तव्य मानते हैं।

मनोवैज्ञानिक तत्त्वों को इतना महत्त्व देने वाला सर्जक विश्लेषणात्मक मनोविज्ञान की उपेक्षा नहीं कर सकता। डॉ. प्रभाकर माचवे के अनुसार मुक्तिबोध ने माधव पब्लिक पुस्तकालय में रखी 'साइकोलॉजिकल टाइप्स' शीर्षक पुस्तक पढ़ी थी।[18] मनोवैज्ञानिक प्रकारों की धारणा मनोविज्ञान के क्षेत्र में युंग का महत्त्वपूर्ण योगदान मानी गई है। युंग ने 'साइकोलॉजिकल टाइप्स' में इस धारणा को विवेचित किया है। साथ ही उन्होंने अपनी पारिभाषिक शब्दावली पर भी टिप्पणियाँ दी हैं। इस बहिस्साक्ष्य के साथ ही ऐसे प्रचुर अन्त:साक्ष्य भी उपलब्ध हैं जो युंगीय मनोविज्ञान से मुक्तिबोध का घनिष्ठ परिचय प्रमाणित करते हैं।

मुक्तिबोध ने 'आत्मा' शब्द का प्रयोग प्राय: चित्त के अर्थ में किया है। प्रॉग्रेस पब्लिशर्स, मॉस्को से प्रकाशित 'ए डिक्शनरी ऑफ़ फ़िलॉसफ़ी' में भी 'सोल' को 'साइके' का पर्याय माना गया है।' 'शमशेर मेरी दृष्टि में' शीर्षक लेख इस बात का प्रमाण है कि मुक्तिबोध के लिए आत्मा समग्र मानसिक व्यक्तित्व की स्थानापन्न है और मनोरचना तथा मनस्तत्त्वों से उसके भूगोल और इतिहास का निर्माण होता है।[19] एक अन्य निबन्ध में उन्होंने सामाजिक व्यक्तित्व को 'आत्मा' शब्द संज्ञापित किया है।[20] इससे स्पष्ट है कि मुक्तिबोध ने चित्तीय समग्रता को ही आत्मा की अभिधा प्रदान की है।[21] यह आत्मा की 'शुद्ध प्रकृति' है। विभिन्न चित्तीय अवस्थाओं से आलोकित इस 'शुद्ध प्रकृति' या 'स्व' का साक्षात्कार मुक्तिबोध ने किया है। उदाहरणार्थ—

*एक विजय और एक पराजय बीच*
*मेरी शुद्ध प्रकृति मेरा 'स्व'*
*जगमगाता रहता है।*

इस आत्म-साक्षात्कार के अभाव में यही 'आत्म' या 'स्व' 'दुई' अर्थात द्वन्द्व की अनुभूति करता है—

*बात अभी पूरी कहाँ हुई है,*
*आत्मा की एकता में हुई है।*

मुक्तिबोध का आत्मालोचन प्रमाण है कि मानसिक द्वन्द्व उनके व्यक्तित्व में बद्धमूल हैं।[22] बाहरी द्वन्द्वों के साथ-साथ भीतरी द्वन्द्वों की गति भी तीव्र से तीव्रतर होती रहती है—

*जितना ही तीव्र है द्वन्द्व क्रियाओं घटनाओं का*
*बाहरी दुनिया में*
*उतनी ही तेज़ी से भीतरी दुनिया में*
*चलता है द्वन्द्व कि*
*फ़िक्र से फ़िक्र लगी हुई है।*

आत्म के इसी द्वन्द्व का मूर्त चित्रण ब्रह्मराक्षस के बिम्ब में हुआ है—

*ख़ूब ऊँचा एक ज़ीना साँवला*
*उसकी अँधेरी सीढ़ियाँ*
*वे एक आभ्यन्तर निराले लोक की*
*एक चढ़ना औ उतरना*
*पुनः चढ़ना औ' लुढ़कना।*

स्पष्टतः यहाँ 'एक आभ्यन्तर निराला लोक' अचेतन ही है। युंग ने, अचेतन को अज्ञात आभ्यन्तर विश्व के रूप में स्वीकार किया है। समुद्र भी इसी अचेतन का द्योतक आद्यबिम्ब है।[23] मुक्तिबोध 'एक स्वप्न-कथा' में इसी रहस्यात्मक अचेतन के भाष्यार्थ प्रयत्नशील हैं—

*काली उन लहरों को पकड़कर अंजलि में*
*जब जब मैं देखना चाहता हूँ—*
*क्या हैं वे? कहाँ से आई हैं?*
*किस तरह निकली हैं*
*उद्गम क्या, स्रोत क्या*
*उनका इतिहास क्या*
*काले समुन्दर की व्याख्या क्या भाष्य क्या?*

यह अचेतन समुद्र सहस्रों वर्ष पुरातन है और उसके भाष्य में प्रयत्नशील व्यक्ति डूब भी सकता है—

*सहस्रों वर्षों से यह सागर*
*उफनता आया है*
*उसका तुम भाष्य करो*
*चाहो तो उसमें तुम डूब मरो।*

यह अचेतन समुद्र दिक्कालातीत है, इसीलिए उसमें ग्रस्त 'मैं' दिक्कालातीत अनुभव प्राप्त करता है—

*भयानक समुन्दर में बीचोबीच फेंक दिया जाता है।*
*अपना सब वर्तमान, भूत, भविष्य स्वाहाकार*
*पृथ्वी रहित, नभ रहित होकर मैं*

मुक्तिबोध अचेतन के बिम्बगर्भत्व से सुपरिचित हैं। वे शमशेर बहादुर सिंह के काव्य पर विचार करते हुए लिखते हैं—"वे इमेजिज़ उनके अवचेतन, अर्धचेतन से उत्पन्न होती हैं। उन इमेजिज़ में उनके अवचेतन का गहरा रंग होता है।"[24] उनकी दृष्टि से मनस्पटल पर बिम्बों की उद्‌दीप्ति[25] होती है, उत्पत्ति नहीं। उन्होंने अपने गद्य साहित्य में कुछ आद्यरूपों का नामोल्लेख भी किया है, उदाहरणार्थ वे 'प्रश्न' कहानी में लिखते हैं—"परन्तु वह अपनी माँ को नहीं पुकारता, उस विश्वात्मक मातृशक्ति को पुकारता है कि वह आए और उसको बचाए। वह कर भी क्या सकता है, वह अपने आँचल से उसे न हटाए।" यहाँ कहानीकार ने अपने नायक के मानस में उद्‌भूत मातृ आद्यरूप का चित्रण किया है।

मुक्तिबोध चेतन-अचेतन के सापेक्षिक महत्त्व को भी युंग आदि मनोवैज्ञानिकों की भाँति सम्यक् रूप से समझते हैं। "व्यक्तित्व के निर्माण में चेतन मन का रोल बहुत कम होता है और उससे कम रोल संकल्प शक्ति का। दोनों के रोल निस्सन्देह कम होते हैं, लेकिन होते हैं बहुत ही महत्त्वपूर्ण—इतने महत्त्वपूर्ण कि उन्हीं के कारण मनुष्य मनुष्य है।"[26]

युंग ने अज्ञात के भय को 'मिसोनिज़्म' कहा है।[27] मुक्तिबोध इस भय से मुक्त होकर अज्ञात को आत्मसात करने का महत्त्व समझते थे। उनके शब्दों में—"इसलिए आपको अज्ञात से डरने की ज़रूरत नहीं। एक बार अज्ञात के एक हिस्से को ज्ञात बना लेने पर पहले का ज्ञात भी कुछ नया रूप धारण करेगा। उसको यह नया रूप धारण करने दो, उसकी इस क्रिया में बाधा मत डालो।"[28] यहाँ 'पहले का ज्ञात' से अभिप्राय अहं से है, जो अचेतन की सामग्री को आत्मसात कर विकसित होता है। अचेतन के 'एक हिस्से' को ही आत्मसात किया जा सकता है, उसका गहनतम तल समग्रत: ज्ञात नहीं हो सकता।[29] आत्मीकरण बाधित होने पर अचेतन की प्रभुता सम्भव है, जो व्यक्तित्व के विकास में घातक है। आत्मीकरण के लिए अचेतन से मैत्री अनिवार्य है। मुक्तिबोध इस मैत्री के लिए संकल्प करते हैं—

*इसीलिए मुझे इस तमाकार पानी से*
*समझौता करना है*
*तैरते रहना है सीमाहीन काल तक*
*मुझको तो मृत्यु तक*
*भयानक लहरों से मित्रता रखना है।*

युंग के अनुसार अचेतन की मैत्री में प्रेरित होकर आत्मसाक्षात्कार की दिशा में क़दम रखते ही छाया का दर्शन होता है। छाया के दर्शन का अभिप्राय है—अपने व्यक्तित्व की सचेत आलोचना। 'एक साहित्यिक की डायरी' में मुक्तिबोध ने मानव व्यक्तित्व के वैज्ञानिक विश्लेषण को अर्थात सचेत आलोचना को आवश्यक माना है।

विश्लेषण की पद्धति के विषय में वे लिखते हैं—"व्यक्तित्व का विश्लेषण दो प्रकार से किया जाए। एक तो केवल विशुद्ध आत्महित के भाव से, दूसरे सूक्ष्म-से- सूक्ष्म मनोवैज्ञानिक स्वार्थों को हटाकर।"[30] चित्तीय ऊर्जा से भी मुक्तिबोध परिचित थे। उनका कथन है—"जितनी आवश्यक मन:शक्ति उसमें चाहिए उतनी नहीं है।[31] यहाँ मन:शक्ति से अभिप्राय चित्तीय ऊर्जा से है।

मुक्तिबोध ने युंग के मनोवैज्ञानिक प्रकारों को गहनता से आत्मसात किया था। मनोवैज्ञानिक प्रकार अभिवृत्ति और कार्य की मनोवैज्ञानिक धारणाओं पर आधृत हैं। युंग के अनुसार मनोवैज्ञानिक अभिवृत्तियाँ दो हैं—अन्तर्मुखता और बहिर्मुखता। मनोवैज्ञानिक कार्य चार हैं—चिन्तन, भावना, संवेदन और सहजानुभूति। व्यक्ति में किसी एक मनोवैज्ञानिक अभिवृत्ति और किसी एक मनोवैज्ञानिक कार्य का प्राधान्य होता है, जो उसके मनोवैज्ञानिक प्रकार का निश्चायक है। 'तारसप्तक' के वक्तव्य में मुक्तिबोध ने मनोवैज्ञानिक प्रकारों के आधार पर काव्य में प्रयोग की आकांक्षा उल्लिखित की है।[32]

'सुमित्रानन्दन पन्त : एक विश्लेषण' शीर्षक निबन्ध में पन्त और प्रसाद के कवि-व्यक्तित्वों की तुलना मनोवैज्ञानिक प्रकारों के आधार पर की गई है। समीक्षक की दृष्टि में—"पन्त की वास्तवोन्मुखता की जितनी भी, जो भी प्रवृत्ति है, वह लालन-पालन, परिवार, वर्ग, स्वयं के जीवनानुभव, परिस्थिति आदि-आदि से सीमित तो है ही, साथ ही वह मनोरचना से भी सीमित है।"[33] यहाँ 'मनोरचना' शब्द का प्रयोग चित्तीय संरचना के अर्थ में किया गया है। मुक्तिबोध का निष्कर्ष है कि पन्त की चित्तीय संरचना बहिर्मुख संवेदन प्रकार की है। प्रसाद अन्तर्मुख चिन्तन प्रकार के कवि हैं। मुक्तिबोध के शब्दों में—"प्रसाद वस्तुत: अन्तर्मुख कवि हैं।...प्रसाद की अन्तर्मुखता इतनी गहन थी कि वे अपने अन्तर्जगत् में उपस्थित भावों को, उसके भेद और अभेद को, रूपों और गुणों को बहुत अच्छी तरह पहचानते थे, इसलिए वे समष्टि चित्रों द्वारा उन्हें संश्लेषित रूप में, अथवा उपमा विधान, प्रतीक विधान द्वारा विश्लेषित रूप में अंकित कर सकते थे।"[34] इसकी तुलना में मुक्तिबोध के अनुसार—"पन्त जी अन्तर्मुख कवि नहीं हैं—अथवा इनकी अन्तर्मुखता बहुत क्षीण है।"[35] अन्तर्मुखता की इस क्षीणता के कारण पन्त पाठक को—"गहन रूप से विश्लेषित और संश्लेषित भावदृश्य नहीं देते, वरन् मन:स्थिति और मनोदशाएँ प्रदान करते हैं।"[36] समीक्षक की दृष्टि में—"अन्तर्मुखता के आपेक्षिक अभाव की पूर्ति के रूप में, पन्त जी में वास्तव के प्रति सहज संवेदनक्षमता है।"[37] ध्यातव्य तथ्य यह है कि मुक्तिबोध ने समग्र निबन्ध में किसी भी स्थल पर पन्त के व्यक्तित्व में अन्तर्मुखता अथवा प्रसाद के व्यक्तित्व में बहिर्मुखता के आत्यन्तिक अभाव का उल्लेख नहीं किया है। यह तथ्य विवेचन की मनोवैज्ञानिकता के प्रति समीक्षक की सजगता का द्योतक है। यह सजगता 'क्षीण अन्तर्मुखता', 'आपेक्षिक अभाव' जैसे शब्दों में ध्वनित है।

युंग के अनुसार संकल्पात्मक काव्य व्यक्तिगत धरातल से ऊपर उठकर आत्मा के धरातल पर अभिव्यक्त होता है। मुक्तिबोध ने इस युंगीय दृष्टिकोण को मार्क्सवादी चेतना के अनुरूप आत्मसात किया है। उनके शब्दों में—"काव्यरचना केवल व्यक्तिगत मनोवैज्ञानिक प्रक्रिया नहीं, वह एक सांस्कृतिक प्रक्रिया है। और, फिर भी वह एक आत्मिक प्रयास है। उसमें जो सांस्कृतिक मूल्य परिलक्षित होते हैं, वे व्यक्ति की अपनी देन नहीं, समाज या वर्ग की देन है।"[38] मुक्तिबोध की दृष्टि में 'भाव-सम्पादन' मूल प्रकृति के तल से आभ्यन्तर वास्तव में कुछ विशेष उद्वेगों या प्रतिक्रियाओं द्वारा परिचालित होकर 'पूर्णता प्राप्त करता है।"[39] इस प्रकार, वे 'आत्मा के धरातल' की 'अभिव्यक्ति' की ओर स्पष्ट संकेत करते हैं। यहाँ 'आभ्यन्तर वास्तव' से अभिप्राय चित्तीय वास्तविकता से है। 'आभ्यन्तर वास्तव' के ये 'उद्वेग' पूर्व संचित हैं—"समर्थ कलाकारों के हृदय में विविध तथा व्यापक सौन्दर्यानुभवों की संचित राशियाँ पहले से ही तैयार होती हैं। कवि-कर्म करते समय वे सौन्दर्यानुभव फिर भी नई-नई रूपाकृतियाँ प्राप्त करते हुए अपने को भावानुवादित करने का प्रयत्न करते हैं।"[40] यहाँ हृदय में पूर्व संचित राशियाँ आद्यरूपों को ध्वनित करती हैं, जो द्रष्टा के भेद से विभिन्न बिम्बों के रूप में अभिव्यक्त होते हैं।

समृद्ध काव्य-सृजन के लिए जीवन और व्यक्तित्व में गहरी पैठ को मुक्तिबोध अनिवार्य मानते हैं। उन्होंने नई कविता की सीमाओं का उल्लेख करते हुए लिखा है—"बाह्य कारकों से जो संवेदनात्मक प्रतिक्रिया अनुभव रूप में हमारे मन से होती भी है, वह हमारे व्यक्तित्व के उस गहरे स्तर का अंग नहीं हो पाती जिस गहरे स्तर में संस्कार, शिक्षा-दीक्षा आदि से संशोधित हमारी आत्म-सम्पदा हमारी अनुभवसम्पदा है। जीवनानुभवों को हम आत्मसात करते नहीं जान पड़ते।"[41] दुनियादारी में व्यस्त चेतना की अन्तर्मुखता के अभाव का उल्लेख उन्होंने अन्यत्र भी किया है—"अत्यधिक अन्तर्मुखता की उन्हें फ़ुरसत नहीं मिल पाती...इसलिए वे कला के विशेष संवर्धन और विकास के लिए प्रयत्नशील नहीं होते...।"[42]

युंग के अनुसार महान कलाकृति एक स्वप्न की भाँति अपनी व्याख्या स्वयं नहीं करती और कान्तासम्मित उपदेश नहीं देती। वह प्रकृति की भाँति बिम्बरूपी पौधा उगा देती है। मुक्तिबोध ने भी शब्द-भेद से यही धारणा व्यक्त की है—"इसलिए साहित्य मनुष्य के आंशिक साक्षात्कारों के बिम्बों की एक मालिका तैयार करता है। ध्यान रहे कि वह सिर्फ़ बिम्बमालिका है और उसका सारा सत्यत्व और औचित्य मनुष्य के जीवन या अन्तर्जगत् में स्थित है, चूँकि सभी मनुष्यों के अन्तर्जगत् होते हैं, इसलिए उनके औचित्य और सत्यत्व की अनुभूति सार्वजनीन होती है।"[43]

प्रस्तुत तथ्यों के आलोक में स्पष्ट है कि मुक्तिबोध युंगीय मनोविज्ञान में अधीत थे और उन्होंने युंगीय धारणाओं को सोत्साह अपनाया भी था। उन्होंने उज्जैन की माधव पब्लिक लाइब्रेरी में 'साइकोलॉजिकल टाइप्स' शीर्षक ग्रन्थ पढ़ा था।

तारसप्तकीय वक्तव्य के अनुसार वे 'वैज्ञानिक टाइप' की धारणा के आधार पर काव्य में प्रयोग के आकांक्षी थे। इनके सृजन में मनोविज्ञान के प्रचलित, अल्पप्रचलित और अप्रचलित शब्दों के साथ ही युंगीय मनोविज्ञान की पारिभाषिक शब्दावली का सचेत व्यवहार हुआ है। उनके समग्र सृजन में युंगीय धारणाओं का प्रचुर उपयोग हुआ है। वे अचेतन के बिम्बगर्भत्व और चेतन-अचेतन के सापेक्षिक महत्त्व से भी परिचित थे। अचेतन की सृजनात्मक शक्ति के आत्मीकरण से व्यक्तित्व-विकास की सम्भावना भी उनके लिए अज्ञात नहीं थी। व्यक्तित्व के सचेतन आलोचन में वे सदैव प्रवृत्त रहते थे। अचेतनोद्दीप्त बिम्बों का मनोवैज्ञानिक विश्लेषण उनकी कविताओं में भी उपलब्ध है। मनोवैज्ञानिक प्रकारों की धारणा का उपयोग उन्होंने व्यावहारिक समीक्षा में भी किया है। युंग के समान मुक्तिबोध श्रेष्ठ काव्य को आत्मा के धरातल की अभिव्यक्ति स्वीकार करते हैं। उनकी दृष्टि में समर्थ कलाकारों के हृदय में सौन्दर्यानुभवों की पूर्व-संचित राशियाँ ही सृजन क्षणों में अभिव्यक्त होती हैं। काव्य-प्रयोजन की दृष्टि से भी मुक्तिबोध युंग के समान बिम्ब-सृष्टि को सर्वाधिक महत्त्व देते हैं। अतः मुक्तिबोध के सृजन में युंगीय मनोविज्ञान की प्रमुख धारणाएँ उल्लिखित या व्यंजित हैं। अनेक स्थलों पर युंगीय मनोविज्ञान की शब्दावली भी व्यवहृत है। अन्त:साक्ष्य के साथ ही बहिस्साक्ष्य से भी यह तथ्य सुपुष्ट है कि कवि ने युंगीय मनोविज्ञान का अध्ययन किया था और उसकी धारणाओं को अपनी प्रगतिवादी चेतना के अनुरूप आत्मसात किया था।

## सन्दर्भ


1. *एक साहित्यिक की डायरी,* पृ. 131
2. *नई कविता का आत्मसंघर्ष तथा अन्य निबन्ध,* पृ. 34
3. *एक साहित्यिक की डायरी,* पृ. 42
4. *नई कविता का आत्मसंघर्ष तथा अन्य निबन्ध,* पृ. 67
5. वही, पृ. 99
6. *एक साहित्यिक की डायरी,* पृ. 62
7. *तार सप्तक,* पृ. 11
8. *चाँद का मुँह टेढ़ा है,* पृ. 108
9. *एक साहित्यिक की डायरी,* पृ. 110
10. *नई कविता का आत्मसंघर्ष तथा अन्य निबन्ध,* पृ. 17
11. *एक साहित्यिक की डायरी,* पृ. 101
12. वही, पृ. 130
13. *कामायनी : एक पुनर्विचार,* पृ. 2
14. *नई कविता का आत्मसंघर्ष तथा अन्य विभाग,* पृ. 68
15. *कामायनी : एक पुनर्विचार*

16. *काठ का सपना,* पृ. 19
17. *एक साहित्यिक की डायरी,* पृ. 20
18. व्यक्तिगत बातचीत में, यह स्पष्ट करने पर कि मुक्तिबोध ने युंगीय मनोविज्ञान की कोई पुस्तक पढ़ी थी या नहीं, डॉ. प्रभाकर माचवे ने कहा, "उस समय युंग का लिटरेचर मध्य भारत में आया ही कहाँ था? हाँ, माधव पब्लिक लाइब्रेरी में 'साइकोलॉजिकल टाइप्स' नाम की किताब उन्होंने पढ़ी थी।"
19. *नई कविता का आत्मसंघर्ष तथा अन्य निबन्ध,* पृ. 61
20. वही, पृ. 58
21. द *कलेक्टेड वर्क्स ऑफ़ सी. जी. युंग,* खंड 6, पृ. 460
22. *तार सप्तक,* पृ. 7
23. "The sea is the favourite symbol for the unconscious, the mother of all that lives."

    —*The Collected Works of C. G. Jung,* Vol. 9, Part I, p. 177-78
24. *नई कविता का आत्मसंघर्ष तथा अन्य निबन्ध,* पृ. 67
25. '...मनस्पटल पर उद्दीप्त उन बिम्बों में खो जाता है, उनमें तन्मय हो जाता है...' वही, पृ. 39
26. *एक साहित्यिक की डायरी,* पृ. 62
27. *मैन एंड हिज़ सिम्बल्स,* पृ. 23
28. *एक साहित्यिक की डायरी,* पृ. 65
29. द *साइकोलॉजी ऑफ़ सी. जी. युंग,* पृ. 31
30. *एक साहित्यिक की डायरी,* पृ. 63
31. वही, पृ. 42
32. "वैसे काव्य में जीवन के चित्र की—यथा वैज्ञानिक टाइप की—उद्‌भावना की, अथवा शुद्ध शब्द-चित्रात्मक कविता हो सकती है। इन्हीं के प्रयोग मैं करना चाहता हूँ।"

    —*तार सप्तक,* पृ. 8
33. *नई कविता का आत्मसंघर्ष तथा अन्य निबन्ध,* पृ. 77
34. वही, पृ. 73
35. वही
36. *नई कविता का आत्मसंघर्ष तथा अन्य निबन्ध,* पृ. 74
37. वही, पृ. 75
38. वही, पृ. 19
39. वही, पृ. 23
40. वही
41. वही, पृ. 33
42. *एक साहित्यिक की डायरी,* पृ. 102
43. वही, पृ. 62

अध्याय-3

# अचेतन के आद्यबिम्ब

अचेतन की प्रारम्भिक धारणा दमित या विस्मृत सामग्री की अवस्था के उल्लेखन तक सीमित थी। फ्रायड ने अचेतन के आद्य और पुराणशास्त्रीय रूपों से परिचित होते हुए भी उसके आत्यन्तिक व्यक्तिगत स्वभाव को स्वीकार किया।[1] युंग ने व्यक्तिगत अचेतन के साथ ही सामूहिक अचेतन की प्रस्थापना की और उसकी सामग्री के सचेत आत्मीकरण से मानवीय क्षमताओं के असीम विस्तार की सभावनाएँ व्यक्त कीं। उनकी दृष्टि में अचेतन ही चेतना की माता है।[2] वास्तविक चित्तीय अनुभव में माता सामूहिक अचेतन की और शिशु चेतना का प्रतीक है।[3] अत: अचेतन के आद्यबिम्बों में मातृत्व के व्यंजक प्रतीक विवेच्य हैं। मुक्तिबोध के काव्य में अचेतन के जिन आद्यबिम्बों का प्रयोग हुआ है, उन्हें निम्नलिखित वर्गों के अन्तर्गत विभक्त किया जा सकता है—

जल के आद्यबिम्ब, अन्धकार के आद्यबिम्ब, धरांतर के आद्यबिम्ब, धरा के आद्यबिम्ब, अन्य आद्यबिम्ब।

## जल के आद्यबिम्ब

युंग के अनुसार जल अचेतन का सामान्यतम प्रतीक है।[4] पुराकथाओं के क्षेत्र में जल का मातृत्व प्रतीकों की स्पष्टतम व्याख्याओं में से एक है।[5] वेदों में जल को मातृतामह की संज्ञा से अभिहित किया गया है।[6] वैदिक साहित्य में ब्रह्मांड के जल में उत्पन्न होने की कथा अनेकत्र वर्णित है। 'तैत्तिरीय ब्राह्मण' के अनुसार सबसे पहले जल था—"आपो वा इदमये सलिलमासीत।"[7] 'मनुस्मृति' के अनुसार सिसृक्षु परमात्मा ने सबसे पहले जल की सृष्टि की और उसमें ब्रह्मांड का बीजाधाम किया—"अप एव ससर्जाऽऽदो तासु बीजमवासृजत।"[8] भारतीय पुराकथाओं में सृष्टि करने वाले ब्रह्मा को समुद्रवासी विष्णु के नाभि-कमल से उत्पन्न हुआ माना जाता है।[9] प्राचीन ग्रीकों का भी यही विश्वास है कि समुद्र उत्पत्ति का प्रतीक है।[10]

फ़ारसी साहित्य में जल और प्रेम की देवी 'आर्द्विसूर अनाहित' है और 'आर्द्विसूर' जीवन का फव्वारा है।[11] बबेरू और मिश्र की सृष्टि-सम्बन्धी पुराकथाओं में भी सृष्टि के पूर्व जल विद्यमान है।[12] डब्ल्यू.एच. आडेन ने रोमांटिक कवियों के समुद्र बिम्बों का अध्ययन कर यह निष्कर्ष दिया है कि वह आदिम शक्ति का प्रतीक है।[13] जल, विशेषतः गहरा जल, गर्भ के अनुरूप होने से मातृत्व का व्यंजक होता है।[14] इस प्रकार जल मातृत्व की गहनता का और योनित्व का प्रतीक है, अर्थात अचेतन के विधि-निषेध पक्षों का प्रतीक है।[15] 'आर्केटाइपल पैटर्न्स इन पोइट्री' शीर्षक ग्रन्थ के मॉड बॉदकिन ने 'एनशिएंट मैरिनर' का अध्ययन करते हुए अचेतनता के जल-बिम्बों की युंगीय व्याख्याएँ की हैं।

जल के आद्यबिम्ब मुक्तिबोध के काव्य में प्रचुर प्रयुक्त हैं। 'ब्रह्मराक्षस' शीर्षक कविता का प्रारम्भ ही इस आद्यबिम्ब से होता है—

*शहर के उस ओर खँडहर की तरफ़*
*परित्यक्त सूनी बावड़ी*
*के भीतरी*
*ठंडे अँधेरे में*
*बसी गहराइयाँ जल की...*
*सीढ़ियाँ डूबी अनेकों*
*उस पुराने घिरे पानी में...*

यहाँ बावड़ी और बावड़ी का पुराना जल अचेतन के प्रतीक हैं। आर्केटाइपल पैटर्न्स इन पोइट्री' की लेखिका ने 'एनशिएंट मैरिनर' में जल के वर्णित ठहराव को विषण्ण मानसिकता का प्रतीक माना है।[16] यह बिम्ब 'तीसरा क्षण' में भी प्रस्तुत है—"मुझे लगता है कि मन एक रहस्यमय लोक है। उसमें अँधेरा है। अँधेरे में सीढ़ियाँ हैं। निचली सीढ़ी पानी में डूबी है। वहाँ अथाह काला जल है। उस अथाह जल में स्वयं को ही डर लगता है। इस अथाह जल में कोई बैठा है। वह शायद मैं ही हूँ।"[17] दोनों बिम्बों में अँधेरा, जल और सीढ़ियाँ सामान्य प्रतीक हैं। 'अथाह काला जल' और 'पुराने घिरे पानी' में साम्य है। पुराना घिरा पानी प्रायः काला होता है। कविता में अनेकों डूबी सीढ़ियाँ चित्रित हैं। 'तीसरा क्षण' में भी 'सीढ़ियाँ गीली हैं' और सबसे नीची सीढ़ी पानी में डूबी है। इस जल की गहराइयों में एक ब्रह्मराक्षस बैठा है, जो कवि के अहं का रूपक है। अचेतनग्रस्त अहं की द्वन्द्वात्मक स्थिति का चित्रण सीढ़ियाँ चढ़ने और उतरने की क्रिया में हुआ है—

*ख़ूब ऊँचा एक ज़ीना साँवला*
*उसकी अँधेरी सीढ़ियाँ*
*वे एक आभ्यन्तर निराले लोक की।*

*एक चढ़ना औ' उतरना,*
*पुनः चढ़ना औ' लुढ़कना*
*मोच पैरों में*
*व छाती पर अनेकों घाव।*

रोहणावरोहण की क्रिया से द्वन्द्वात्मक स्थिति का चित्रण मुक्तिबोध को विशेष प्रिय रहा है, उदाहरणार्थ 'एक आत्म-वक्तव्य' और 'चकमक की चिनगारियाँ' शीर्षक कविताओं के अंश लिये जा सकते हैं—

*...और जब*
*मेरा सिर दुखने लगता है,*
*धुँधले-धुँधले अकेले में आलोचनाशील*
*अपने में से उठे धुएँ की ही चक्कदार*
*सीढ़ियों पर चढ़ने लगता हूँ।*
*और हर एक सीढ़ी पर लुढ़की पड़ी एक-एक देह*
*आलोचना-हत मेरे पुराने व्यक्तित्व*
*भूतपूर्व भुगते हुए अनगिनत 'मैं'।*

*किसी वीरान टावर की*
*अँधेरी भीतरी गोलाइयों के बीच*
*चक्करदार ज़ीना एक चढ़ता हूँ, उतरता हूँ।*

जल के आद्यबिम्ब की दृष्टि से 'एक स्वप्न-कथा' समृद्ध कविता है। व्यक्तित्वान्तर के प्रयासी कवि का मन 'स्याह समुन्दर' में नहाता रहता है। समुद्र अचेतन का प्रसिद्ध प्रतीक है, सभी जीवितों की माता है।[18] रस विद्या के अन्तर्गत समुद्र, सामान्यतः और स्वप्न में भी, अचेतन का प्रतीक है।[19] 'पक्षिणियाँ' कवि को इसी सागर की व्याख्या के लिए प्रेरित करती हैं। उनके आदेश पर कवि को रह-रहकर 'एक पूर्वज' के अनुभव स्मृत होते हैं—

*ज्ञानी एक पूर्वज के*
*किसी रात नदी का पानी काट*
*मंत्र पढ़ते हुए*
*गहन जलधारा में*
*गोता लगाया था कि*
*अन्धकार-जल-तल का स्पर्श कर*
*इधर ढूँढ़, उधर खोज*

*एक स्निग्ध गोल गोल*
*मनोहर तेजस्वी शिलाखंड*
*तमोमय जल में से सहज निकाला था*
*देव बना पूजा की।*

जल-तल में मग्न सम्पदा या चमकीला मणि एक आद्यबिम्ब है। देवताओं और राक्षसों ने भी समुद्र का मंथन करके ही चौदह रत्न निकाले थे।[20] 'न्यू टेस्टामेंट' की एक कथा के अनुसार एक व्यक्ति कुएँ की गहराइयों में विलुप्त मुकुटमणि पिता के आदेश से खोजकर लाता है।[21] जायसी के 'पद्‌मावत' में भी एक सखी का हार मानसरोवर छिपा लेता है और पर्याप्त खोज के उपरान्त लौटाता है। युंग के अनुसार यदि हम अपने पूर्वजों की गौरवमय सम्पदा को आत्मसात करना चाहते हैं तो हमें जलमार्ग से ही जाना होगा।[22] जल की—अचेतन की—बाधाओं का सामना करने के लिए मंत्र की शक्ति विख्यात है, इसलिए भारती का एक अन्य साधक भी मंत्र-जाप करते हुए ही 'मानस-तल' में पैठता है—

*स्मृति-कर से गह मंत्र-सूत्र*
*फिर बैठ गया है*
*साँस रोककर मानस-तल में पैठ गया हूँ।*
*शीत सलिल का परस*
*एक सुबकी, सब विस्मृत।*
*ऊपर-नीचे, दाएँ-बाएँ जल ही जल है।*
*आँख-कान रसना सब*
*अपना धर्म भूलकर परस मग्न हैं।*
*मैं प्लावित हूँ।*
*रोम-रोम संसिक्त*
*देह निर्भार पैरती सहज मीन-सी।*[23]

शिलाखंड की—सम्पूर्ण ब्रह्मांड के मूल सत्य की—आत्मा की—उपलब्धि खाला का घर नहीं है। यह 'राह गलियों में पड़ा' नहीं मिलता। मार्ग की दुर्गमता कवि के संकल्प को शिथिल करती है। निर्णायक मुहूर्त टल जाता है और स्फूर्तियाँ अहं को क़ैद कर समुद्र में फेंक देती हैं। इन्हीं क्षणों में मातृ-बिम्ब उद्‌दीप्त होता है—

*आगे बढ़ता हूँ कि*
*नाभिनाल छूता हूँ अकस्मात*
*मृणाल, हाँ मृणाल*
*जल खोहों से ऊपर उठ*

*लहरों के ऊपर चढ़*
*बनकर बृहद एक*
*काला सहस्त्रदल*
*सम्मुख उपस्थित है*
*उसमें है कृष्ण रक्त।*

युंग ने कमल की गणना मातृप्रतीकों में भी की है।[24] इस सन्दर्भ में उल्लेखनीय है कि स्वर्ग-भ्रष्ट इन्द्र भी इसी मातृबिम्ब पंकज की शरण लेते हैं।[25] प्रस्तुत उद्धरण में भी 'काला सहस्त्रदल' मातृबिम्ब हैं। युंग के अनुसार—"प्रतिगति प्रत्यक्षतः माता की ओर ही ले चलती है, जो वास्तव में अचेतन का—'माताओं के साम्राज्य'—का मुखद्वार है।"[26] सामान्य अनुभव है कि प्रतिगति के क्षणों में शिशु माँ की गोदी में राहत पाता है, अतः मनोवैज्ञानिक दृष्टि से इन क्षणों में मातृबिम्बों की उद्दीप्ति स्वाभाविक है। प्रमाणार्थ मॉड बॉदकिन द्वारा उल्लिखित पद्धति[27] के प्रयोग से सहज-स्मृत पंक्तियाँ उद्धृत हैं, जहाँ अभ्युदय के लिए प्रणव जाप में लीन कवि ने प्रतिगति के क्षणों में भाव का मातृबिम्ब देखा है—

*आसन छोड़ चला जो देखा*
*ठठरी सहसा बही जा रही प्रलय ओस में*
*बाल पूँछ के हाथ लगे जो*
*पकड़े मैं भी बहा जा रहा*
*साँस-साँस में आस एक ही*
*पूँछ यही सब वैतरणी से पार करेगी।*[28]

स्पष्टतः 'एक स्वप्न-कथा' और 'भारती का खँडहर' के उद्धृत प्रसंगों में समता का आधार प्रतिगति के क्षणों में मातृबिम्ब की उद्दीप्ति भाव हैं। इन बिम्बों में सामग्री की भिन्नता के साथ ही प्रतिगति के अनुभव में पर्याप्त भेद है। मनोरचना के वैशिष्ट्य से 'एक स्वप्न-कथा' में 'नाभि-नाल-रेखा' की समानान्तर राह से 'नीचे जल खोह तक' पहुँचने का निश्चय व्यक्त है। कदाचित् 'भारती का खँडहर' में भी रामकृष्ण परमहंस का एक अनुभव पैठा हैं। अद्वय तक पहुँचने में मातृबिम्ब के बाधक होने पर श्रीरामकृष्ण परमहंस ने अद्वैतवादी गुरु की प्रेरणा से उसका प्रतिलोम विलय कर समाधि-दशा प्राप्त की थी।[29] प्रस्तुत पंक्तियों में भी यही अनुभव मुखर है—

*माँ की अँगुली भी छूटेगी*
*और सभी आवर्त*
*शक्ति-तल से संकर्षित*
*समतल होंगे।*[30]

यही चेतना गाय की पूँछ पकड़कर वैतरणी पार करने से रोकती है और 'अक्षय स्थिरता या बाराही शक्ति'[31] के अर्जन का संकल्प जाग्रत करती है। काव्य-सृजन के मनोवैज्ञानिक पक्षों के अध्येताओं के लिए यह तथ्य भी अत्यन्त महत्त्वपूर्ण है कि उक्त संकल्प की अभिव्यक्ति के उपरान्त 'भारती का खँडहर' में कहीं भी मातृबिम्ब नहीं है। मंत्र-जाप के साथ प्रतिगति और 'दृग-पथ में थर-थर काँपते आलोक पुत्र' के साथ प्रगति के बिम्ब अवश्य हैं।[32] युंग के अनुसार मातृबिम्ब को पार करने पर पितृ-राज्य में—'व्यक्ति की पूर्णता'—में प्रवेश होता है।[33]

'नाभि-नाल-रेखा' की समानान्तर राह से नीचे 'जल-खोह' तक पहुँचकर 'सागर का मूल सत्य' पाने की सम्भावना से मुक्तिबोध 'सोद्देश्य प्रतिगति' का[34] संकल्प करते हैं—

*अन्धी जल-खोहों में*
*क्यों न हम घूमें*
*और सर्वेक्षण क्यों न करें*
*चाहें तो दुर्घटनाघात से*
*बूढ़ी विकराल व्हेल-पंजर की काँख में*
*फँसे-मरें।*[35]

युंग के अनुसार व्हेल 'कराला' का आद्यबिम्ब है।[36] पुराकथाओं की व्हेल ड्रैगन ग्रासितों का वमन करती है, जीवित रहते हुए दूसरों को ग्रास बनाती है एवं उनका वमन कर नये शिकार निगलती है, फिर वे द्विजत्व प्राप्त करते हैं लेकिन व्हेल-ड्रैगन मर जाती है।[37] इस सन्दर्भ में हनुमान की उस पुराकथा का भी उल्लेख किया जा सकता है, जिसके अनुसार समुद्रोल्लंघन के समय वे सुरसा और छायाग्राहिणी राक्षसी द्वारा निगल लिये गए थे।[38] समुद्र-बाधा का यह बिम्ब भारतीय साहित्य में अत्यधिक प्रसिद्ध है। 'विवेक चूड़ामणि' के अनुसार भवाब्धि पार करने को उद्यत मुमुक्षु आशा-ग्रह द्वारा डुबो दिया जाता है।

*आपात्वैराग्यवतो मुमुक्षून,*
*भवाब्धिपारं प्रतियातुमुद्यतान।*
*आशाग्रहो मज्जयतेऽन्तराले,*
*विगृह्म कंठै विनिवृत्य॥*

सूरदास को अनंग-ग्राह अगाध जल में जाता है—

*लिये जात अगाध जल में, गहे ग्राहि अनंग।*

श्रृंगारी कवि बिहारी भी इससे आकृष्ट हुए हैं—

*या भव पारावार को, उलधि पार का जाइ।*
*तिय छवि छायाग्राहनी, ग्रसै बीच ही आइ॥*

मुक्तिबोध की मरणाकांक्षा बलिदान की प्रतीक है, जो द्विजत्वोन्मुखी चेतना को सदैव करना पड़ता है।[39] इस बलिदान में चेतना अपनी शक्ति और सामग्री अचेतन के हाथ में सौंप देती है।[40] द्विजत्व-प्राप्ति के मार्ग में मृत्यु की सम्भावना से सजग कवि की भुजाएँ व्यग्र होकर पानी को काटती हैं। पानी को काटने का अर्थ अचेतन का विरोध नहीं है। दमन से अचेतन की प्रभुता की सम्भावना बढ़ जाती है। मुक्तिबोध इस तथ्य से परिचित दिखते हैं। अतः वे जल से मैत्री का शुभ संकल्प करते हैं—

*इसीलिए, मुझे इस तमाकार पानी से*
*समझौता करना है*
*तैरते रहना है सीमाहीन काल तक*
*मुझको तो मृत्यु तक*
*भयानक लहरों से मित्रता करना है।*

समुद्र के आद्यबिम्ब 'चकमक की चिनगारियाँ' में भी प्रयुक्त हैं। एकता के स्वर सागर तल से ही निस्सृत हैं—

*फेनायित निरन्तर एकता का बोध*
*जिसकी घोर आवाज़ें*
*समुन्दर के तल के अन्धकारों से उमड़ती हैं।*

अचेतन के प्रतीक रूप जल का साक्षात्कार मुक्तिबोध की सर्वश्रेष्ठ कविता 'अँधेरे में' का नायक भी करता है—

*बाहर शहर के पहाड़ों के उस पार, तालाब...*
*अँधेरा सब ओर,*
*निस्तब्ध जल,*
*पर, भीतर से उभरती है सहसा*
*सलिल के तम-श्याम शीशे में कोई श्वेत आकृति*
*कुहरीला कोई बड़ा चेहरा फैल जाता है*
*और मुसकाता,*
*पहचान बताता है,*
*किन्तु, मैं हतप्रभ,*
*नहीं वह समझ में आता।*

जल की समता प्राय: दर्पण से की जाती है। दर्पण भी अचेतन की तरह जल का प्रतीक है।[41] जलोद्भूत श्वेत आकृति का बिम्ब चेतन व्यक्तित्व को हतप्रभ करता है, क्योंकि अहं के लिए अचेतन सामग्री प्राय: अपरिचित और क्षोभक होती है।[42] नायक को खोहों के जल से सन्देश भी प्राप्त होता है—

*सँवलाए कमल जो खोहों के जल में*
*भूमि के भीतर पाताल-तल में*
*खिले हुए कब से भेजते हैं संकेत*
*सुझाव-सन्देश भेजते रहते।*

युंग के अनुसार भी चेतन अहं अचेतन की अन्धी गहराइयों से नये-नये रचनात्मक विचारों और प्रत्ययों के कमल प्राप्त करता है।[43]

## अन्धकार के आद्यबिम्ब

युंग के अनुसार रात्रि और अन्धकार अचेतन के प्रतीक हैं।[44] 'ऋग्वेद' के नारदीय सूक्त में सृष्टि-सम्बन्धी एक प्रकल्पना यह भी है कि सबसे पहले तम या तम के समान गूढ़ सलिल विद्यमान था—मत आसीत्तमसा गूढ़मग्रेऽप्रकेतं सलिलं सर्वमा इदम्।[45] मैत्र्युपनिषद् के अनुसार पहले अकेला तम ही था—तमो वा इदमग्र आसीदेकम्[46] इन वेद-वचनों का समाहार 'मनुस्मृति' के निम्नोद्धृत वाक्य में भी है—

*आसीदिदं तमोभूतमप्रज्ञातमलक्षम्।*[47]

मुक्तिबोध के काव्य में अन्धकार अधिकांशत: जल, विवर, प्रकोष्ठ, गुहा आदि के सहचर रूप में चित्रित है। स्वतंत्र रूप से अँधेरे के चित्र अत्यन्त विरल हैं। अन्धकार के रूपकात्मक प्रयोग की दृष्टि से 'चम्बल की घाटी में' की निम्नलिखित पंक्तियाँ उद्धृत हैं—

*अँधेरे में रहता या अब तक छिपा हुआ*
*जो निज सन्दर्भ*
*जो निज सम्बन्ध*
*जो गुप्त प्रक्रिया गहन निजात्मक*
*वह देह पर कर दस्यु रूप*
*बैठ गई उर पर।*

यहाँ 'सन्दर्भ', 'सम्बन्ध', 'गुप्त प्रक्रिया' आदि के साथ 'निज' विशेषण की आवृत्ति से स्पष्ट है कि यह अँधेरा व्यक्तिगत अचेतन का द्योतक है।

तेजस को अचेतन का साक्षात्कार प्रतिगति की अवस्था में होता है। इस प्रतिगति का अचेतन उद्देश्य आध्यात्मिक जीवन की सम्भावनाओं का साक्षात्कार हो सकता है।[48] 'अँधेरे में का नायक प्रतिगति की इस अवस्था में पड़े रहकर प्रगति की सम्भावनाओं को टालना चाहता है—

*उठने दो अँधेरे में ध्वनियों के बुलबुले,*
*वह जन वैसे ही*
*आप चला जाएगा आया था जैसा।*
*खड्डे के अँधेरे में मैं पड़ा रहूँगा*
*पीड़ाएँ समेटे!!*

प्रतिगति की अवस्था में अन्तर की गहराइयों से उठने वाले बुलबुलों का साक्षात्कार एक फ्रांसीसी अतियथार्थवादी कवि ने भी किया है।[49] नायक इस अवस्था का दास अधिक देर तक नहीं रह पाता। अँधेरे के सन्देश उसे प्रगति की ओर बरबस उन्मुख कर देते हैं—

*इस तम-शून्य में तैरती हैं जगत्-समीक्षा*
*की हुई उसकी*
*(यह नहीं सकता)*
*विवेक-विक्षोभ महान उसका*
*तम-अन्तराल में (यह नहीं सकता)*
*अँधियारे मुझमें द्युति-आकृति सा*
*भविष्य का नक़शा दिया हुआ उसका*
*सह नहीं सकता!!*
*नहीं, नहीं, उसको मैं छोड़ नहीं सकूँगा,*
*सहना पड़े मुझे चाहे जो भले ही।*

यहाँ तम-शून्य और तम-अन्तराल स्पष्टत:, अचेतन के प्रतीक हैं। आलोक पुरुष अन्धकार का आध्यात्मिक सम्भावनाओं का संवाहक है। इसलिए उससे प्रेरित नायक 'कमज़ोर घुटनों को बार-बार मसल' लड़खड़ाता हुआ दरवाज़ा खोलने उठता है। 'चकमक की चिनगारियाँ' में भी अचेतन का प्रतीक अन्धकार 'भयानक दौर' के समझौतापरस्त नायक के ख़िलाफ़ विद्रोह कर उठता है और उस पर ज़ोर का हाथ जमाता है—

*इतने में, अँधेरी दूरियों में से*
*उभरता एक*
*कोई श्याम, धुँधला हाथ,*
*सहसा कनपटी पर ज़ोर का आघात।*

यह आघात 'ज़िन्दा छातियों पर और चेहरों पर क़दम रखकर' चलने के भयानक अन्धे दौर में व्यक्तिगत पाप-भावना की उद्दीप्ति एवं तज्जन्य तीव्र वेदना के अनन्तर होता है, जिससे नायक थोड़ी देर के लिए गुमनाम गड्ढे में गिर जाता है—

*उड़ता ही गया वह, दीर्घ वृत्ताकार*
*पथ से जा गिरा,*
*उस दूर जंगल के*
*किसी गुमनाम गड्ढे में।*

'ब्रह्मराक्षस' शीर्षक कविता की स्थिति थोड़ी भिन्न है। यहाँ बावड़ी का संघर्षरत नायक उभर नहीं पाता और तम-विवर में मरे पक्षी-सा विदा हो जाता है—

*कँटीले तम-विवर में*
*मरे-पक्षी-सा*
*विदा ही हो गया।*

यहाँ तम-विवर अचेतन का और पक्षी चेतना का प्रतीक है। भारत में प्राण-पखेरू रूपक अत्यन्त प्रसिद्ध है। केशव के दशरथ का जीव-रूपी चकोर देह-मेह को तोड़कर उड़ जाता है—

*ब्रह्म-रन्ध्र फोरि जीव सों मिलो जुलोक जाय।*
*गेह-तूरि ज्यों चकोर चन्द्र में मिले उड़ाय॥* [50]

मधुमालती अपने प्रिय की खोज में चिड़िया बन जाती है। तम-विवर का आद्यप्रतीक 'मुझे पुकारती हुई पुकार' में भी दृष्टव्य है—

*तिमिर-विवर में पड़ी अशान्त नागिनी-*
*छिपी हुई तृषा*
*अपूर्व स्वप्न लालसा*
*तुरत दिखी।*

'अन्तःकरण का आयतन' शीर्षक कविता में अन्धकार-रूप अचेतन की ख़ूँख्वार काली शक्तियों का बिम्बात्मक प्रस्तुतीकरण हुआ है—

*प्रतापी सूर्य हैं वे सब प्रखर जाज्वल्य*
*पर, यह क्या अँधेरे स्याह धब्बे सूर्य के भीतर*
*बहुत विकराल*
*धब्बों के अँधेरे विवर-तल में से*
*उभरकर उमड़ कर दल बाँध*

*उड़ते आ रहे हैं गिद्ध*
*पृथ्वी पर सपटते हैं।*

अँधेरे के साथ ही रात्रि के आद्यबिम्ब भी मुक्तिबोध के काव्य में विविध सन्दर्भों में प्रयुक्त हैं। युंगीय मनोविज्ञान में रात्रि और नरक यातना के प्रतीक हैं।[51] 'चाँद का मुँह टेढ़ा है' शीर्षक कविता में रात्रि के ध्वंसात्मक पक्ष का चित्रण हुआ है—

*रात्रि के जहाँपनाह*
*इसीलिए आजकल*
*दिन के उजाले में भी अँधेर की साख है*
*रात्रि की काँखों में दबी हुई*
*संस्कृति-पाखी के पंख हैं सुरक्षित!!*
*...पी गया आसमान*
*रात्रि की अँधियाली सचाइयाँ घोंट के,*
*मनुष्यों को मारने के ख़ूब हैं ये टोटके।*
*गगन में क.र्फ़्यू है,*
*ज़माने में ज़ोरदार जहरीली छीः थूः है!!*
*सर्राफे में बिजली के बूदम*
*खम्भों पर लटके हुए मद्धिम*
*दिमाग़ में धुन्ध है,*
*चिन्ता है सट्टे की हृदय-विनाशिनी!!*
*रात्रि की काली स्याह*
*कड़ाही से अकस्मात*
*सड़कों पर फैल गई*
*सत्यों की मिठाई की चाशनी!!*

यहाँ रात्रि अचेतन का प्रतीक है, जिसमें कवि ने पूँजीवादी व्यवस्था का रूपकार्थ गर्भित किया है। मुक्तिबोध को पूँजीवादी सभ्यता अँधेरे की विकराल यातनाओं का स्मरण कराती है।

'मेरे सहचर मित्र' शीर्षक कविता में भी नायक ने अचेतन की प्रतीक रूप रात्रि का काल्पनिक चित्र देखा है—

*ओ अक्षयवट, यदि तुम न रहे होते*
*मेरी इन गलियों में*
*तो अन्धकार के सिन्धु तले*
*पानी के काले थर के नीचे कीचड़ में*

*अज्ञान व्हेल की प्रदीर्घ भीषण ठठरी-सा*
*मैं कहीं पड़ा होता सूने में*
*किसी चोर की गठरी-सा निशि-वृषभ-गले!!*

यहाँ चित्रित अन्धकार, सिन्धु, शून्य और रात्रि अचेतन के प्रसिद्ध प्रतीक हैं। वृषभ भी मनोविज्ञान में अचेतन वृत्तियों का प्रतिनिधित्व करता है।[52]

## धरान्तर के बिम्ब

युंग के अनुसार धरा के भीतर बनी गुहा, वापी आदि खोखली संरचनाएँ अचेतन का प्रतीक हैं।[53] इसलिए यहाँ मुक्तिबोध के काव्य में प्रयुक्त गुहा, विवर, खड्ड, घाटी, खाई, कुआँ आदि के बिम्ब विवेच्य हैं। गुहा द्विजत्व-प्राप्ति का स्थल है, गुप्त विवर है, जिसमें व्यक्ति व्यक्तित्वान्तर के लिए बन्द होता है।[54] अपने अन्तर की अँधेरी गुहा में प्रवेश करनेवाला व्यक्ति सर्वप्रथम अपने-आपको व्यक्तित्वान्तर की अचेतन प्रक्रिया में पाता है। युंग ने इसे अचेतन के सृजनात्मक पक्ष का प्रतीक भी स्वीकार किया है।[55] पूर्णता के प्रतीक 'खिद्र' की जन्मदात्री गुहा मानी जाती है।[56] उपनिषदों के अनुसार परमात्मा गुहा में प्रवेश करके रहता है।[57]

मुक्तिबोध के काव्य में जल की तरह गुहा आदि के बिम्ब भी प्रचुर मात्रा में उपलब्ध हैं। 'ओ काव्यात्मन फणिधर' में कवि ने फणिधर से गुहा-तल में रत्न छिपाने का अनुरोध किया है—

*वे आते होंगे लोग*
*अरे जिन हाथों में तुम्हें सौंपना ही होंगे*
*ये मौन उपेक्षित रत्न!*
*मात्र तब तक*
*केवल तब तक*
*तुम छिपा चलो द्युतिमान उन्हें*
*तम गुहा तले।*

युंगीय मनोविज्ञान में फणिधर या सर्प की विविध व्याख्याएँ की गई हैं। वह निम्नतम (शैतान) और उच्चतम (ईश्वर-पुत्र) का प्रतीक है।[58] वह विस्तुति और सृष्टि का प्रतीक है।[59] सम्पदा-रक्षक के रूप में सर्प से सम्बद्ध जन-श्रुति भी इस सन्दर्भ में उल्लेख्य है। सर्प मातृ-शिला पर गुंजलक मारता है, गुहावास करता है, मातृ-विटपी को घेरे रहता है एवं अमूल्य गुप्त विधि की रक्षा करता है।[60] भारतीय परम्परा में सर्प काल का प्रतीक है और पुरुष तथा प्रकृति के सम्बन्ध का द्योतक है।[61]

शंकराचार्य के अनुसार वलयित कुंडलिनी सुप्त शक्ति का चिन्तन करनेवाला व्यक्ति काव्य का कर्ता बन जाता है।[62] मुक्तिबोध ने 'काव्यात्मन' विशेषण के साथ फणिधर का आह्वान किया है। काव्यात्मन फणिधर की व्याख्या उन्होंने अपनी एक कविता में अन्यत्र भी की है—

*कोई साँप पहाड़ी*
*निकलकर भागता है लहरीली गति से*
*मानो मेरी कविता की कोई पाँत*
*मुझसे ही भयभीत*
*भाग जाना चाहती;*
*मैं उसे देखता हूँ बहुत-बहुत ध्यान से...*
*अब उसके पीछे-पीछे चल रहा सावधान*
*उस त्वरा-लहर का पीछा कर रहा हूँ।*

वे उससे सूखे तल और कचरा भरे कुएँ में प्रवेश करने का अनुरोध भी करते हैं—

*चुपचाप अँधेरे में उतरो!!*
*कुएँ का गोल तला सूखा*
*जिसमें कचरे के बड़े-बड़े हैं ढेर, अरे!!*
*...यह तो विचित्र है आत,*
*किसी ने आत्मज सद्योजात*
*यहाँ लाकर रक्खा, छोड़ा-त्यागा,*
*शिशु रोता है वह ज़ोर-शोर के साथ!!*

यहाँ उल्लेख्य है कि नवीकरण के लिए पुनर्गुहावास आवश्यक है। पुराकथाओं का इन्द्र पुनरुद्धार के लिए पुनर्गुहावास करता है।[63] इस गुहावासी सृजनात्मक शक्ति को कवि रक्त पिलाकर भी जीवित रखना चाहता है—

*तक्षक मेरे*
*मेरी छाती से चिपक रक्त का पान करो*
*अपने विष से मेरे, आभ्यन्तर प्राण करो*
*मेरा सब दुख पियो,*
*सुख पियो ज्ञान पी लो*
*पर, पल भर केवल पलभर मानव रूप धरो।*

सर्प को रक्त पिलाने और बदले में उसका ज़हर पीने की आकांक्षा सर्जक आत्मा के बलिदानी स्वभाव का ज्वलन्त बिम्ब है।

धरान्तर के बिम्बों की दृष्टि से 'मेरे सहचर मित्र', 'अँधेरे में', 'चंचल की घाटी में', आदि कविताएँ भी महत्त्वपूर्ण हैं। 'मेरे सहचर मित्र' में अकस्मात गुहा-द्वार मुक्त होता है—

*ओ अकस्मात जबरन, धक्के से*
*शिला-द्वार*
*वह गुहा-द्वार आत्मा का धड़ से।*
*खुलता है।*

यह बिम्ब 'अँधेरे में' के निम्नलिखित बिम्ब से तुलनीय है—

*वृक्षों के अँधेरे में छिपी हुई किसी एक*
*तिलिस्मी खोह का शिला-द्वार*
*खुलता है धड़ से*

दोनों बिम्बों में गुहा-द्वार अकस्मात खुला है। यहाँ कवि यह व्यंजना करना चाहता है कि अन्तर्गुहा का द्वार सचेत प्रयास से नहीं, अनायास खुलता है। यह एक प्रसिद्ध मनोवैज्ञानिक तथ्य है कि अचेतन पूर्णतया स्वायत्त है। जापान के ध्यानी बौद्ध भी यह विश्वास करते हैं कि ध्यान की प्राप्ति अधिकतर आकस्मिक रूप से ही होती हैं।[64] दोनों कविताओं में द्वार-मुक्ति के उपरान्त कवि 'क्रान्तिदर्शी' या 'रक्तलोक-स्नात पुरुष' से साक्षात्कार करता है जो 'आत्मा की प्रतिमा' है।

अचेतन की गुहा में रत्न मिलने की सम्भावना का उल्लेख इसी कविता में पहले हो चुका है। मुक्तिबोध ने रत्नगर्भा गुहाओं के अनेक बिम्ब प्रस्तुत किए हैं। 'अँधेरे में' कविता की 'प्राकृत गुहा' प्रपात-द्योत रत्न से देदीप्यमान हैं। देदीप्यमान गुहा का बिम्ब 'ओ काव्यात्मन फणिधर' में भी है। गुहालभ्य रत्न-कोषों को पाने के लिए 'चम्बल की घाटी में' का रचयिता पथरीली गली पारकर गड्ढों-खोहों में उतरता है—

*चला जा रहा है*
*सूखे हुए भरने की पथरीली गली में*
*भयानक गुहाओं में घुसता हूँ काँपकर*
*मन मार*
*उतरता हूँ गड्ढों में, खोहों के तल में।*

रत्न-कोश के मिलने की सम्भावना 'एक स्वप्न-कथा' में व्यक्त सागर के मूल सत्य को पाने की सम्भावना से भिन्न नहीं है। 'चम्बल की घाटी में' कविता में कवि मन मारकर गुहा में जाता है और 'एक स्वप्न-कथा' में भी वह स्फूर्तियों द्वारा समुद्र में क़ैद किया जाता है।

'चाँद का मुँह टेढ़ा है' में गुहा का रूपकात्मक प्रयोग हुआ है—

*क्रोध की गुहाओं का मुँह खोले*
*शक्ति के पहाड़ दहाड़ते हैं।*

यहाँ पर कवि ने जिस शक्ति का बिम्ब प्रस्तुत किया है, उसका स्रोत अचेतन चित्त ही है। सात्विक क्रोध का प्रतीक रूप पर्वतीय गुहा बिम्ब अनायास आ गया है।

प्रतिगति के क्षणों में अचेतन की यात्रा करनेवाला व्यक्ति प्रगति की प्रबुद्ध जीवनी शक्ति प्राप्त करके उभरता है। 'भूल ग़लती' का नायक बेनाम दर्रों में अपना बल बढ़ाता है—

*कोई, बुर्ज के उस तरफ़ जा पहुँचा*
*अँधेरी घाटियों के गोल-टीलों, घने पेड़ों में*
*कहीं पर खो गया,*
*मालूम होता है कि वह बेनाम*
*बेमालूम दर्रों के इलाक़े में*
*(सच्चाई के सुनहले तेज़ अक्सों के धुँधलके में)*
*मुहैया कर रहा लश्कर;*
*हमारी हार का बदला चुकाने आएगा।*

यहाँ घाटियाँ, बेमालूम दर्रे आदि अचेतन के सामान्य प्रतीक हैं। धरान्तर के प्रतिगति-द्योतक जैसे बिम्ब मुक्तिबोध के काव्य में सर्वाधिक हैं। 'चकमक की चिनगारियाँ' में श्याम धुँधले हाथ के आघात से गह्वरगत नायक का बिम्ब प्रतिगति का ही व्यंजक है—

*कि गिरते ही भयानक 'धड्ड'*
*सिर की थाह में से तब*
*अचानक ज़ोर से उछला*
*चमकते रत्न*
*बिखरे श्याम गह्वर में।*

'इस चौड़े ऊँचे टीले पर' में विभ्राट का सामना करने में असमर्थ व्यक्तित्व की प्रतिगति और आशयोपलब्धि का बिम्ब प्रस्तुत है—

*पर्वत उतार पर तेज़ लुढ़कता हुआ अरे*
*मैं गिरा किसी गहरे गड्ढे में अँधियारे*
*कि इतने में उन वाक्यों का आशय पूरा*
*उभरा, चमका।*

'अँधेरे में' कविता का नायक पर्याप्त समय तक अँधियारे खड्डे में अचेतन स्थिति का भोग करता है—

*किसी शून्य बिन्दु के अँधियारे खड्डे में*
*गिरा दिया गया मैं*
*अचेतन स्थिति में।*

'इस चौड़े ऊँचे टीले पर' का नायक कुएँ में गिरते ही ऊपर फेंक दिया जाता है—

*क्षण का गहरा कुआँ*
*मैं मुँडेर से गिरा अतल पाताल अँधेरे में कि*
*तले तक ज्योंही पहुँचा था कि*
*वहाँ अज्ञात हाथ ने फिर से फेंका*
*बहुत ज़ोर से यों कि तुरत*
*वापस मुँडेर पर मैं आ बैठा।*

कुआँ अचेतन का प्रसिद्ध आद्यप्रतीक है। इसकी गणना युंग ने अचेतन से सम्बद्ध मातृ-प्रतीकों में की है।[65]

गुहा, विवर, खड्ड, खाई, घाटियाँ, कुआँ आदि के साथ ज्वालामुखी भी धरान्तर के आद्यबिम्बों में विवेच्य है। ज्वालामुखी का आद्यबिम्ब 'कल जो हमने वर्षा की थी' शीर्षक कविता में चित्रित है—

*हम ज्वालामुखियों के जीवन के उद्गम में*
*पहुँच चुके थे।*
*तब धरती की महानाड़ियाँ*
*इड़ा-पिंगला फड़क रही थीं,*
*और सुषुम्ना के आभ्यन्तर*
*उन अंगारी प्राण-पथों पर*
*हम भी घूम रहे थे मानी।*
*निर्णय-निश्चय—*
*जीवन संचय की कुंडलिनी*
*पृथ्वी के भीतर का ज्वालामुखी कमलिनी की*
*विवेकमय पंखुरियों पर*
*हम जा लेटे।*

यहाँ कविता का नायक ज्वालामुखी में प्रवेश कर धरती की महानाड़ियों का कम्पन अनुभव करता है। थोड़ी भिन्न मन:स्थिति में भू-शिराओं के ऐंठने का चित्र महादेवी वर्मा ने भी 'दीप-शिखा' के एक गीत में प्रस्तुत किया है—

*स्वर प्रकम्पित कर दिशाएँ*
*मीड़ सब भू की शिराएँ*
*गा रहे आँधी-प्रलय*
*तेरे लिए ही आज मंगल।*[66]

अंग्रेज़ कवयित्री एडिथ सिटेवैल ने रूपक के माध्यम से अन्तरधारा की नाड़ियों का चित्रण किया है—

*The earth of my heart was broken and gaped low*
*As the fire beneath the equater of my veins.*[67]

## धरा के आद्यबिम्ब

इस वर्ग के आद्यबिम्बों में धरित्री, नगर या गाँव, चट्टान, वृक्ष, जंगल, झाड़ियाँ आदि विवेच्य हैं। धरती अचेतन का प्रतीक है। युंग ने इसकी गणना मातृ-प्रतीकों में की है।[68] भारतीय परम्परा में धरती का मातृत्व इतना प्रसिद्ध है कि प्राच्यविद्या के विख्यात विद्वान वासुदेवशरण अग्रवाल ने अपने एक सांस्कृतिक निबन्धों के संग्रह का नामकरण ही 'अथर्ववेद' के इस वाक्य के आधार पर 'माता भूमि' किया है—माता भूमिः पुत्रो अहं पृथिव्याः।'[69] (अथर्ववेद,12/1/12)। बीज धारण करने के साम्य से संस्कृत में 'क्षेत्र' पत्नी का पर्याय है।[70] अपने सूत्रों में चाणक्य परस्त्रीगमन का निरोध करते हुए कहते हैं—"न परक्षेत्रे बीजं विनिक्षिपेत।"[71] गीता के तेरहवें अध्याय में क्षेत्र और क्षेत्र का व्यवहार प्रकृति और पुरुष के पर्याय रूप में हुआ है। भारतीय पुराकथाओं में इन्द्र उर्वरपति हैं।[72] भूमि पर किसी नरेश की प्रभुता उसके विवाह के रूप में ग्रहण की जाती है।[73] संस्कृत के भूपति आदि शब्द इसी विश्वास के व्यंजक हैं। 'रामचन्द्रिका' के राम-विवाह प्रसंग में केशवदास ने इसी परम्परा को आधार बनाकर यह गाली दिलवाई है—

*अब गारि तुम कह देहि हम, कहि कहा दूलह राम जू।*
*कछु बाप प्रिय परदार सुनियत, करी कहत कुबाम जू॥*[74]

यहाँ कुबाम के श्लेष से केशव ने चमत्कार उत्पन्न किया है। 'बाम' का अर्थ है बुरी स्त्री या पृथ्वीरूपी स्त्री। इस पृथ्वीरूपी स्त्री के अनेक पतियों में आगे हिरण्याक्ष, वराह, हिरण्यकश्यप, हरिश्चन्द्र, विश्वामित्र, बलि, इन्द्र, सहस्त्रार्जुन आदि का उल्लेख है।[75] स्वयं राम की पत्नी का नाम 'सीता' है, जिसका एक अर्थ हल से जुती भूमि है।[76] बौद्ध स्त्रोतों के अनुसार कौशल में बहुत समय तक वप्पमंगल का उत्सव मनाने की प्रथा रही है, जिसमें राजा स्वयं हल चलाता था।[77]

प्रसाद ने 'पुरस्कार' कहानी में इस प्रथा का उपयोग किया है। चीन में भी राज्याभिषेक के समय राजा के हल चलाने की प्रथा विद्यमान थी।[78]

भूमि के समान नगर भी राजा की पत्नी माना जाता रहा है।[79] कालिदास के 'रघुवंश' में कुश को उसकी कुल राजधानी अयोध्या साक्षात पति के रूप में वरण करती है—'श्रुत्वा ते एनं कुलराजधान्याः साक्षात्पतित्वे वृतमम्यनन्दन्।'[80] इसी प्रसंग के आधार पर प्रसाद ने 'अयोध्या का उद्धार' नामक कविता लिखी है। नगर और स्त्री का सामान्य क्षेत्र के कारण भी हो सकता है। संस्कृत में क्षेत्र का अर्थ स्त्री और देह है। वैदिक साहित्य में देह का प्रसिद्ध रूपक नगर है।[81] अचेतन के गर्भ में अवस्थित स्मृतियों का रूपक 'आँसू' में भी आया है—

*बस गई एक बस्ती है*
*स्मृतियों की इसी हृदय में*
*नक्षत्र लोक फैला है*
*जैसे इस नील विलय में।*[82]

मुक्तिबोध के काव्य में नगर के बिम्ब पर्याप्त हैं। 'डूबता चाँद कब डूबेगा' में उन्होंने जिस बीमार समाज का चित्र प्रस्तुत किया है, वह गर्भस्व शिशु का हत्यारा नागर समाज ही है। 'ओ काव्यात्मन फणिधर' में गाँव अचेतन के वत्सला रूप का—सृजनात्मक पक्ष का—प्रतीक है। यहाँ सद्यःजात चेतन-रूपी शिशु श्रम-गरिमा का दूध पीकर विकसता है—

*श्रम गरिमा का पी दूध*
*सत्य नवजात*
*विकसता जाएगा।*

नगर के रूपकात्मक प्रयोग की दृष्टि से 'मुझे याद आते हैं' की निम्नलिखित पंक्तियाँ द्रष्टव्य हैं—

*नवशक्ति देता है*
*निज उत्तरदायित्व की विशेष सविशेषता*
*राह पर चलते हुए गहरी गति देती है।*
*नगर का अमूर्त-सा तिलिस्मी आभालोक*
*शोषण की सभ्यता का राक्षसी दुर्ग रूप*
*यथार्थ की भित्ति पर*
*समुद्घाटित करता है।*
*किन्तु उसके सम्मुख न निस्सहाय*
*—निरवलम्ब पहले जैसा अनुभव मैं करता हूँ,*
*नहीं कर पाता हूँ।*

यहाँ कवि ने जिस प्रकाश में नगर का दर्शन किया है, वह स्वयं-बोध और विश्व-चेतना प्रदान करनेवाला है, अतः नगर का यह बिम्ब बाहरी सत्य के साथ ही भीतरी सत्य का भी द्योतक है।

इस वर्ग के प्रतीकों की दृष्टि से 'ओ काव्यात्मन फणिधर' शीर्षक कविता महत्त्वपूर्ण है। इसमें फणिधर रत्नों के लिए पुरों, नगरों, झाड़ियों में गतिमय हैं—

*उस रत्नों के लिए तुम्हारी व्याकुलतर*
*गति-सरसर*
*जंगल-पार*
*पुरों-नगरों में, आँगन के पीछे*
*कचरे के ढेरों में, जिनकी*
*मैली सतहों में फँसा दबा*
*चुपचाप धँसाए गए, छिपाए गए रत्न मन के, जग के*
*जो मूल्य सत्य हैं इस जग के परिवर्तन के*
*वे विविध असुविधाओं के कारक होने से*
*निज उपेक्षित भूमि में फिंके।*

इन्हीं रत्नों के लिए फणिधर झाड़ियों में छिपता है, जंगल में भटकता है। 'जो प्रश्न-चिह्न बौखला उठे' के निम्नलिखित बिम्ब में भी नायक के भीतर की चट्टानी ज़मीन या 'अन्धकार-भूमि' अचेतन की प्रतीक है—

*जिनमें मेरे भीतर की चट्टानी ज़मीन*
*अपनी विद्युत से यों खोदी*
*इतनी रन्ध्रिल कर दी कि अरे*
*सौ लाल-लाल जाज्वल्यमान*
*मणिगण निकले।*

वृक्ष या जंगल भी, जल के समान, बहुप्रयुक्त मातृ-बिम्ब हैं। अनेक पुराकथाओं में मानव वृक्षों से जन्म लेते हैं।[83] वैदिक साहित्य में ब्रह्म-वृक्ष या वृक्ष-वन की कल्पना अनेकशः की गई है। 'गीता' के ऊर्ध्वमूल अश्वत्य पर टिप्पणी करते हुए तिलक लिखते हैं—

"उक्त वर्णन ब्रह्मवृक्ष का अर्थात संसारकृत का है। इस संसार को ही सांख्यमतवादी 'प्रकृति का विस्तार' और वेदान्ती 'भगवान की माया का पसारा' कहते हैं एवं अनुगीता में इसे ही 'ब्रह्मवृक्ष या ब्रह्मवन' (ब्रह्मारण्य) कहा है (देखो म. भ. अश्व, 35 और 47)। एक बिलकुल छोटे से बीज से जिस प्रकार बड़े भारी गगनचुम्बी वृक्ष का निर्माण हो जाता है, उसी प्रकार एक अव्यक्त परमेश्वर से

दृश्य सृष्टि-रूप भव्य वृक्ष उत्पन्न हुआ है। यह कल्पना अथवा रूपक न केवल वैदिक धर्म में है, अपितु अन्य प्राचीन धर्मों में भी पाया जाता है। यूरोप की पुरानी भाषाओं में इसका नाम 'विश्ववृक्ष' या 'जगद्वृक्ष' है। ऋग्वेद (1.24.7) में वर्णन है कि वरुण लोक में एक ऐसा वृक्ष है जिसकी किरणों की जड़ ऊपर (ऊर्ध्व) है, औ उसकी किरण ऊपर से नीचे (निचीना:) फैलती हैं। विष्णुसहस्रनाम में 'वारुणो वृक्ष:' (वरुण के वृक्ष) को परमेश्वर के हज़ार नामों में से एक नाम कहा है। यम और पितर जिस 'सुयलाश वृक्ष' के नीचे बैठकर सहपान करते हैं (ऋ. 10.132.1) अथवा जिसके 'अग्रभाग में स्वादिष्ट पीपल है, और जिस पर दो सुपर्ण अर्थात पक्षी रहते हैं' (ऋ. 1.164.22), या जिस पिप्पल (पीपल) को वासुदेवता (मरुद्गण) हिलाते हैं' (ऋ. 5.54.12), वह वृक्ष भी यही है। अथर्ववेद में जो यह वर्णन है कि 'देवसदन अश्वत्य वृक्ष तीसरे स्वर्गलोक में (वरुणलोक में) है' (अथर्व. 5.4.3 और 19.39.6), वह भी इस वृक्ष के सम्बन्ध में जान पड़ता है। तैत्तिरीय ब्राह्मण (3.8.12.2) में अश्वत्य शब्द की व्युपत्ति इस प्रकार है—पितृयानकाल में अग्नि अथवा यज्ञप्रजापति देवलोक से नष्ट होकर वृक्ष में अश्व (घोड़े) का रूप धरकर एक वर्ष तक छिपा रहा था। इसी से इस वृक्ष का अश्वत्य नाम हो गया (देखो म. भा. अनु. 85)। कई एक नैरुक्तियों का यह भी मत है, कि पितृयान की लम्बी रात्रि में सूर्य के घोड़े यमलोक में इस वृक्ष के नीचे विश्राम किया करते हैं। इसलिए इसको अश्वत्य (अर्थात घोड़े का ध्यान) नाम प्राप्त हुआ होगा। अ = नहीं, 'श्व' = कल, त्व = स्थिर—यह आध्यात्मिक निरुक्ति पीछे की कल्पना है। नामरूपात्मक माया का स्वरूप जबकि विनाशवान अर्थात हर घड़ी में पलटने वाला है, तब उसको 'कल तक न रहने वाला' तो कह सकेंगे, परन्तु 'अव्यय'—अर्थात जिसका कभी भी व्यय नहीं होता—विशेषण स्पष्ट कर देता है कि यह अर्थ यहाँ अभिमत नहीं है। पहले पीपल के वृक्ष को ही अश्वत्थ कहते थे। कठोपनिषद् (6.1) में जो यह ब्रह्ममय समृत अश्वत्थ वृक्ष कहा गया है—ऊर्ध्वमूलो वाक्शाख एषेऽश्वत्थ: सनातन:। तदेव शुकं तदब्रह्म तदेवामृतमुच्यते॥ वह भी यही हैं, और 'ऊर्ध्वमूलमद्य: शाख' इस पद सादृश्य से ही व्यक्त होता है कि भगवद्गीता का वर्णन कठोपनिषद् के वर्णन से ही लिया गया है। परमेश्वर स्वर्ग में हैं, और उससे उपजा हुआ जगद्वृक्ष नीचे अर्थात मनुष्यलोक में है। अत: वर्णन किया गया है कि इस वृक्ष का मूल (अर्थात परमेश्वर) ऊपर है और इसकी अनेक शाख़ाएँ (अर्थात जगत् का फैलाव) नीचे विस्तृत है। परन्तु प्राचीन धर्मग्रन्थों में एक और कल्पना पाई जाती है कि यह संसारवृक्ष वटवृक्ष होगा, न कि पीपल। क्योंकि बड़ के पेड़ के पाये ऊपर से नीचे को उलटे आते हैं। उदाहरण के लिए यह वर्णन है कि अश्वत्थ वृक्ष आदित्य का वृक्ष है, और 'न्यगोधों वारूणो वृक्ष:'—न्यगोधो अर्थात नीचे (न्यक) महाभारत में लिखा है कि मार्कंडेय ऋषि में प्रलयकाल में बालरूपी परमेश्वर को एक (उस प्रलयकाल में

भी नष्ट न होने वाले, अतएव) अव्यय न्यग्रोध अर्थात बड़ के पेड़ की टहनी पर देखा था। इसी प्रकार छान्दोग्य उपनिषद् में यह दिखलाने के लिए—कि अव्यक्त परमेश्वर से अपार दृश्य जगत् कैसे निर्माण होता है—जो दृष्टान्त दिया गया है, वह भी न्यग्रोध के ही बीज का है (छा. 6.12.1)। 'श्वेताश्वतरोपनिषद्' में भी वृक्ष का वर्णन है (श्वे. 6.6), परन्तु वहाँ ख़ुलासा नहीं बतलाया कि यह कौन-सा वृक्ष है। मुंडक उपनिषद् (3-1) में भी ऋग्वेद का यह वर्णन ले लिया है, कि वृक्ष पर दो पक्षी (जीवात्मा और परमात्मा) बैठे हुए हैं, जिनमें एक पिप्पल अर्थात पीपल के फलों को खाता है। पीपल और बड़ को छोड़ इस संसार वृक्ष की तीसरी कल्पना औदुम्बर की है एवं पुराणों में यह दत्तात्रेय का वृक्ष माना गया है। सारांश प्राचीन ग्रन्थों में ये तीनों कल्पनाएँ हैं, कि परमेश्वर की माया से उत्पन्न हुआ जगत् एक बड़ा पीपल, बड़ या गूलर है, और इसी कारण से विष्णुसहस्रनाम में विष्णु के ये तीन वृक्षात्मक नाम दिये हैं—'न्यग्रोधोदुम्बरोश्वत्थ:' (महाभारत, अनु. 149, 101) एवं समाज में वे तीनों वृक्ष देवात्मक और पूजने-योग्य माने जाते हैं। इसके अतिरिक्त विष्णुसहस्रनाम और गीता दोनों ही महाभारत के भाग हैं, जबकि विष्णुसहस्रनाम में गूलर, बरगद (न्यग्रोध) और अश्वत्य ये तीन पृथक नाम दिये गए हैं, तब गीता में अश्वत्य शब्द का पीपल (गूलर या बरगद नहीं) ही अर्थ लेना चाहिए, और मूल का अर्थ भी वही है।"[84]

बौद्ध साहित्य में भी इस ब्रह्मवन का बिम्ब आया है। 'धम्मपद' में महात्मा बुद्ध भिक्षुओं को राग, द्वेष, मोह आदि का वन काटकर निर्वन होने का उपदेश देते हैं—'छेत्वा वनंच वनथंच होथ भिक्खबो।'[85] भारतीय जीवन और साहित्य में वृक्षों को देवता मानकर पूजने के प्रसंग भी प्रचुरता से मिलते हैं। युंगीय मनोविज्ञान में ब्रह्म (God image) से सम्बन्धित सभी निर्वचन आत्मबिम्ब के लिए भी प्रयुक्त हो सकते हैं।[86] चेतना के उद्‌भव और विकास का इतिहास लिखने वाले जर्मन मनोवैज्ञानिक न्यूमन ने तो इसी प्रतीकात्मक रूप में सृष्टि और प्रलय के आधार भारतीय ब्रह्म की व्याख्या की है।[87] अत: बुद्ध वृक्ष का रूपक भी समय चित्त का या अचेतन का प्रतीक है। मानवीय व्यक्तित्व या चित्त के प्रतीक रूप में वृक्ष का उपयोग मुक्तिबोध ने 'मेरे सहचर मित्र' शीर्षक कविता में किया है—

*मेरे भीतर*
*मानव व्यक्तित्व-कदम्ब-तले*
*तरु के गम्भरी तने पर चाकू से लिक्खी*
*काटीं, खोदीं*
*वाक्यावलियाँ ज़िन्दगियों में।*
*ज़िन्दगी हरेक...निजत्व लिये पलकें*
*खोले*

*अपना-अलग व्यक्तित्व लिये*
*अलकें खोले*
*अन्तर के तरु की शाख़ा-शाख़ा पर*
*प्रतिपल*
*चाकू से काट-काट, चित्रित करती है*
*गहरा संवेदन।*

मानव व्यक्तित्व और वृक्ष का यह रूपक 'एक अन्तर्कथा' में भी विस्तार से निबद्ध है।

मुक्तिबोध के काव्य में वृक्ष अनेक स्थलों पर अचेतन का प्रतीक है। अचेतन के इस आद्यबिम्ब की दृष्टि से 'डूबता चाँद कब डूबेगा', 'ओ काव्यात्मन फणिधर', 'मेरे लोग', 'अँधेरे में' आदि कविताएँ देखी जा सकती हैं। 'डूबता चाँद कब डूबेगा' में निजी भाव-विचारों के अचेतन होने का बिम्ब चित्रित है—

*बीहड़ के अन्धकार में भी*
*जब नहीं सूझ कुछ पड़ता है,*
*जब अँधियारा समेट बरगद*
*तम की पहाड़ियों से दिखते*
*जब भाव-विचार स्वयं के भी*
*तम-भरी झाड़ियों से दिखते।*

यहाँ बीहड़, अन्धकार, बरगद, झाड़ियाँ आदि अचेतन के प्रसिद्ध प्रतीक हैं। इन प्रतीकों के माध्यम से सचेत समंजन बाधित होने पर प्रतिगति की अचेतन अवस्था का चित्रण हुआ है। चेतना के क्षीण होने पर भाव-विचारों का धुँधलापन स्वाभाविक है। 'ओ काव्यात्मन फणिधर' के 'अन्धकार-न्यग्रोध-तले' पागल स्त्री का बिम्ब है—

*उस अन्धकार-न्यग्रोध-तले वे कई सो रहे हैं!!*
*ऊपर डालों पर भूतों की सी परछाईं*
*हिलती, डुलती*
*नीचे, तल में,*
*पागल स्त्री के*
*स्तन से चिपकी*
*बालक झाईं,*
*जंगल से दूर सियार रो रहे हैं।*

यहाँ अन्धकार-न्यग्रोध अचेतन का प्रतीक है। इसीलिए उसके सभी आश्रित सो रहे हैं। पागल स्त्री 'शोषिता व व्यभिचारिता आत्मा' का प्रतीक है। उसका स्तनपायी बालक निष्फल समाधानों का प्रतीक है—

*अब तक लेटी हैं पास उसी की परछाईं!!*
*आधुनिक सभ्यता-संकट की प्रतीक-रेखा,*
*उसको मैंने सपनों में कई बार देखा!!*
*जीने से पहले मेरे समस्याओं के हल!!*

'मेरे लोग' में भी बरगद-तले गायों और ग़रीब लोगों का बिम्ब है—

*गन्दी बस्तियों के पास नाले पार*
*बरगद है*
*उसी के श्याम तल में वे*
*रँभाती कई गाएँ।*
*कि पत्थर ईंट के चूल्हे सुलगते हैं।*
*—फुदकते हैं वहीं दो-चार*
*बिखरे बाल वाले बालकों के श्याम गंदे तन*
*व लोहे की बनी स्त्री-पुरुष आकृतियाँ*
*दलिद्दर के भयानक देवता के भव्य चेहरे वे*
*चमकते धूप में।*

गो-यूथ को कवि ने 'उपेक्षित काल-पीड़ित सत्य के समुदाय' का रूपक दिया है। इन गायों और ग़रीब लोगों को देखकर कवि के मन में स्वयं के प्रति ग्लानि होती है और वह मुखौटा उतारकर ग़रीब जनता से तादात्म्य होने का निश्चय करता है। इस निश्चय के उपरान्त ही उसके मन में तेजोद्भास होता है—

*तेजोद्भास*
*मन खुलता, स्वयं की ग्रन्थियाँ खुलतीं!!*

युंग ने 'लिबिडो' को तेजस कहा है।[88] निश्चय ने प्रतिगतित तेज़ को प्रगमित कर दिया है। 'अँधेरे में' कविता में यह बरगद वंचितों का एवं पागल का घर है—

दीखता है सामने ही अन्धकार-स्तूप-सा

*भयंकर बरगद—*
*सभी उपेक्षितों समस्त वंचितों,*
*ग़रीबों का वही घर, वही छत*
*उसके ही तल-खोह-अँधेरे में सो रहे*
*गृहहीन कई प्राण।*
*अँधेरे में डूब गए*
*डालों में अटके जो मटमैले चिथड़े*

*किसी एक अतिदीन पागल के धन वे*
*हाँ, वहाँ रहता है, सिरफिरा जन एक!!*

यह पागल अचेतन में बैठी आत्मा है, क्लॉड ईथरली है। मुक्तिबोध के शब्दों में—"कौन नहीं जानता है कि क्लॉड ईथरली अणु-युद्ध का विरोध करने वाली आत्मा की आवाज़ का दूसरा नाम है। हाँ, ईथरली मानसिक रोगी नहीं हैं। आध्यात्मिक अशान्ति का, आध्यात्मिक उद्विग्नता का ज्वलन्त प्रतीक हैं।" इस ज्वलन्त प्रतीक से साक्षात्कार के उपरान्त—"आत्मलोचन और आत्मोद्‌बोधन से 'मैं' की व्यक्तिगत पाप-भावना जाग्रत हो जाती है।"[89]

भूमि, नगर, गाँव, वृक्ष, जंगल, झाड़ियों के अतिरिक्त गलियों के बिम्ब भी मुक्तिबोध के काव्य में प्राय: अचेतन का प्रतीक हैं। 'चाँद का मुँह टेढ़ा है' में गलियों का भैरव अचेतनोद्‌भूत किसी प्रबल शक्ति का प्रतीक है—

*गलियों का सिन्दूरी विकराल*
*खड़ा हुआ भैरों, किन्तु*
*हँस पड़ा ख़तरनाक*
*चाँदनी के चेहरे पर*
*गलियों की भूरी ख़ाक*
*उड़ने लगी धूल और*
*सँवलाई नंगी हुई चाँदनी॥*

चाँदनी का प्रयोग रूपकात्मक है। यह टेढ़े चाँद की ऐयारी रोशनी है और चाँद पूँजीवादी व्यवस्था का रूपक है। अचेतन से उद्‌भूत शक्तिशाली विचार का लाल भैरों चाँदनी को धूलि-धूसरित और नंगा कर देता है। इन्हीं गालियों के कानों में ख़ूँख्वार अक्षरों वाले धधकते पोस्टर बोलते हैं—

*वेदना के रक्त में लिखे गए*
*लाल-लाल घनघोर*
*धधकते पोस्टर*
*गलियों के कानों में बोलते हैं*
*धड़कती छाती की प्यार भरी गर्मी में*
*भाप बने आँसू के ख़ूँख्वार अक्षर!!*

स्पष्टत: यहाँ पोस्टर कविता है जो छाती के भीतर की गलियों में बोलती है, और नगर की बाहरी गलियों में भी। 'डूबता चाँद कब डूबेगा' में भी कवि 'अन्धकार-गलियों' की यात्रा करता है और 'ज्वलन्त शब्द-रेखा' देखकर स्फूर्ति पाता है। 'मेरे सहचर मित्र' में भी गलियाँ अचेतन की प्रतीक हैं—

*उस मुक्तिकाम बेचैनी में*
*मैं उन ग़रीब गलियों में घूमा-झूमा हूँ*
*जिन गलियों में तुम अक्षय-वट*
*ले शत सहस्त्र भावना-विचारों के पल्लव*
*ओ जटा जटिल अनुभव शाख़ाएँ लिये खड़े।*

यहाँ अक्षय वट चित्त की धारणात्मक शक्ति का प्रतीक है। प्रतिगति या प्रलय के क्षणों में वही मानवीय अनुभवों को धारण करता है, सुरक्षित रखता है। भारतीय पुराकथाओं के अनुसार अक्षय वट प्रलय-काल में भी विद्यमान रहता है और ईश्वर उसी का आश्रय लेते हैं।[90] प्रलयकाल में वटपत्रशायी बालगोपाल के प्राचीन चित्र इसी कथा की ओर संकेत करते हैं। वट की धारणात्मक शक्ति के इसी रूपक को धर्मवीर भारती ने अपने सृजन क्षण पर विचार करते हुए ग्रहण किया है।[91] उनके काव्य 'कनुप्रिया' में भी इस रूपक का निर्वाह हुआ है—

*और मेरे वक्ष का गहराव*
*समुद्र में बहता हुआ, बड़ा-सा ताज़ा क्वारा, गुलाबी मुलायम*
*वट पत्र बन गया है*
*जिस पर तुम छोटे से छौने की भाँति*
*लहरों के पालने में महाप्रलय के बाद सो रहे हो।*[92]

## अन्य आद्यबिम्ब

अचेतन के अन्य आद्यबिम्बों में सन्दूक, प्रकोष्ठ आदि गर्भाशय आकृतियों को लिया जा सकता है।[93] 'दिमाग़ी गुहान्धकार का औरांगउटांग' शीर्षक कविता में मुक्तिबोध ने चित्त के क्रमशः आभ्यन्तर स्तरों का चित्रण किया है—

*मस्तिष्क के भीतर एक मस्तिष्क*
*उसके भी भीतर एक और कक्ष*
*कक्ष के भीतर*
*एक गुप्त प्रकोष्ठ और*
*कोठे के साँवले गुहान्धकार में*
*मज़बूत...सन्दूक।*

'अन्तःकरण का आयतन' शीर्षक कविता में भी दर्पणों से सजी भीतों वाले सूने कमरे का बिम्ब आया है—

*वह एकैक कमरा खोल भीतर घुस रहा हर बार*
*लगता है कि यह कमरे नहीं हैं ठीक*
*कमरे हैं नहीं यह ठीक*
*इन सुनसान भीतों पर*
*लगे जो आईने उनमें*
*स्वयं का मुख*
*जगत् के बिम्ब*
*दिखते ही नहीं...*

यहाँ कमरों की भाँति भीतों पर लगे आईने भी अचेतन के प्रतीक हैं।

प्रस्तुत विवेचन से यह निष्कर्ष प्राप्त होता है कि मुक्तिबोध के काव्य में अचेतन के आद्यबिम्ब विपुल संख्या में प्रयुक्त हैं। समुद्र, बावड़ी, तालाब, रात्रि, अन्धकार, गुहा, विवर, घाटी, झाड़ियाँ, खड्ड, खाई, कुआँ, ज्वालामुखी, धरती, नगर, गाँव, वृक्ष, प्रकोष्ठ, सन्दूक, आईना आदि के माध्यम से मानवीय व्यक्तित्व के उस अन्धकारमय पक्ष की अभिव्यक्ति हुई है, जिसकी यात्रा किए बिना कोई भी कारयित्री प्रतिभा कृतकार्य नहीं हो सकती। मुक्तिबोध की प्रतिभा के बिहार-स्थल की सीमा फ्रायड का व्यक्तित्व अचेतन ही नहीं है। निम्नतर और गहनतर सामूहिक अचेतन का रहस्यलोक भी उसने देखा है। अतः हम कह सकते हैं कि मुक्तिबोध ने 'मार्क्सवादी निषेधों के बावजूद'[94] पूर्णतर मानवीय अभिव्यक्ति के लिए अचेतन की धारणा को उत्साह से अपनाया है।

मुक्तिबोध के काव्य में अचेतन के सामान्य और आत्मोपलब्धि-प्रक्रिया के विशिष्ट आद्यबिम्ब काव्यात्मक गरिमा और जीवनव्यापी वैविध्य के साथ अभिव्यक्त हैं। अचेतन के मातृत्व पर युंग ने विस्तार से विचार किया है, फलतः अचेतन के मातृत्व-व्यंजक सामान्य आद्यबिम्बों का विवेचन भी इसी प्रकरण में किया जा सकता है। मुक्तिबोध के काव्य में उपलब्ध अचेतन के आद्यबिम्बों को क्रमशः जल के आद्यबिम्ब, अन्धकार के आद्यबिम्ब, धरान्तर के आद्यबिम्ब, धरा के आद्यबिम्ब और अन्य आद्यबिम्ब शीर्षकों में विभाजित किया गया है। भारतीय, यूनानी और फ़ारसी साहित्य, बबेरू-मिश्र की पुराकथा एवं अंग्रेज़ी रोमांटिक काव्य के अध्ययन से जल का मातृत्व सिद्ध है। मुक्तिबोध के काव्य में जल के आद्यबिम्ब प्रायः प्रयुक्त हैं। 'ब्रह्मराक्षस' शीर्षक कविता में बावड़ी, अचेतन की, जल का ठहराव विषण्ण मानसिकता का और ब्रह्मराक्षस अचेतनग्रस्त अहं का प्रतीक है। ब्रह्मराक्षस की द्वन्द्वात्मक स्थिति सीढ़ियाँ चढ़ने और उतरने की क्रिया में बिम्बित है। आरोहणावरोहण की क्रिया से इस द्वन्द्वात्मक स्थिति का चित्रण 'एक आत्मवक्तव्य' और 'चकमक की चिनगारियाँ' में भी हुआ है।

जल के आद्यबिम्ब की दृष्टि से 'एक स्वप्न-कथा' शीर्षक कविता का विशेष महत्त्व है। शीर्षक से स्पष्ट है कि कविता के प्रमुख बिम्ब अचेतनोद्भूत हैं। समग्र कविता में आत्मोपलब्धि के लिए सचेष्ट चेतना के अनुभव बिम्बित हैं। पक्षिणियों से प्रेरणा पाकर कविता का नायक 'एक पूर्वज' के अनुभवों का स्मरण जलमग्न-सम्पदा के रूप में करता है। इस सम्पदा की प्राप्ति में उत्पन्न बाधाएँ ऊर्जा को प्रतिगमित कर मातृ-राज्य के मुख-द्वार (कमलबिम्ब) की ओर ले जाती हैं। इस सम्पदा को पाने के मार्ग की दुर्गमता नायक के संकल्प को शिथिल करती है। मातृ-राज्य की प्रतीक अन्धी जलखोह में व्हेल का बिम्ब चित्रित है। युंग के अनुसार व्हेल 'कराला' का आद्यबिम्ब है। हनुमान की पुराकथाओं में सुरसा और छायाग्राहिणी, 'विवेक चूड़ामणि' का आशा-ग्रह, सूरदास का अनंग-ग्राह, बिहारी की छायाग्रहिणी इसी कराला के विविध रूप हैं। इस व्हेल का ग्रास बनने की आकांक्षा भी द्विजत्वोन्मुखी चेतना के लिए अनिवार्य बलिदान का प्रतीक है जिसके बिना आत्मोपलब्धि सम्भव नहीं। इस बलिदान की आकांक्षा के उपरान्त जल में मैत्री का शुभ-संकल्प है। 'चकमक की चिनगारियाँ' शीर्षक कविता में भी सागर-तल के अन्धकारों से उमड़ती एकता की 'घोर आवाज़ें' व्यक्त हैं। 'अँधेरे में' का नायक भी जल से साक्षात्कार करता है। यहाँ सलिल के तम-श्याम शीशे में से श्वेत-आकृति प्रकट होती है। इसी कविता में पाताल-तल के सँवलाए कमल चित्त की अन्धी गहराइयों से उभरते नये-नये रचनात्मक विचारों और प्रत्ययों के प्रतीक हैं।

जल की तरह रात्रि और अन्धकार भी अचेतन के प्रसिद्ध आद्यबिम्ब हैं। मुक्तिबोध के काव्य में अन्धकार के स्वतंत्र बिम्ब विरल हैं। 'चम्बल की घाटी में' अँधेरे की रूपात्मक अभिव्यक्ति हुई है। 'अँधेरे में' का नायक खड्डे के अँधेरे में पड़े रहकर प्रगति की सम्भावनाओं को टालना चाहता है, लेकिन 'तम-शून्य' की द्युति-आकृति उसे बरबस प्रगत्युन्मुख करती है। 'चकमक की चिनगारियाँ' में अन्धकार समझौता-परस्त नायक के ख़िलाफ़ विद्रोह कर उसे थोड़ी देर के लिए गुमनाम गड्ढे में गिरा देता है। 'ब्रह्मराक्षस' शीर्षक कविता में नायक 'तम-विवर' से उबर नहीं पाता और मरे पक्षी-सा विदा हो जाता है। 'मुझे पुकारती हुई पुकार' में 'तम-विवर की अशान्त नागिनी' और 'अन्त:करण का आयतन' में 'अँधेरे विवस्ताल' का ध्वंसात्मक पक्ष चित्रित है।

मुक्तिबोध की पूँजीवादी सभ्यता अँधेरे की विकराल यातनाओं का स्मरण कराती रही है। ये यातनाएँ उनके काव्य में प्राय: रात्रि के आद्यबिम्बों के माध्यम से अभिव्यक्त है। 'मेरे सहचर मित्र' शीर्षक कविता में निशि-वृषभ के बिम्ब में अन्धकार-सिन्धु, रात्रि और वृषभ अचेतन के आद्य प्रतीक हैं।

मुक्तिबोध के काव्य में धरान्तर के आद्यबिम्बों की भी विपुल अभिव्यक्तियाँ दृष्टिगोचर होती हैं। इन आद्यबिम्बों में पूर्णता की जन्मदात्री गुहा के बिम्ब कवि को विशेष प्रिय रहे हैं। गुहाबिम्बों की दृष्टि से 'ओ काव्यात्मन फणिधर', 'मेरे सहचर मित्र',

'अँधेरे में', 'चम्बल की घाटी में' आदि कविताएँ विशेष महत्त्वपूर्ण हैं। 'ओ काव्यात्मन फणिधर' में गुहावासी सृजनात्मक शक्ति को—फणिधर को—रक्त पिलाकर जीवित रखने का ज्वलन्त बिम्ब अंकित है। 'मेरे सहचर मित्र' और 'अँधेरे में' का गुहाद्वार अकस्मात खुलता है। अकस्मात खुलने में अचेतन की स्वायत्तता व्यंजित है। मुक्तिबोध के काव्य में रत्नगर्भा गुहा अनेकशः वर्णित है। 'अँधेरे में' की प्राकृत गुहा, 'ओ काव्यात्मन फणिधर' की देदीप्यमान गुहा इस दृष्टि से विशेष उल्लेखनीय है। इन गुहालभ्य रत्नों के लिए 'चम्बल की घाटी में' शीर्षक कविता का नायक भयानक गुहाओं, खड्डों और खोहों में उतरता है। 'चाँद का मुँह टेढ़ा है' में सात्त्विक क्रोध की प्रतीक पर्वतीय गुहा का बिम्ब लक्षित है।

धरान्तर के प्रतिगति-द्योतक बिम्ब मुक्तिबोध के काव्य में सहज-लभ्य हैं। 'भूल ग़लती' का नायक 'द्वार का बदला' चुकाने के लिए घाटियों में लश्कर मुहैया करता है। 'चकमक की चिनगारियाँ' का नायक गह्वरगत हो रत्न देखता है। 'इस चौड़े ऊँचे टीले पर' शीर्षक कविता में खड्डावतरण के माध्यम से प्रतिगति और तज्जन्य आशयोपलब्धि चित्रित हैं। कूप-पतित के तत्काल उत्क्षेपण का बिम्ब भी इसी कविता में है। 'कल जो हमने चर्चा की थी' शीर्षक कविता का नायक ज्वालामुखी में प्रवेश कर धरती की महानाड़ियों का कम्पन अनुभव करता है।

मुक्तिबोध के काव्य में धरा के आद्यबिम्ब भी पर्याप्त हैं। 'डूबता चाँद कब डूबेगा' का नागर समाज गर्भस्थ शिशु का हत्यारा है। 'ओ काव्यात्मन फणिधर' में गाँव का वत्सला रूप चित्रित है। 'मुझे याद आते हैं' में नगर का राक्षसी दुर्ग रूप बाहरी सत्य के साथ ही भीतरी यथार्थ का भी व्यंजक है। 'ओ काव्यात्मन फणिधर' में सृजनात्मक शक्ति का प्रतीक फणिधर पुरों, नगरों, झाड़ियों, कचरों के ढेरों में गतिमय है। 'जब प्रश्न-चिह्न बौखला उठे' की 'चट्टानी ज़मीन' या 'अन्धकार-भूमि' रत्नप्रसूत है।

मुक्तिबोध के काव्य में धरारुह (वृक्ष) समग्र व्यक्तित्व और अचेतन दोनों का प्रतीक है। व्यक्तित्व का प्रतीक वृक्ष 'मेरे सहचर मित्र' में चित्रित है। सचेत समंजन के बाधित होने पर भाव-विचारों का धुँधलापन 'डूबता चाँद कब डूबेगा' में अचेतन के आद्यबिम्ब बरगद, झाड़ियों आदि के माध्यम से अभिव्यक्त है। अन्धकार-न्यग्रोध-तले शोषिता व व्यभिचरिता आत्मा-रूप पागल स्त्री का बिम्ब 'ओ काव्यात्मन फणिधर' में प्रस्तुत है। अचेतन-व्यंजक इस न्यग्रोध के नीचे उसके सभी आश्रित सोए हैं। बरगद-तले गो-यूथ और ग़रीब जनता का बिम्ब 'मेरे लोग' शीर्षक कविता में आया है। 'गो-यूथ' का प्रयोग रूपात्मक है। यहाँ कवि मुखौटा उतार ग़रीब जनता से तादात्म्य होना चाहता है। तादात्म्य होने के इस निश्चय से तेज़ोद्दीप्ति होती है। 'अँधेरे में' शीर्षक कविता में बरगद सभी वंचितों का और पागल का घर है। पागल आध्यात्मिक उद्विग्नता का ज्वलन्त बिम्ब है।

अचेतन-द्योतक गलियाँ भी कवि को आकृष्ट करती रही हैं। 'चाँद का मुँह टेढ़ा है' शीर्षक कविता में गलियों का भैरव अचेतनोद्भूत प्रबल शक्ति का प्रतीक है। 'डूबता चाँद कब डूबेगा' में अन्धकार-गलियों का यात्री ज्वलन्त शब्दरेखा से स्फूर्ति पाता है। मुक्तिकाम बेचैनी से ग़रीब गलियों में घूमा 'मेरे सहचर मित्र' का नायक अक्षयवट का साक्षात्कार करता है जो चित्त की धारणात्मक शक्ति का प्रभावक प्रतीक है। अचेतन द्योतक अन्य आद्यबिम्बों में प्रकोष्ठ, सन्दूक और भीतों पर लगे आईने विशेष उल्लेखनीय हैं।

## सन्दर्भ


1. द *कलेक्टेड वर्क्स ऑफ़ सी. जी. युंग*, खंड 9, भाग 1, पृ. 3
2. "The unconscious is the mother of consciousness."
   —*The Collected Works of C. G. Jung*, Vol. 9, Part I, p. 281
3. "In actual psychic experience the mother corresponds to the collective unconscious and the son to consciousness."
   —*The Collected Works of C. G. Jung*, Vol. 5, p. 259
4. "This water is the commonest symbol for unconscious."
   —*The Collected Works of C. G. Jung*, Vol. 9, Part I, p. 18
5. "The maternal significance of water is one of the clearest interpreatation if symbols in the whole fields of mythology."
   —*The Collected Works of C. G. Jung*, Vol. 5, p. 218
6. "In the Vedas the waters are called Matritamah, most maternal." —Ibid.
7. *तैत्तिरीय ब्राह्मण*, 1/1/3/5
8. *मनुस्मृति*, 1/8
9. देखिए, *हिन्दी कथाकोश*, *'ब्रह्मा'*
10. द *कलेक्टेड वर्क्स ऑफ़ सी. जी. युंग*, खंड 5, पृ. 218
11. वही
12. *कॉम्प्लेक्स/आर्केटाइप/सिम्बल*, पृ. 182-83
13. द एन्चेफ्ड फ्लड (और द रोमांटिक इन कारनोग्रेफ्री ऑफ़ द सी), पृ. 28
14. "Water and particulary deep water usually has a maternal significance roughly corresponding to womb."
    —*The Collected Works of C. G. Jung*, Vol. 5, p. 218
15. "The water represents the maternal depths and place of rebirth, inshort the unconscious in its positive and negative aspects."
    —*The Collected Works of C. G. Jung*, Vol. 5, p. 389
16. देखिए, *आर्केटाइपल पैटर्न्स इन पोइट्री*, पृ. 41 एवं 35
17. *एक साहित्यिक की डायरी*, पृ. 3

18. "The sea is the favourite symbol for unconscious, the mother of all that lives."
—*The Collected Works of C. G. Jung*, Vol. 9, Part I, p. 177-78
19. "At any rate, we know that, in alchemy, our sea' is a symbol for the unconscious in general, just as it is in dreams."
—*The Collected Works of C. G. Jung*, Vol. 9, Part II
20. देखिए, *हिन्दी कथाकोश, 'लक्ष्मी'*
21. द *कलेक्टेड वर्क्स ऑफ़ सी. जी. युंग*, खंड 9, भाग 1, पृ. 18
22. "We must surely go the way of waters, which always tend downward, if we could raise up the treasure, the precious heritage of father."
—*The Collected Works of C. G. Jung*, Vol. 9, Part I, p. 18
23. *भारती का खँडहर*, पृ. 63
24. द *कलेक्टेड वर्क्स ऑफ़ सी. जी. युंग*, खंड 9, भाग 1, पृ. 81
25. *भारती का खँडहर*, पृ. 11
26. "Hence the regression leads back only apparently to the mother, in reality she is the gateway into the unconscious, into the 'realm of mothers'."
—*The Collected Works of C. G. Jung*, Vol. 5, p. 330
27. देखिए, *आर्केटाइपल पैटर्न्स इन पोइट्री*, पृ. 29 और 33
28. *भारती का खँडहर*, पृ. 56-57
29. *विवेकानन्द*, पृ. 24
30. *भारती का खँडहर*, पृ. 40
31. वही, पृ. 57
32. वही, पृ. 63
33. द *कलेक्टेड वर्क्स ऑफ़ सी. जी. युंग*, खंड 5, पृ. 330
34. वही, पृ. 335
35. *चाँद का मुँह का टेढ़ा है*, पृ. 181
36. "...Whaledragon,' as we know, is a symbol of the Terrible Mother of the voracious man, the jaws of death in which man are crunched and ground to pieces."
—*The Collected Works of C. G. Jung*, Vol. 5, p. 251
37. "There are whale dragan myths in which the dragan spews out what it has swallowed, then goes on living, devours new vicitims, and vommits them up again, etc., and others in which the victims are reborn but the whale dragan meets its death as in our dreams."
—*Complex/ArchetypeSymbol*, p. 187
38. *रामचरितमानस, सुन्दर कांड*, 1-3
39. "The pain and torment of death stand symbolically for the sacrifice that must always be made before the new can come into being."
—*Complex/Archetype/Symbol*, p. 177

40. “In the act of sacrifice the consciousness gives up its power and possessions in the interest of the unconscious.”
—*The Collected Works of C. G. Jung*, Vol. 5, p. 431
41. *द कलेक्टेड वर्क्स ऑफ़ सी. जी. युंग,* खंड 9, भाग 1, पृ. 20
42. वही
43. *मैन एंड हिज़ सिम्बल्स,* पृ. 38
44. “Day and light are synonyms for consciousness, night and dark for the unconscious.”
—*The Collected Works of C. G. Jung*, Vol. 9, Part I, p. 167
45. व्याख्यार्थ देखिए, *श्रीमद्भगवद्गीतारहस्य,* पृ. 255
46. *मैत्र्युपनिषद्,* 512
47. *मनुस्मृति,* 115
48. “It is these inherent possibilities of ‘spritual’or symbolic life and of progress which from the ultimate, though unconscious goal of regression.”
—*The Collected Works of C. G. Jung*, Vol. 5, p. 330
49. “The post sees emerging from his depths iridescent bubbles.”
—*From Baudlaire to Surrealism*, p. 278
50. *रामचन्द्रिका,* 9/31
51. *आर्केटाइपल पैटर्न्स इन इंगलिश पोइट्री,* पृ. 101 व 148
52. *द कलेक्टेड वर्क्स ऑफ़ सी. जी. युंग,* भाग 5, पृ. 362
52. वही, खंड 9, भाग 1, पृ. 81
54. “The cave is the place of rebirth, that secret cavity in which one is shut up in order to be incubated and renewed.”
—*The Collected Works of C. G. Jung*, Vol. 9, Part I, p. 135
55. *द कलेक्टेड वर्क्स ऑफ़ सी. जी. युंग,* खंड 5, पृ. 125
56. “Khidra may well be a symbol of self...he is said to have been born in a cave, i.e., in darkness.”
—Ibid, p. 141
57. (क) “गुहां प्रविश्य तिष्ठन्तम्।”
—*कठोपनिषद्,* 2/1/6
(ख) “आत्मां गुहायां निहितो य जन्तोः।”
—*श्वेताश्वरोपनिषद्,* 3/20
58. “It is the lowest (devil) and the highest (son of God, Logos, Nous, Agathodimon).”
—*The Collected Works of C. G. Jung*, Vol. 9, Part II, p. 188
59. “Hence the snake signfies extention, the mother of Becoming , the creation of the world of forms.”
—*The Collected Works of C. G. Jung*, Vol. 9, Part I, p. 368
60. “The snake coils protecingly round the maternal rock, lives in the cave, twins itself round the mother free and guards the precious hoard, the secret treasure.”
—*The Collected Works of C. G. Jung*, Vol. 5, p. 350

61. "लिंग पुरुष इत्युक्तो योनिस्तु प्रकृतिः स्मृता।
नागः कालः समाख्यातः सम्बन्धस्तु तयोः द्वयौः॥"
—*भारतीय प्रतीकविद्या*, पृ. 17 की पाद-टिप्पणी से उद्धृत
62. *सौन्दर्यलहरी*, 10 व 17
63. द *कलेक्टेड वर्क्स ऑफ़ सी. जी. युंग*, खंड 5, पृ. 148
64. *नई कविता की चेतना*, पृ. 59-60
65. द *कलेक्टेड वर्क्स ऑफ़ सी. जी. युंग*, खंड 9, भाग 1, पृ. 81
66. *सन्धिनी*, पृ. 120 से उद्धृत
67. द *केनटिकल ऑफ़ रोज*, पृ. 227
68. द *कलेक्टेड वर्क्स ऑफ़ सी. जी. युंग*, खंड 9, भाग 1, पृ. 81
69. देखिए, *माता भूमि*, पृ. 1
70. देखिए, *बृहत् हिन्दी कोश*
71. *अर्थशास्त्रम्*, 391
72-73. द *कलेक्टेड वर्क्स ऑफ़ सी. जी. युंग*, खंड 5, पृ. 209
74. *रामचन्द्रिका*, 6/30
75. वही 6/32-36
76. देखिए, *बृहत् हिन्दी कोश*
77. देखिए, *भगवान बुद्ध*, पृ. 96
78. द *कलेक्टेड वर्क्स ऑफ़ सी. जी. युंग*, खंड 5, पृ. 209
79. The fact that the city and the wife of Ogyges both have the same name indicates that there must be some relation between the city and the woman which is not difficult to understand because the city is identical with the woman."
—*The Collected Works of C. G. Jung*, Vol. 5, p. 208-09
80. *रघुवंश*, 16/24
81. (क) अष्टचक्रा नवद्वारा देवानां पूरयोध्या। —*अथर्ववेद*, 12/2/31
(ख) पुरमेकादशद्वारम्...।—*कठोपनिषद्*, 2/2/1 —*भारती का खँडहर*, पृ. 11 से उद्धृत
82. *आँसू*, पृ. 9
83. (क) "The wood is a symbol of an unconscious, a dark place where animals live." —*Man And His Symbol*, p. 282
(ख) द *कलेक्टेड वर्क्स ऑफ़ सी. जी. युंग*, खंड 5, पृ. 219
84. *श्रीमद्भगवद्गीतारहस्य*, पृ. 817-18
85. *धम्मपद*, 283
86. द *कलेक्टेड वर्क्स ऑफ़ सी. जी. युंग*, खंड 9, भाग 2, पृ. 31
87. द *ओरिजिन एंड हिस्ट्री ऑफ़ कॉन्शसनेस*, प्रथम अध्याय।
88. "Tejas, therefore, describes the psychological situation covered by the word 'libido'."
—*The Collected Works of C. G. Jung*, Vol. 5, p. 165
89. *नई कविता की चेतना*, पृ. 84
90. देखिए, *हिन्दी विश्वकोश*

91. *सात गीत वर्ष,* पृ. 9
92. *कनुप्रिया,* पृ. 76
93. "The chest or a casket is a female i.e., the womb, a common enough conception in the elder mythologies."
—*The Collected Works of C. G. Jung*, Vol. 5, p. 209
94. *नई कविता की चेतना,* पृ. 36

अध्याय-4

# आत्मोपलब्धि-प्रक्रिया के आद्यबिम्ब

युंग ने अचेतन के अन्वेषण में ऐसे तथ्य प्राप्त किए, जिनके लिए नई धारणाओं का निरूपण अपेक्षित था। ऐसी धारणाओं में से एक 'आत्म' है। युंग ने मनुष्य के समग्र और अज्ञेय व्यक्तित्व को आत्म कहा है।[1] मनोवैज्ञानिक दृष्टि से आत्म चेतन (पुंसत्व) और अचेतन (स्त्रीत्व) की सन्धि है। यह चित्तीय समग्रता का द्योतक है।[2] अहं और आत्म का अंगांगिभाव सम्बन्ध है।[3] यह पर्याप्त सुज्ञात है कि अहं आत्म के विरुद्ध कुछ नहीं कर सकता। इसके विपरीत विकास की प्रक्रिया में वह व्यक्तित्व के अचेतन संघटकों द्वारा अधिकृत और फलतः परिणत हो जाता है।[4] यदि अहं किसी भी अवधि के लिए किसी अचेतन घटक के हाथ पड़ जाता है तो सामंजस्य-बाधा से सभी प्रकार की सम्भावित दुर्घटनाओं का द्वार खुल जाता है।[5] अतः चेतन संसार से प्रतिबद्धता और सारभूत समंजन द्वारा प्राप्त दृढ़ता अहं के लिए सर्वाधिक महत्त्वपूर्ण है। इसके लिए नैतिक पक्ष में अवधान, अन्तर्प्रवृत्ति, सहिष्णुता जैसे और बौद्धिक पक्ष में अचेतन के लक्षण-शास्त्र का सटीक अवेक्षण एवं विषयपरक आत्मालोचन जैसे गुण महत्त्वपूर्ण है।[6] अहं द्वारा आत्म के पास की स्थिति पूर्वविवेचित प्रक्रिया के ठीक विपरीत होने पर भी आस्फालन की परिणति में समान है।[7] आत्म की—चित्तीय समग्रता की—उपलब्धि-प्रक्रिया के सन्दर्भ में युंग ने छाया, माया, आप्तपुरुष और आत्म के आद्यबिम्बों का विशेष विवेचन किया है। मुक्तिबोध के काव्य में इन विशिष्ट आद्यबिम्बों का अध्ययन निम्नलिखित वर्गों में किया जा रहा है—

छाया के आद्यबिम्ब, माया के आद्यबिम्ब, आप्तपुरुष के आद्यबिम्ब, आत्म के आद्यबिम्ब।

## छाया के आद्यबिम्ब

अहं को प्रायः क्षुब्ध करने वाले आद्यबिम्ब छाया और माया से सम्बद्ध हैं। इनमें से छाया सर्वाधिक सरलता से अनुभवगम्य है, क्योंकि इसकी प्रकृति प्रायः व्यक्तिगत

अचेतन की सामग्री से अनुमेय है। इसका अपवाद केवल वही स्थितियाँ हैं जहाँ व्यक्तित्व के श्रेयस्कर गुण दमित हैं और फलतः अहं अनिवार्य रूप से निषेधात्मक भूमिका अपनाता है।[8]

छाया एक नैतिक समस्या है, जो पूर्ण अस्मिता को चुनौती देती है, क्योंकि कोई भी व्यक्ति पर्याप्त नैतिक प्रयास के अभाव में छाया के प्रति सजग नहीं हो सकता। इसे जानने के लिए अपने व्यक्तित्व में यथार्थतः विद्यमान कलुषता की पहचान आवश्यक है। यह कार्य किसी भी प्रकार के आत्मज्ञान का अनिवार्य अनुबन्ध है, फलस्वरूप, नियमतः, पर्याप्त प्रतिरोध का सामना करता है।[9]

अन्तर्दृष्टि और शुभ संकल्प से एक सीमा तक छाया को सचेत व्यक्तित्व का अंग बनाया जा सकता है, तथापि अनुभव-सिद्ध है कि छाया की कुछ विशेषताएँ नैतिक नियंत्रण के प्रति दुर्लंघ्य प्रतिरोध प्रस्तुत करती हैं और प्रायः अप्रभावित रहती है। प्रायः प्रक्षेपण से सम्बन्धित ये प्रतिरोध अनभिज्ञात रहते हैं और उनका अभिज्ञान एक असाधारण नैतिक उपलब्धि है।[10]

प्रक्षेपण का कार्य चेतन विषयी द्वारा नहीं, अचेतन द्वारा सम्पन्न होता है। अतः व्यक्ति प्रक्षेपण करता नहीं, देखता है। प्रक्षेपण का प्रभाव व्यक्ति को परिवेश से काटता है, क्योंकि वह परिवेश के साथ वास्तविक सम्बन्ध के स्थान पर भ्रमात्मक सम्बन्ध स्थापित करता है। प्रक्षेपण विश्व को व्यक्ति के अज्ञात चेहरे के प्रतिचित्र के रूप में परिवर्तित करते हैं। अतः अन्तिम विश्लेषण में वे स्वात्यात्मक या Autistic स्थिति की ओर ले जाते हैं जहाँ आदमी अलभ्य वास्तविकताओं के संसार का सपना देखता है।[11]

विषयी और परिवेश के मध्य जितने अधिक प्रक्षेपण होंगे, अहं के लिए भ्रमों के पार देखना उतना ही अधिक दुष्कर होगा। अल्प आत्मालोचन से व्यक्तिगत छाया को तो समझा जा सकता है, परन्तु सामूहिक छाया का साक्षात्कार कठिन है। मनुष्य के लिए अपने स्वभाव की कलुषता का संज्ञान तो सम्भव है लेकिन शाश्वत कालुष्य का दर्शन दुर्लभ और विस्फोटक अनुभव है।[12]

मुक्तिबोध के काव्य में छाया के हेय और श्रेय, दोनों रूपों की आद्यबिम्बात्मक अभिव्यक्ति अनेकत्र है। व्यक्तित्व के दमित हीन पक्ष का चित्रण उनकी कहानियों में भी हुआ है। उदाहरणार्थ, 'पक्षी और दीमक' शीर्षक कहानी के भगवे खद्दर के कुरते वाले का उल्लेख किया जा सकता है—"सामने नाटे क़द पर भगवे रंग का बंडीनुमा खद्दर का कुरता, लगभग चौरस मोटा चेहरा, जिसके दाहिने गाल पर एक बड़ा-सा मसा है, और उस मसे में से बारीक बाल निकले हुए हैं।" यह भगवे खद्दर के कुरतेवाला, 'चंबल की घाटी में' का डाकू और 'अन्तःकरण का आयतन' का काला स्याह चेहरा छाया के ही नाना रूप हैं। 'चम्बल की घाटी में' शीर्षक कविता के दस्यु-रूप में कवि की निजी छाया ही देह धर कर प्रकट हुई है—

*अँधेरे में*
*अब तक छिपा हुआ*
*जो निज सन्दर्भ*
*जो निज सम्बन्ध*
*जो गुप्त प्रक्रिया गहन निजात्मक*
*वह देह धर कर दस्यु रूप*
*बैठ गई उर पर।*

दस्यु की व्याख्या 'क्लॉड हैथरली' में मुक्तिबोध ने स्वयं की है—"मतलब यह कि ऐसे बहुत से लोग हैं, जो शोषण-रूपी, पापाचार-रूपी डाकुओं को अपनी छाती पर बैठा समझते हैं। वह डाकू न केवल बाहर का व्यक्ति है, वह उनके घर का आदमी भी है। समझने की कोशिश करो।" घर के आदमी से अभिप्राय व्यक्तित्व के उस हीन पक्ष से है, जो पहले अँधेरे में था और अब समझने की कोशिश करने पर वक्षासीन है। उर पर बैठना छाया के ध्वंसात्मक पक्ष की प्रभुता का द्योतक है। यह डाकू 'नाटा है, काला है, मोटा है।' यह क़द-काठी भगवे खद्दर के कुरते वाले की क़द-काठी से मिलाई जा सकती है। 'अन्तःकरण का आयतन' शीर्षक कविता में 'काला-स्याह चेहरा' भी निजी छाया का प्रतीक है—

*अध्यक्ष वह*
*मेरी अँधेरी खाइयों में*
*कार्यरत कमज़ोरियों के छल भरे षड्यंत्र का*
*केन्द्रीय संचालक*
*किसी अज्ञात गोपन कक्ष में*
*मुझको अजन्ता की गुफाओं में हमेशा क़ैद रखता*
*क्या इसलिए ही कर्म तक मैं लड़खड़ाता पहुँच पाता हूँ?*

यहाँ 'अँधेरी खाइयाँ' और 'अज्ञात गोपान कक्ष' अचेतन के द्योतक हैं। उसके वशीभूत अहं सचेत उद्देश्यों तक पहुँचने में असमर्थ है। इस अक्षमता का कारण वह छाया-व्यक्तित्व है, जो मानवीय कमज़ोरियों के छल-भरे षड्यंत्र करके चेतन व्यक्तित्व को क़ैद करता है। इस प्रकार कवि ने अपने व्यक्तित्व की कमज़ोरियों के—हीन पक्ष के—छाया-व्यक्तित्व को पहचान लिया है।

'अन्तःकरण का आयतन' शीर्षक कविता के आईने इसी छाया-व्यक्तित्व की विद्रूपता को प्रतिबिम्बित करते हैं—

*इन सुनसान भीतों पर*
*लगे जो आईने उनमें*
*स्वयं का मुख*
*जगत् के बिम्ब*
*दिखते ही नहीं...*
*जो दीखता है वह*
*विकृत प्रतिबिम्ब है उद्भ्रान्त*
*ऐसा क्यों?*
*उन्हें क्योंकर न साफ़ किया गया?*
*कमरे क्यों न खोले गए?*
*आश्चर्य है।*

आईना अचेतन का प्रसिद्ध आद्यबिम्ब है। युंग के अनुसार दर्पण धोखा नहीं देता, यह ईमानदारी से हमारा वह चेहरा दिखाता है जो हम दुनिया को कभी नहीं दिखाते क्योंकि हम उस पर मुखौटा—अभिनेता का मुखौटा—ओढ़े रहते हैं, लेकिन दर्पण मुखौटे से परे रहकर सच्चा चेहरा दिखाता है।[13] दर्पण में विद्रूप छाया के दर्शन का प्रसंग 'पक्षी और दीमक' शीर्षक कहानी में भी आया है—"भयानक है वह सूरत। सभी अनुपात बिगड़ गए हैं। नाक डेढ़ गज लम्बी और कितनी मोटी हो गई है। चेहरा बेहद लम्बा और सिकुड़ गया है। आँख खड्डेदार। कान नदारद। भूत जैसा अप्राकृतिक रूप।" दोनों बिम्बों में छायाएँ दिखती हैं और उन्हें देखकर दर्शक को आश्चर्य होता है जो सचेत सामंजस्य के लिए विक्षोभक हो सकता है। दर्पण देखने का यह कबीरपंथी लहजा आत्मोपलब्धि की अनिवार्य शर्त है और मुक्तिबोध इस शर्त को पूरा करते हैं। इसीलिए अगले चरण पर उन्हें 'प्रतेजस आनना' के दर्शन का सौभाग्य प्राप्त होता है। 'अँधेरे में' का नायक अपने व्यक्तित्व के इस दूसरे पक्ष को बिना दर्पण के ही सुगमता से पहचान लेता है—

*आँखें खुली हुई हैं*
*पीटे गए बालक-सा मार लाया चेहरा*
*स्लेट-पट्टी पर खींची गई तसवीर*
*भूत जैसी आकृति*
*क्या वह मैं हूँ?*
*मैं हूँ?*

छाया-दर्शन के स्तब्धकर कुतूहल की जो मन:स्थिति 'पक्षी और दीमक' एवं 'अन्त:करण का आयतन' के बिम्बों में चित्रित है, वही प्रश्नात्मक शैली में यहाँ व्यक्त हुई है। पिटे बालक और भूत जैसी आकृति को देखते ही कविता के नायक

को यह अनुभव हो जाता है कि यह हाय-हायनुमा, तोलस्तोयनुमा 'वह आदमी और है', उसका चेतन व्यक्तित्व नहीं। 'मुझे याद आते हैं' शीर्षक कविता का नायक इस और आदमी की शिलाभूत स्याह मूर्ति को देखकर डर जाता है—

*आँखों के सामने, दूर...*
*ढका हुआ कुहरे से*
*कुहरे में से झाँकता-सा दीखता पहाड़*
*अपने मस्तिष्क के पीछे अकेले में*
*गहरे अकेले में*
*ज़िन्दगी के गन्दे न कह सके जानेवाले अनुभवों के ढेर का*
*भयंकर विशालाकार प्रतिरूप!!*
*स्याह!*
*देखकर चिहुँकते हैं प्राण,*
*डर जाते हैं।*

युंग के अनुसार छाया हमारे आदिम भावात्मक व्यक्तित्व को प्रकट करती है। समंजन की प्रतिकूल परिस्थितियों में व्यक्तित्व के निम्नतर स्तरों का यह उद्घाटन व्यक्ति को निष्क्रिय और नैतिक निर्णय में असमर्थ बना देता है। कविता का नायक सचेत समंजन में असमर्थ होकर आदिम भय के साथ अपने विशालकाय प्रतिरूप को देखता है। विशालाकार में यह व्यंजना है कि द्रष्ट प्रतिरूप वास्तविक नहीं, विशेष मन:स्थिति में बृहत् है।

छाया का सम्बन्ध सहज वृत्तियों से है।[14] सहज वृत्तियाँ पाशविक मानी जाती हैं। इसीलिए उनकी प्रतीक सामग्री प्राय: पशु जगत् से आती है।[15] श्रृगाल, श्वान, मार्जार, रीछ, औरांगउटांग, सर्प आदि पशु मुक्तिबोध के काव्य में छाया-बिम्बों के रूप में गृहीत हैं। इनमें से श्रृगाल, श्वान और मार्जार, मृत्यु-वृत्ति के प्रतीक है। शवभक्षी श्रृगाल और श्वान का सीधा सम्बन्ध मृत्यु से है। भारतीय महाकाव्यों के युद्ध-सम्बन्धी बीभत्स दृश्यों में भूत-प्रेतों के साथ उन्हें भी देखा जा सकता है। 'रामचन्द्रिका' में मृत रावण का शरीर श्वान-श्रृगालों से सेवित होता है—"सेवित स्वान सियार से रावण सोवत सेज परे अज भूकी।"[16] महाभारत में कुत्तों की माँ सरमा गर्भस्थ शिशुओं को खाती है—

*सरमा नाम या माता शुना देवी जनाधिप।*
*सपि गर्भान समादत्ते, मानुषीणां सदैव हि॥*[17]

सुन्दरदास ने बिल्ली को मृत्यु के प्रतीक के रूप में चित्रित किया है—"करत उपाय झूठे लेन-देन खान-पान मूसा इत फिरै ताकि रही मिनकी।"[18]

लोक-विश्वास के अनुसार इन तीनों का रोना अत्यधिक अशुभ माना जाता है। "गाँव बसा नहीं बिल्लियाँ पहले रोने लगीं" आदि लोकोक्तियाँ भी प्रस्तुत प्रसंग में उल्लिखित की जा सकती हैं। बिल्ली के आद्यबिम्ब की दृष्टि से 'चाँद का मुँह टेढ़ा है' शीर्षक कविता महत्त्वपूर्ण है। प्रस्तुत कविता में बिल्ली को कवि ने 'यमदूत पुत्री' के रूप में चित्रित किया है—

*मद्धिम चाँदनी में एकाएक*
*खपरैलों पर ठहर गई*
*बिल्ली एक चुपचाप*
*रजनी के निजी गुप्तचरों की प्रतिनिधि*
*पूँछ उठाए वह*
*जंगली तेज़*
*आँख*
*फैलाए*
*यमदूत-पुत्री-सी*
*(सभी देह स्याह, पर*
*पंजे सिर्फ़ श्वेत और*
*ख़ून टपकाते हुए नाख़ून)*

इस यमदूत-पुत्री के धारदार नाख़ूनों और बेरोक-टोक शिकार का उल्लेख 'इस चौड़े ऊँचे टीले पर' शीर्षक कविता में भी हुआ है। 'अँधेरे में' शीर्षक कविता का नायक भी जब ज़ंग-खाई सिटकनी खोलकर बाहर निकलता है, तो उसके विषण्ण हृदय में क़ुत्तों और सियारों के मृत्यु-बिम्ब उद्दीप्त होते हैं—

*हवाओं की निस्संग लहरों में काँपती*
*क़ुत्तों की दूर-दूर अलग-अलग आवाज़*
*टकराती रहती सियारों की ध्वनि से।*

अचेतन के पशु-राज्य में रीछ का विशेष स्थान है।[19] 'डूबता चाँद कब डूबेगा' कविता में छद्म मानवीय वेश धारण करने वाले रीछ का बिम्ब है—

*मानव के सब कपड़े उतार*
*वह रीछ एकदम नग्न हुआ।*

स्पष्टत: यह रीछ बिफरे हुए अहंकार का, मानवीय आवरण में छिपे हुए पशुत्व का प्रतीक है। 'इस चौड़े ऊँचे टीले पर' शीर्षक कविता में 'शिश्नोदर लक्ष्यपूर्ति का बल' चूहे, कुत्ते और रीछ के प्रतीकों से व्यक्त हुआ है—

*वे अटके हुए,*
*शिश्नोदर-लक्ष्य-पूर्ति में गहरे भटके हुए*
*शूद्र आवेग रूप चूहे!!*
*उनकी गड़बड़*
*गूँजती-काँपती है पवित्र से पवित्र*
*सुन्दर पल-क्षण में।*
*शिश्नोदर-लक्ष्य-पूर्ति का जल अब एकमात्र बल है*
*जो वेश बदलता रहता है*
*वह कुत्ते-सा घूमता शहर के रास्तों पर*
*तब बहुत युद्ध होता है भरे मुहल्ले में*
*पूरा का पूरा शहर चीख़-चिल्लाहट सुनता रहता है*
*हाँ वही शक्ति बेख़ौफ़ रीछ बनकर शिकार पर आती है*
*मानो समाज सभ्यता घना जंगल ही हो।*

हिन्दी काव्य के पशु-संसार में औरांगउटांग के प्रवेश का श्रेय सम्भवत: मुक्तिबोध को ही दिया जा सकता है। यह औरांगउटांग बिना पूँछ का बन्दर है।[20] पूँछ की यह कमी इसे आदमी के निकट ले आती है। इसीलिए मुक्तिबोध बहस के दौरान अपने अहंकारोत्तेजन की छाया के रूप में इस प्रकृत औरांगउटांग का दर्शन करते हैं—

*असत्य शक्ति का प्रतिरूप*
*प्राकृत औरांग...उटांग यह*
*मुझमें छिपा हुआ है।*
*स्वयं की ग्रीवा पर*
*फेरता हूँ हाथ कि*
*करता हूँ महसूस*
*एकाएक गरदन पर उगी हुई*
*सघन अयाल और*
*शब्दों पर उगे हुए बाल तथा*
*वाक्यों में औरांग...उटांग के*
*बढ़े हुए नाख़ून!!*

अचेतन वृत्ति का एक प्रसिद्ध प्रतीक सर्प भी है।[21] 'डूबता चाँद कब डूबेगा' की निम्नलिखित पंक्तियों में सर्प अचेतन की पाशवी वृत्ति का ही प्रतीक है—

*अँधियारे बिल में झाँक रहे*
*सर्पों की आँखें तेज़ हुईं।*

युंग के अनुसार पक्षियों में गिद्ध भी मृत्यु से सम्बद्ध माना जा सकता है क्योंकि वह शवभक्षी है। तिब्बत और भारत में आज की शव को गिद्धों के लिए छोड़ दिया जाता है।[22] 'अन्त:करण का आयतन' शीर्षक कविता में मुक्तिबोध की सर्वगामी छाया जो 'विचित्र प्रतीक' गूँथती है, उनमें सूर्य के धब्बों से निकलने वाले गिद्ध भी हैं—

*प्रतापी सूर्य हैं वे सब प्रखर जाज्वल्य*
*पर, यह क्या अँधेरे स्याह धब्बे सूर्य के भीतर*
*बहुत विकराल*
*धब्बों के अँधेरे विवर-तल में से*
*उभरकर उमड़कर दल बाँध*
*उड़ कर आ रहे हैं गिद्ध*
*पृथ्वी पर झपटते हैं।*
*निकालेंगे नुकीली चोंच से आँखें,*
*कि खाएँगे हमारी दृष्टियाँ ही वे।*

सूर्य के धब्बे वैज्ञानिकों ने भी देखे हैं।[23] मुक्तिबोध जिन धब्बों का चित्रण करते हैं, वे प्रतीकात्मक हैं। सूर्योदय को युंग ने एक स्थान पर चेतना के उदय का प्रतीक बताया है।[24] सूर्य चेतन का प्रतीक है और उसके धब्बे अचेतन का प्रतिनिधित्व करते हैं। गिद्ध इन धब्बों में से उमड़कर आते हैं। सूर्य और धब्बों का यह साहचर्य युंग के इस कथन की याद दिलाता है कि सूर्य के साथ ही छाया का अस्तित्व सम्भव है अर्थात चेतना के साथ अचेतन छाया का अस्तित्व अवश्यम्भावी है।[25] गिद्धों की अक्षभक्षी स्वरूप भी प्रतीकात्मक है। युंग के अनुसार ज्ञानेन्द्रिय होने के कारण अक्ष चेतना का प्रतीक है।[26] मृत्यु-प्रतीक के रूप में गिद्धों का चित्रण धर्मवीर भारती ने भी 'अन्धा युग' में किया है—

*लो,*
*सारी कौरव नगरी*
*का आसमान*
*गिद्धों ने घेर लिया*
*...*
*मौत जैसे*
*ऊपर से निकल गई*
*अशकुन है*
*भयानक यह।*[27]

यहाँ उल्लेखनीय है कि मृत्यु के प्रतीक पक्षियों को कोई भी देखना नहीं चाहता। शायद इसी मनोवैज्ञानिक कारण से 'अशकुन' शब्द द्वारा उनके पक्षित्व (शकुनत्व) को ही नकार दिया जाता है।

मौत की निगाहों से बचना सम्भव नहीं है। शायद इसीलिए मृत्यु-प्रतीक गिद्ध की खुर्राट निगाहों पर कवियों की दृष्टि पड़ती है। मुक्तिबोध भी गिद्ध की इस विशेषता को रेखांकित करते हुए कहते हैं—

*किसी बदनीयते के सावधान गिद्ध*
*जिन्हें देख*
*याद आतीं खुर्राट निगाहें*
*दाँव-पेच, झगड़े व युद्ध!!*

बूढ़े पक्षियों के बिम्ब में भी 'तेज़ निगाहों' पर ही कवि की दृष्टि ठहरी है—

*गुम्बद विवर में बैठे हुए बूढ़े*
*असम्भव पक्षी*
*बहुत तेज़ निगाहों से देखते हैं सब ओर*
*मानो कि इरादे*
*भयानक चमकते।*

यहाँ बूढ़े पक्षियों का नाम न लेने में सम्भवत: अशकुनत्व की आदिम धारणा ही विशेष कारण रही है। 'बूढ़े', विशेषण से आयु-दीर्घत्व का जो संकेत मिलता है, उसके आधार पर इन्हें अनुमानत: उल्लू माना जा सकता है। उल्लू की औसत आयु 68 वर्ष मानी गई है।[28] गिद्धों के समान वह भी शिकारी वर्ग में आता है और रात में शिकार करता है। भारतीय पुराकथाएँ उसे लक्ष्मी का वाहन बताकर मातृ-राज्य से उसका सम्बन्ध जोड़ती हैं।[29] इस उल्लू या घुग्घू के बिम्ब मुक्तिबोध के काव्य में अन्यत्र भी आए हैं। 'मेरे सहचर मित्र' में यह घुग्घू काली ताक़तों का प्रतीक बनकर आता है—

*वह कारण, सामाजिक जंगल का*
*घुग्घू हैं,*
*है घुग्घू का संगठन, रात का तम्बू है!!*

रात के इस जहाँपनाह का एक चित्र 'चाँद का मुँह टेढ़ा है' शीर्षक कविता में आया है, जिसका विवेचन पिछले अध्याय में हो गया है।

निशाचरों में चमगादड़ का भी विशेष स्थान है। चमगादड़ सारे भारतवर्ष में पाये जाते हैं। रात्रि में आहार (या शिकार) खोजना और दिन में उलटे लटकना इनकी मुख्य

विशेषता है। शरीर-रचना की दृष्टि से ये थोड़े विचित्र हैं, क्योंकि इनकी मुखाकृति पशुवत होती है और पक्षियों के समान डैने न होने पर भी वे आकाश में उड़ सकते हैं।[30] मुक्तिबोध ने चमगादड़ को भी छाया का प्रतीक बनाया है—

*मानव आदर्शों के गुम्बद में आज यहाँ*
*उलटे लटके चमगादड़ पापी*
*भावों के।*

स्पष्टतः यहाँ आदर्शों के गुम्बद में उलटे लटके पापी भावों के प्रतीक चमगादड़ छाया के ध्वंसात्मक पक्ष का प्रतिनिधित्व करते हैं। छाया का यह ध्वंसात्मक और अशोभन पक्ष ही 'शून्य' शीर्षक कविता का प्रतिपाद्य है। वहाँ छाया के प्रतीक-रूप शून्य का मूर्तीकरण हुआ है। यह शून्य भीतरी और काला है। वह बर्बर और क्रोधी है। उसके जबड़े मौत के जबड़ों[31] की याद दिला देते हैं। उसके प्रभाव से मौत नये-नये बच्चे जनती है, दाँतदार भूलें और हथियारबन्द ग़लतियाँ दिखाई देती हैं। दुनिया के लोग उसके सामने हाथ मिलने के सिवा और कुछ नहीं कर सकते। वह अपने में मग्न, टिकाऊ और उपजाऊ है। उसके जबड़े की खाई में रागात्मकता के प्रतीक ख़ून[32] का तालाब है। कविता का नायक अपने उत्तेजित शब्दों और कार्यों से उसी को अभिव्यक्त करता है, बाँटता, बिखेरता और फैलाता है।

मुक्तिबोध के काव्य में छाया के इस व्यंजनात्मक पक्ष की बिम्बात्मक और रूपकात्मक अभिव्यक्ति के साथ ही ऐसे श्रेयस्कर गुणों की भी अभिव्यक्ति हुई है, जो दमन या विस्मरण के कारण छाया-व्यक्तित्व के अंग हो गए हैं। 'एक स्वप्न कथा' में स्फूर्तियाँ समुद्र में (अचेतन में) नहाती हैं। स्फूर्तियों के माध्यम से वह चेतना व्यक्त हुई है, जो बाहरी दुनिया से समंजन के प्रयासों में दमित हो अचेतन का अंग बन गई है—

*मुझसे जो छूट गए अपने वे*
*स्फूर्तिमुख निहारता बैठा हूँ।*

ज्ञान की दुष्कर प्राप्ति के कारण गुंठे गान को देख ये स्फूर्ति-मुख 'अनादर करते हैं, तिरस्कार करते हैं, अविश्वास करते हैं' और अन्ततोगत्वा चेतन-व्यक्तित्व की धज्जियाँ उड़ाते हैं—

*उनका वार*
*बिलकुल मुझी पर है*
*बिजली का हर्फ़*
*सिर्फ़ मुझ पर गिर*
*तहस-नहस करता है*
*बहुत बहस करता है।*

इन स्फूर्तियों के तमतमा उठने और चेतन-व्यक्तित्व को तहस-नहस करने का कारण स्पष्ट ही है कि वे दीर्घकाल तक अभुक्त रही हैं और अब अपना अधिकार माँग रही हैं—

*बहुत पुराने किसी*
*अनचुकाए क़र्ज़ की*
*ख़तरनाक नालिश है*
*फिर भी है रास्ता, रिआयत है*
*मेरी मुरव्वत है।*

अचेतन मित्र है, जिसे अपनाकर अहं विकसित होता है, लेकिन जब मन इसके प्रवेग को आत्मसात नहीं कर पाता और दरवाज़ा बन्द करने की कोशिश की जाती है, तब वह अपना प्रभुत्व जमा लेता है। निम्नोद्धृत पंक्तियों में उक्त मनोवैज्ञानिक यथार्थ व्यक्त है—

*बन्द करने की जब कोशिश होती है तो*
*मन का वह दरवाज़ा*
*करकरा उठता है;*
*विरोध में, खुल जाता धड़ से।*

दरवाज़ा खुलने पर फिर स्फूर्तियों से सामना होता है, जो कहती हैं—

*मैं जो पुत्र उनका हूँ*
*अब नहीं पहचान में आता हूँ*
*लौट विदेशों से*
*अपने ही घर पर मैं इस तरह नवीन हूँ*
*इतना अधिक मौलिक हूँ—*
*असल नहीं!!*

प्रस्तुत अंश की व्याख्या के लिए 'एक लम्बी कविता का अन्त' में प्रस्तुत विचार द्रष्टव्य हैं—

"भारत के उच्चतर वर्ग पश्चिम के साम्राज्यवादी देशों की अद्यतन राजनीतिक और सांस्कृतिक मनोवृत्तियों को आत्मसात करते हुए अपने सांस्कृतिक प्रभाव को विस्तृत करना चाहते हैं। छोटे या मझोले मध्यवर्ग के महत्त्वाकांक्षी लेखक पद और प्रतिष्ठा के लोभ में उन्हीं के दरवाज़े जाते हैं। ...यहाँ तक कि उनके दरवाज़े जाकर उनकी कृपा से सभ्य जीवन की सुन्दर साज-सज्जा प्राप्त कर उन अपनों से घृणा और तिरस्कार करने लगते हैं, जिनमें वे जन्मे थे। उन अपनों के जीवन की बदरंग

सूरत उनमें, उनके विरुद्ध एक तड़पती हुई प्रतिक्रिया पैदा कर देती है।"[33] मन की इस कराहती बात की सृष्टि के लिए अपेक्षित साहस, संकल्प और बल न होने से निर्णायक मुहूर्त टल जाता है, और स्फूर्तियाँ अहं को क़ैद कर समुद्र में फेंक देती हैं—

*मुझे जेल देती हैं*
*दुश्मन हैं स्फूर्तियाँ।*
*ग़ुस्से में ढकेल ही देती हैं।*
*भयानक समुन्दर के बीचोबीच फेंक दिया जाता हूँ।*

यहाँ दुर्दम्य स्फूर्तियों को आत्मसात न कर पाने के कारण छाया की प्रभुता चित्रित है।

रत्नों को भी मुक्तिबोध ने अचेतन में निर्वासित श्रेयस्कर गुणों का प्रतीक बनाया है। 'अँधेरे में' कविता का नायक इन रत्नों को गुहावास देने पर पश्चात्ताप करते हुए कहता है—

*हाय, हाय! मैंने उन्हें गुहावास दे दिया*
*लोक-हित क्षेत्र से कर दिया वंचित*
*जनोपयोग से वर्जित किया और*
*निषिद्ध कर दिया*
*खोह में डाल दिया!!*
*वे ख़तरनाक थे,*
*(बच्चे भीख माँगते) ख़ैर...*
*यह न समय है,*
*जूझना ही तै है।*

इन रत्नों को गुहावास देने का कारण यह है कि वे दायित्व-निर्वाह की भीख माँगने के कारण ख़तरनाक थे। 'ओ काव्यात्मन फणिधर' में भी ऐसे असुविधाकारक रत्नों की उपेक्षित भूमि से पुनरुद्धार की आकांक्षा व्यक्त हुई है—

*उन श्याम झुरमुटों-तले कई*
*मिल जाएँ कहीं*
*वे फेंके गए रत्न, ऐसे*
*जो बहुत असुविधाकारक थे,*
*इसलिए कि उनके किरण-सूत्र से होता था*
*पट-परिवर्तित, यवनिका-पवन*
*मन में जग में।*

इस प्रकार मुक्तिबोध के काव्य में छाया के हेय और श्रेय दोनों पक्षों का उद्घाटन हुआ है। हेय पक्ष का प्रतिनिधित्व मानव और मानवेतर प्राणी करते हैं। मानवेतर प्राणियों के आद्यबिम्बों का जितना वैविध्य यहाँ लक्षित होता है, उतना अन्यत्र दुर्लभ है। छाया के शुक्ल पक्ष का ऐसा काव्यात्मक उद्घाटन सम्भवत: किसी अन्य कवि ने नहीं किया है।

## माया के आद्यबिम्ब

युंग के अनुसार अचेतन के प्रक्षेपों की जननी एनिमा है।[34] पूर्व की भाषा में इसे माया कहा जा सकता है।[35] यह माया स्वप्नों, दिव्य-दर्शनों और फ़ैंटेसियों में एक ऐसी मानवी का रूप धारण करती है, जिसमें इसकी समग्र विशेषताएँ विद्यमान हों।[36] माया का बिम्ब माता का स्थानापन्न नहीं है। विपरीतत: सम्भावना यह है कि मातृ-बिम्ब के सभी प्रबल गुणों का स्रोत माया का आद्यरूप हो।[37] युंग ने मातृ आद्यरूप के मनोवैज्ञानिक पक्षों का विवेचन करते हुए भी यह स्पष्ट किया है कि पुरुष के सम्मुख नृत्यरता प्रकृति का दार्शनिक मिथक मातृ आद्यरूप से सम्बन्धित न होकर माया के आद्यरूप से सम्बन्धित है। यह माया ही पुरुष के मनोविज्ञान में, प्रथमत: निर्वैकल्पिक रूप में, मातृ-बिम्ब से संयुक्त हो प्रकट होती है।[38] प्रत्येक माता और प्रत्येक प्रिया इस कालातीत सर्वव्यापक बिम्ब की, पुरुष के चित्त के गहनतम यथार्थ की, प्रतिमा और वाहिका है। उसके हृदय में स्थित यह ख़तरनाक नारी-प्रतिभा उस वफ़ादारी की द्योतक है, जो जीवन-निर्वाह में कभी-कभी त्यागनी पड़ती है। वह निराशाजनक जोखिमों, संघर्षों और बलिदानों की क्षतिपूर्ति करती है। वह जीवन की समग्र कटुता में विश्रान्ति देती है। साथ ही, वह महाठगिनी भी है, जो अपनी माया से मनुष्य को जीवन से संगत और उपयोगी पक्षों में ही नहीं, सदसत्, सफल-निष्फल, आशा-निराशा जैसे द्वन्द्वों से युक्त जीवन में भी बाँधती है।[39] माया की धारणा में अन्तर्भुक्त सम्परीक्षात्मक यथार्थ अचेतन की अत्यन्त नाटकीय सामग्री है। संगत और वैज्ञानिक भाषा में भी इस सामग्री का विवेचन सम्भव है किन्तु इस रूप में इसके जीवन्त स्वरूप की अभिव्यक्ति में व्यक्ति पूर्णत: असफल रहता है। इसीलिए चित्त की जीवन्त प्रक्रियाओं के विवेचन में युंग ने जानबूझकर चिन्तन और कथन के पुराणशास्त्रीय, नाटकीय रूप को वरीयता दी है। यह पद्धति अधिक व्यंजक भी है और अमूर्त वैज्ञानिक शब्दावली की अपेक्षा अधिक उपयुक्त भी। वैज्ञानिक शब्दावली के प्रयोग से यह भ्रामक धारणा पनप सकती है कि सैद्धान्तिक अभिव्यक्तियाँ किसी सुदिन में बीजगणितीय समीकरणों में परिणत हो जाएँगी।[40]

युंग के अनुसार माया अचेतन का प्रतिनिधित्व करती है।[41] अचेतन की सृजनात्मक शक्ति आश्चर्यजनक है। महाकवियों की रचनाएँ सामूहिक अचेतन की गहनताओं से ही जन्म लेती हैं। कविगण अन्धी रहस्यात्मक लहरों को बोलते प्रतीकों में प्रकाशित करते हैं।[42] इस प्रकार माया का हमारे सृजनात्मक प्रयासों से सीधा सम्बन्ध है। सम्भवतः इसीलिए हमारे यहाँ वाक् की कल्पना एक देवी के रूप में प्रचलित है। मुक्तिबोध ने आधुनिक तुलसीदास की 'रामायण' के मूल में बूढ़ी माँ का दर्शन किया है—

*अन्य ने कहा—*
*दुर्दान्त ऐतिहासिक स्पन्दन*
*के लाल रक्त से लिखते तुलसीदास आज*
*अपनी पीड़ा की रामायण,*
*उस रामायण की पीड़ा के आलोक-वलय*
*में मुखमंडल माँ का झुर्रियों-भरा*
*उभरा-निखरा,*
*उर-कष्ट-भरी स्मित-हँसी*
*कि ज्यों आहत पक्षी*
*रक्तांकित पंख फड़फड़ाती*
*मेरे उर की शाख़ाओं पर आ बैठी है*
*कराह दाबे गहरी*
*(जिससे कि न मैं जाऊँ घबरा)*
*माँ की जीवन-भर की ठिठुरन*
*मेरे भीतर*
*गहरी आँखों वाला सचेत*
*बन गई दर्द।*

यही माँ 'एक अन्तर्कथा' शीर्षक कविता में सामाजिक-सांस्कृतिक निर्माण की प्रेरणा बनकर अवतरित हुई है—

*अग्नि के काष्ठ*
*खोजती माँ*
*बीनती नित्य सूखे डंठल*
*सूखी टहनी, सूखी डालें*
*घूमती सभ्यता के जंगल*
*वह मेरी माँ*
*खोजती अग्नि के अधिष्ठान*

*मुझ में द्विविधा*
*पर माँ की आज्ञा से समिधा*
*एकत्र कर रहा हूँ।*
*मैं हर टहनी में, डंठल में*
*एक-एक स्वप्न देखता हुआ*
*पहचान रहा प्रत्येक*
*जनता से जमा रहा*
*टोकरी, उठा मैं चला जा रहा हूँ।*

यह माँ व्यक्तित्व-वृक्ष के निरुपयोगी मानकर फेंके गए अग्नि के अधिष्ठान बीन रही है। कविता के नायक को उसकी प्रेरणा द्विविधा उत्पन्न करती है। फिर भी माँ की आज्ञा उसके लिए अनुल्लंघ्य है। माँ ने उसको जो टोकरी दी है, 'उसमें प्राणवान माया, गहरी कीमिया' है। उसको समझाने से 'सूखी लकड़ी की अग्नि-क्षमता' कोमल कोयल के स्वर से पुकारकर कविता के नायक को 'रोमांचित तन, प्रकाशमय मन' बना देती है। अन्त में नायक उसी की प्रेरणा से सुविधावादी वृक्ष के स्थान पर 'गहन-प्रेम' का 'लाल फूलों' वाला सेमल देख लेता है।

यही प्रेरयित्री नारी-शक्ति 'अँधेरे में' शीर्षक कविता की प्रणयिनी है—

*मानो कि उस क्षण*
*अतिशय मृदु किन्हीं बाँहों ने आकर*
*कस लिया था इस भाँति कि मुझको*
*उस स्वप्न स्पर्श की, चुम्बन की याद आ रही है,*
*याद आ रही है!!*
*अज्ञात प्रणयिनी कौन थी, कौन थी?*
*कमरे में सुबह की धूप आ गई है,*
*गैलरी में फैला है सुनहला रवि छोर*
*क्या कोई प्रेमिका सचमुच मिलेगी?*
*हाय! यह वेदना स्नेह की गहरी*
*जाग गई क्योंकर?*

कवि के अनुसार 'अँधेरे में' कविता के स्वप्न-स्पर्श अज्ञात प्रणयिनी के चुम्बन हैं। इस प्रेमिका के सचमुच मिल जाने में सन्देह है फिर भी वह 'वेदना स्नेह की गहरी' जगा गई है। युंग के अनुसार स्वतंत्रता आदि के सामूहिक आदर्श माया के आद्यबिम्बात्मक धरातल से भी प्रकट हो सकते हैं।[43] उदाहरणार्थ होल्डरलिन की 'स्वतंत्रता-स्तवन' शीर्षक कविता में स्वतंत्रता का आदर्श देवी की महिमा के साथ व्यंजित हुआ है—

*Since her arm out of the dust has raised me*
*Beats my heart so badly and screne;*
*And my cheek still tingles with her kisses*
*Flushed and glowing where her lips have been.*[44]

इस उद्धरण से स्पष्ट हो सकता है कि मुक्तिबोध को क्रान्ति का स्वप्न देखने के बाद प्रेयसी के चुम्बनों की याद क्यों आई? सामूहिक आदर्शों का यह प्रेयसी-रूप 'अन्तःकरण का आयतन' शीर्षक कविता में भी उद्‌भावित हुआ है—

*वह तो है, वही है, हाँ वही बिलकुल,*
*प्रतेजस आनना*
*लावण्य-श्री मित्रस्मिता*
*जिसने अँधेरे आईने में सिर उठाया था*
*वह हल्के मुसकराया था*
*व मेरा जी हिलाया था!!*
*सहस्रों पीढ़ियों ने विश्व का*
*रमणीयतम*
*जो स्वप्न देखा था*
*वही, बिलकुल वही।*

'किरणीली मुसकान' फेंकने वाली ऐसी प्रतेजस-आनना का चित्रण मुक्तिबोध ने 'पक्षी और दीमक' कहानी में भी किया है—"रोमन स्तम्भों वाली विश्वविद्यालय के पुस्तकालय की ऊँची, लम्बी, मोतियाँ सीढ़ियाँ पर से उतर रही है एक आत्मविश्वासपूर्ण गौरवमयी नारी मूर्ति। वह किरणीली मुसकान मेरी ओर फेंकती-सी दिखाई देती है। मैं इस स्थिति में नहीं हूँ कि उसका स्वागत कर सकूँ। मैं बदहवास हो उठता हूँ।" इस श्यामला का "आदर्शवाद भी भोले-भाले आदिवासियों की उस कुल्हाड़ी जैसा है जो जंगल में अपने बेईमान और बेवफ़ा साथी का सिर धड़ से अलग कर देती है।" श्यामला जैसा ही 'किसी का श्याम भोला मुख' 'चकमक की चिनगारियाँ' में दिखाई देता है—

*अरे! मेरे तिमिर-गह्वर कगारों पर*
*अचानक खिल उठी प्राचीन—*
*अभिनय गंधमय तुलसी*
*कि जिसके सघन-छाया-अन्तरालों से*
*किसी का श्याम भोला मुख (बहुत प्यारा)*
*मुझे दिखता*

*कि पाता हूँ-मुझे ही देखती रहती*
*मनो-आकार-चित्रा वह सुनेत्रा है।*

यह सुनेत्रा कविता के 'मनो-आकार' का ही चित्र है। इसीलिए उसके तम-विवर का रहस्य खोलते हुए बताती है—

*तुम्हारे तम-विवर के तट*
*पुनः अवतार धारण कर,*
*मनस्वी आत्माएँ और प्रतिमाएँ*
*पधारीं विविध देशों से*
*तुम्हारा निज-प्रसारण कर।*

नायक की अनुपस्थिति में सम्भवतः यही आदर्श-प्रतिमा छाया-मूर्ति बनकर स्याह कुट्ठर पर क़ब्ज़ा जमा लेती है और तड़ातड़ चिनगारियाँ टाइप करती है—

*बड़ा अचरज!*
*कि जब मैं ग़ैर-हाज़िर, तो*
*यहाँ पर एक हाज़िर है। —अँधेरे में,*
*अकेली एक छाया-मूर्ति*
*कोई लेख*
*टाइप कर रही तड़-तड़-तड़ातड़-तड़*
*वह उसमें से उछलते हैं*
*घने नीले-अरुण चिनगारियों के दल!!*
*लुमंबा है,*
*वहाँ अल्जीरिया-लाओस-क्यूबा है*
*हृदय के रक्त-सर में, सूर्य-मणि सा ज्ञान डूबा है*
*दिमाग़ी रग फड़कती है, फड़कती है*
*व उसमें से भभकता*
*तड़पता-सा दुख बहता है।*

'मैं' की ग़ैर-हाज़िरी में छाया-मूर्ति का स्याह कुट्ठर पर अधिकार जमाना अहं की अनुपस्थिति में अचेतन की शक्ति के मानवीकरण का द्योतक है। अंग्रेज़ी में कहावत है कि फ़रिश्ते के बाहर होते ही शैतान घर पर अधिकार जमा लेता है (Angel abroad, devil at home)। इस छाया-मूर्ति के आसमानी हाथों, तड़ातड़ टाइप होते हुए छींटों की 'चपल रिमझिम' दमकते प्रश्न करती है।

'मुझे याद आते हैं' शीर्षक कविता में प्रेरयित्री गर्भवती नारी का चित्र आया है। बर्बर और रोगिली संस्कृति का एक्सरे कर लेने पर कविता के नायक को इस श्रमशीला का आदर्श रूप दिखाई देता है—

*मुझे याद आती है,*
*आँखों में तैरता है चित्र एक*
*उर में सँभाले दर्द*
*गर्भवती नारी का*
*जो कि पानी भरती है वज़नदार घड़ों से*
*कपड़ों को धोती है भाड़-भाड़*
*घर के काम बाहर के काम सब करती है,*
*अपनी सारी थकान के बावजूद।*
*मज़दूरी करती है,*
*घर की गिरस्ती के लिए है*
*पुत्रों के भविष्य के लिए सब।*
*उसके पीले अवसाद-भरे कृश मुख पर*
*जाने किस (धोखे-भरी?) आशा की दृढ़ता है।*
*करती वह इतना काम*
*क्यों किस आशा पर?*

स्पष्टतः यह गर्भवती किसी भविष्य की सम्भावनाएँ सँजोए हुए है। उसी की आशा में वह 'सब अभावों को सहकर' 'किसी ध्रुव लक्ष्य पर खिंचती-सी जाती है।' नायक को रहस्य मिल जाता है—

*जीवित रह सकता हूँ मैं भी तो वैसे ही।*

'जब प्रश्न-चिह्न बौखला उठे' शीर्षक कविता में समान विशेषणों द्वारा यथार्थों की वेदना के मानवी रूप का आभास मिलता है—

*जब आसमान से धरती एक*
*आकस्मिक एक प्रकाश-बेल*
*विद्युत की नील विलोल लता-सी*
*सहसा तुम बेपर्द हुई*
*जब मेरे मन-निर्भर-तट पर*
*तब मैंने नहीं कहा था मुझको इस प्रकार*
*तुम अपना अन्तर का प्राकार बना जाओ।*

मुक्तिबोध ने अपनी माया-शक्ति को तो जीवित रखने का यथासम्भव प्रयास किया, परन्तु साथ ही यह दुखद अनुभव भी उन्हें हुआ कि "भारत के उच्चतर वर्ग नैतिक रूप से मृतक हो गए हैं।"[45] इसी अनुभव के आधार पर उन्होंने अपनी एक

कविता में रहस्यमय बँगले का जो रूपक बाँधा है, उसके "भीतर आत्मा की हत्या हो चुकी है।"[46] स्पष्टतः यहाँ आत्मा का अभिप्राय नैतिक आदर्शों से है—

*लम्बी-चौड़ी विस्तर शैया*
*हैं केश खुले*
*ठंडे नक्षत्रों-सी आँखें*
*दूरियों भरी द्युतिमयता में*
*हैं चमक रहीं!!*
*वह देह सुनहला बादल है*
*जिसका मुख है चम्पई कलाई पर नीली*
*चूड़ियाँ मनोहर चमक रहीं,*
*पर, छाई है मृत्यु की पीतिमा सभी तरफ़!!*

निष्कर्षतः मुक्तिबोध के काव्य में माया की अनेक भव्य छवियाँ अंकित हुई हैं। ये मायाकृतियाँ सृजनात्मक शक्ति की वाहिनी अथवा सामूहिक आदर्शों की प्रेरयित्री हैं। माया के ये आद्यबिम्ब कभी अनायास प्रतीक रूप में उद्भावित हुए हैं, कभी समासोक्ति शैली में उनका आभास मात्र मिलता है और कभी उन्हें सायास रूपक में बाँधा गया है। माया के आद्यबिम्ब की धारणा का लाक्षणिक प्रयोग करते हुए कवि ने उसे मृत भी चित्रित किया है।

## आप्तपुरुष के आद्यबिम्ब

आप्तपुरुष आध्यात्मिक सिद्धान्त का मानवीकरण है।[47] इसकी अभिव्यक्ति सदैव उन स्थितियों में होती है, जब अन्तर्दृष्टि, समझ, शुभ परामर्श, निश्चय, आयोजन आदि अपेक्षित गुणों की प्राप्ति अपने बूते से बाहर की बात हो जाए। परीकथाओं में भी आप्तपुरुष उस समय प्रकट होता है, जब नायक स्वयं को असहाय और प्रतिकूल परिस्थितियों में पाता है और गूढ़ चिन्तन या आकस्मिक विचार अर्थात कोई आध्यात्मिक कार्य या अन्तःचित्तीय स्वचालन उसे मुक्त कर सकता है। चूँकि बाह्याभ्यन्तर कारणों से नायक स्वयं यह स्थिति प्राप्त नहीं कर सकता, अतः इस अक्षमता की क्षतिपूर्ति के लिए अपेक्षित ज्ञान मानवीकृत विचार के रूप में—सहायक आप्तपुरुष के रूप में—प्राप्त होता है।[48]

आप्तपुरुष नायक को मार्ग-बाधाओं के प्रति सचेत करता है और उन्हें पार करने का प्रभावशाली ढंग भी बतलाता है।[49] इस प्रकार आप्तपुरुष एक ओर ज्ञान चिन्तन, अन्तर्दृष्टि, प्रज्ञा, चातुर्य और सहजानुभूति एवं दूसरी ओर शुभ संकल्प और तत्पर सहयोग जैसे नैतिक गुणों का प्रतिनिधित्व करता है, जो उसके आध्यात्मिक

चरित्र को यथेष्ट स्पष्ट करते हैं।[50] इसके साथ ही वह दूसरों के नैतिक गुणों की परीक्षा करता है एवं उनके आधार पर उन्हें उपकृत करता है।[51]

सभी आद्यरूप द्विपक्षीय हैं। श्रेयस्कर, अनुकूल, उज्ज्वल और ऊर्ध्वमुखी पक्ष के समकक्ष उनका अधोमुखी पक्ष भी होता है। आप्तपुरुष का आद्यरूप भी इसका अपवाद नहीं है। वह रक्षक और भक्षक दोनों रूपों में आ सकता है। वह सामान्यत: गुरु, यातुधान, चिकित्सक, पुरोहित, शिक्षक, आचार्य, पितामह आदि के रूप में प्रकट होता है।[52]

आप्तपुरुष के आद्यबिम्बों की दृष्टि से मुक्तिबोध की कविता समृद्ध है। 'मेरे सहचर मित्र', 'इस चौड़े ऊँचे टीले पर', 'एक स्वप्न-कथा', 'अँधेरे में', 'डूबता चाँद कब डूबेगा', 'चम्बल की घाटी में' आदि कविताएँ इस दृष्टि से विवेच्य हैं। इन कविताओं में आप्तपुरुष का उज्ज्वल पक्ष गुहावासी, निर्जन गृहवासी, जलदेव और युगीन महामानव आदि के रूप में अभिव्यक्त हुआ है। 'मेरे सहचर मित्र' का नायक तन-मन में फैली, प्राणों में रुँधी निर्णायक भनभनाहट के क्षणों में आजानबाहु क्रान्तिदर्शी महापुरुष के दर्शन पाता है—

*वह गुहा-द्वार आत्मा का धड़ से*
*खुलता है*
*...*
*कालान्तर-अनुभव ग्रन्थ*
*देश-देशान्तर के*
*जो पढ़ता हुआ जातवेदम् उद्दंड*
*क्रान्तिदर्शी कोई*
*बैठा है पत्थर-कुरसी पर आजानुबाहु।*

चित्त-गुहा में बैठा यह आजानबाहु आप्तपुरुष है, क्योंकि नायक को 'उससे ज्ञान हुआ' है। युंग के अनुसार आप्तपुरुष में सुदृढ़ता अधिक होती है।[53] यहाँ 'आजानबाहु' से उसी की व्यंजना हुई है, क्योंकि लोक-विश्वास के अनुसार शक्तिशाली महापुरुषों के हाथ घुटनों तक लम्बे होते हैं। देश-देशान्तर की पुस्तकें पढ़ने से उसकी प्रबुद्ध प्रज्ञा का विश्वास उत्पन्न होता है। उसका एक सम्बोधन 'जातवेदस्' भी है। वैदिक शब्द 'जातवेदस्' का रूढ़ अर्थ 'अग्नि' और व्युत्पत्यर्थ 'सबको जानने वाला' है।[54] युंग के अनुसार आप्तपुरुष परीकथाओं में सूर्य से अभिन्न और अग्नि का स्वामी है।[55]

'इस चौड़े ऊँचे टीले पर' शीर्षक कविता में आप्तपुरुष का आद्यबिम्ब निर्जन गृहवासी के रूप में चित्रित है। आप्तपुरुष का यह बिम्ब पूर्णत: अचेतनोद्भूत है। कवि के अनुसार उसका स्रोत स्वप्न-दर्शन है—"गद्य में यह रूपक एक सिलसिले में

सामने आता है, लेकिन कविता में यह सिलसिला टूट जाता है, उसी तरह जैसे स्वप्न के भीतर स्वप्न आते हों—उलट-पुलट होकर। कविता में मैंने उस उलट-पुलटपन के निर्वाह का प्रयास किया है।"[56] कविता के इस आप्तपुरुष का साक्षात्कार नायक के मन में अनेक आदिम संशय उत्पन्न करता है—

*बहुत ख़ूबसूरत चमकीला वह चेहरा है!!*
*मुझको तो सदमा*
*इतना आकर्षक तो भयप्रद दानव-सा क्यों,*
*दानव हैं तो देवों-सा क्यों*
*क्यों वह ब्रह्मा का शंखष्मा*
*ढीला-ढाला कोट-पैंट पहने वह गन्धर्व सुनहरा,*
*यूरोपीय यक्ष या हिन्दुस्तानी जिन्न!!*

याज्ञवल्क्य के आप्तत्व का स्मरण कराने वाला यह पुरुष प्रश्नों के साथ नायक से वार्तालाप आरम्भ करता है—

*किसी भव्य मन्दिर-गुम्बज के भीतर*
*ज्यों गम्भीर ध्वनन-क्रम*
*गूँज उठे त्यों सावधान वे शब्द*
*कौन तुम?*
*मेरे दिल पर धीमी थापें हल्की-हल्की*
*आती यादें उपनिषदिक ऋषि याज्ञवल्क्य की*
*मैंने सस्मित होना चाहा*
*चेहरे पर मीठी-मीठी सलवटें पहन*
*मुसकाना चाहा।*
*"बुनियाद सवाल अपना पहचान न पाया"*
*मैंने कहा—"बताया है आपने उसे*
*मैं कौन, मुझे इसका उत्तर आप से चाहिए,*
*क्या हूँ, क्यों हूँ, कैसे हूँ, यह सब बताइए"*

परीकथाओं का आप्तपुरुष भी प्राय: प्रथम साक्षात्कार में कौन, क्यों, कहाँ और किधर जैसे प्रश्न करता है।[57] यह आप्तपुरुष कथानायक को बनावटी दार्शनिक न बनने का उपदेश देकर आत्मा की हत्या का रहस्य बताता है। 'एक स्वप्न-कथा' के नायक का मन भी कृष्ण सागर की ऊँची तरंगों में खड़े आप्तपुरुष के प्रतीक जलदेव की आकृति देखता है—

*सागर की थाहों में पैर टिका देता है पर्वत-आकार का*
*देव भयानक*
*उठ खड़ा होता है*
*सागर का पानी सिर्फ़ उसके घुटनों तक है*
*पर्वत-सा मुखमंडल आसमान छूता है*
*अनगिनत गृह-तारे चमक रहे कन्धों पर*
*लटक रहा एक ओर*
*चाँद कन्दील सा।*

साइबेरियाई परीकथाओं में आप्तपुरुष की गगनचुम्बी दीर्घ आकृति का ज़िक्र मिलता है।[58]

वायुचारी पक्षी आध्यात्मिक सिद्धान्त के अर्थात आप्तपुरुष के प्रसिद्ध प्रतीक हैं।[59] सूफी काव्य में तोता पथ-प्रदर्शक गुरु का प्रतीक है। लॉन्ग फैलो की 'द सांग ऑफ़ हैवाथा' शीर्षक कविता में एक कठफोड़वा व्हेल-ड्रैगन से युद्ध करते हुए हैवाथा की सहायता करता है—

*Sang the mama, the wood-pecker*
*Aim your arrows, Hiawatha*
*At the head of Migissegwn.*[60]

'अँधेरे में' का नायक भी रात के पक्षी से पूर्णत: परम अभिव्यक्ति के विषय में जानकारी प्राप्त करता है—

*इतने में अँधियारे सूने में कोई चीख़ गया है*
*रात का पक्षी*
*कहता है—*
*"वह चला गया है*
*वह नहीं आएगा, आएगा ही नहीं*
*अब तेरे द्वार पर।*
*वह निकल गया है गाँव में, शहर में*
*उसको तू खोज अब*
*उसका तू शोध कर।"*

सन्देश देने वाला पक्षी 'मेरे सहचर मित्र' शीर्षक कविता में भी आता है—

*उस नीले-नीले आसमान की सरहद पर*
*परिचिता एक कोमल चिड़िया*
*जो नित्य तुम्हारे घर-आँगन*
*रोशनदानों में उड़ती थी*

*घर की आत्मा,*
*वह दूर क्षितिज पर ठहरी-सी*
*काली बिंदिया*
*उस नीले-नीले आसमान की सरहद पर*
*वन-पक्षिराज बन*
*पंख पसारे उड़ती हुई मुझे कहती,*
*वह पक्षिराज मुझसे कहता—*
*"ओ मित्र, तुम्हारे घर-आँगन को*
*शैलांचल-गिरिराज-शिखर*
*तो होने दो*
*यह आसमान तो झुकने दो*
*उसके मुख पर*
*इस समय बात के पूरे नहीं अधूरे तुम,*
*कमज़ोर-प्रखर होना बाकी,*
*अब बूटों-दबा दीन ढीला*
*कैलाश-शिखर होना बाकी,*
*कैलाश-शिखर पर बैठेंगे!!"*

युंग के अनुसार आध्यात्मिक सिद्धान्त के प्रतीक पक्षिराज (Large bird) का बिम्ब उनकी एक रोगिणी की फ़ैंटेसी में भी उदित हुआ था।[61]

युगीन महापुरुषों के रूप में आप्तपुरुष का आद्यबिम्ब 'अँधेरे में' शीर्षक कविता में व्यक्त हुआ है। कविता का नायक चौड़े रास्ते पर आकर तिलक की भव्य पाषाण मूर्ति देखता है—

*कण-कण काँप रहे जिनमें से झरते*
*नीले इलेक्ट्रॉन*
*सब ओर गिर रहीं चिनगियाँ नीली*
*मूर्ति के तन से झरते हैं अंगार।*
*मुसकान पत्थरी होंठों पर काँपी,*
*आँखों में बिजली के फूल सुलगते।*
*इतने में यह क्या!!*
*भव्य ललाट की नासिका में से*
*बह रहा ख़ून न जाने कब से*
*लाल-लाल गरमीला रक्त टपकता*
*(ख़ून के धब्बों से भरा अँगरखा)*

*मानो कि अतिशय चिन्ता के कारण*
*मस्तक-कोष ही फूट पड़े सहसा*
*मस्तक-रक्त ही वह उठा नासिका में से।*
*हाय, हाय, पितः पितः ओ,*
*चिन्ता में इतने न उलझो*
*हम अभी ज़िन्दा हैं ज़िन्दा*
*चिन्ता क्या है!!*

यहाँ 'पितः' सम्बोधन और व्यक्तित्व की गरिमा के चित्रण से आप्तत्व की व्यंजना हुई है। नायक मूर्ति के पैरों को छाती से चिपकाता है तो उसकी देह में करुणा के काँटे तन जाते हैं। अंग-अंग पर बिजली की चिनगियाँ गिरती हैं। इन अनुभवों से मूर्ति की प्रेरयित्री शक्ति का प्रमाण मिलता है। ऐसी प्रेरक पाषाण मूर्ति का बिम्ब 'डूबता चाँद कब डूबेगा' शीर्षक कविता में भी आया है—

*चौराहे पर*
*प्राचीन किसी योद्धा की ऊँची स्फटिक मूर्ति,*
*जिस पर असंग चमचमा रही है*
*राख चाँदनी की अजीब*
*उस हिमीभूत सौन्दर्य-दीप्ति*
*में पुण्य कीर्ति*
*की वह पाषाणी अभिव्यक्ति*
*कुछ हिली।*

'अँधेरे में' शीर्षक कविता के गांधी भी युगीन महामानव होने के कारण आप्तपुरुष का प्रतिनिधित्व करते हैं—

*अँधेरे की स्याही में डूबे हुए देव को सम्मुख पाकर*
*मैं अति दीन हो जाता हूँ पास कि*
*बिजली का झटका*
*कहता है—"भाग जा, हट जा*
*हम हैं गुज़र गए ज़माने के चेहरे*
*आगे तू बढ़ जा।"*
*किन्तु, मैं देखा किया उस मुख को।*
*गम्भीर दृढ़ता की सलवटें वैसे ही,*
*शब्दों में गुरुता।*

'देव', 'आत्मा का पिंजर', 'द्युतिपुरुष' आदि विशेषण और 'प्रेरणा देना', 'अन्तर्धान होना' आदि क्रियाएँ इस महापुरुष के महत्त्व और आप्तत्व का प्रमाण हैं।

'चम्बल की घाटी में' शीर्षक कविता का यातुधान आप्तपुरुष के कृष्ण पक्ष का प्रतिनिधित्व करता है—

*सम्भव है, ज्ञानी और त्यागी रहे हों।...*
*पर, किसी पुराधीन कथानुसार*
*कोई यातुधान*
*(कोई जादूदाँ*
*इन्हें खींचकर*
*सहस्र आकर्षण-जालों में इन्हें रुद्ध कर*
*प्रलोभन-सूत्रों में इन्हें बद्ध कर*
*शिला-रूप दे गया,*
*कर गया क़ैद;*
*और, ये भी खुशी-ख़ुशी चट्टान हो गए*
*तिकोने या गोल*
*चपटे व पिद्दी तो कइयों की गरबीली नाक*
*अभी तक उठी हुई निकली है ख़ूब!!)*
*हाय, हाय, शायद है, स्याह जादूदाँ*
*(यातुधान) जिन्न,*
*यहीं कहीं घूमता हो अब भी।*
*छुपे-छुपे करता है पार*
*अँधियारे दर्रे*
*नदियों की धार*
*चला जा रहा वह कोई छाया रूप...*
*वह कोई स्याहपोश।*

यहाँ पुराचीन कथा का सन्दर्भ और स्याह जादूदाँ के काले-कारनामे आप्तपुरुष के ध्वंसात्मक रूप की व्यंजना करते हैं। इसी कविता का शिलापुरुष टूटे पराक्रम का—आप्तपुरुष की पंगुता का—द्योतक है—

*गोल स्याह खुरदरा*
*बहुत बड़ा सिफर एक*
*लेटा है ख़ामोश*
*मानो वह स्वयं कोई बहुत बड़ा शीश हो*
*कोई शिला-पुरुष हो,*

*विलक्षण स्वत्व वह,*
*गहरा निजत्व वह*
*टूट कर गिरे हुए तारे का बुझा हुआ हिस्सा*
*मानो कोई बहुत पुराना-सा भूला हुआ क़िस्सा,*
*उसमें से निकलते हैं काँपते-से स्वर कुछ*
*सचमुच—*
*"प्रस्तरीभूत मैं गतियों में हिम हूँ*
*बीच ही में टूट गया कोई पराक्रम हूँ।"*

संक्षिप्तत: मुक्तिबोध का काव्य आप्तपुरुष के आद्यबिम्बों की दृष्टि से पर्याप्त समृद्ध है। आप्तपुरुष के सत् और असत् दोनों पक्षों का उद्घाटन इन आद्यबिम्बों द्वारा हुआ है। सत् पक्ष से सम्बद्ध आद्यबिम्बों में यथेष्ट वैविध्य है। प्राय: सभी बिम्ब अनायास उद्दीप्ति के कारण काव्योत्कर्ष विधायक गुणों से सम्पन्न हैं।

## आत्म के आद्यबिम्ब

युंगीय मनोविज्ञान में सम्पूर्ण व्यक्तित्व के केन्द्र को आत्म (self) कहा गया है और उसे पौर्वात्य दर्शनों के आत्मन्, पुरुष, ब्रह्म आदि के समकक्ष माना गया है।[62] चेतन चित्त के केन्द्रबिन्दु अहं (soul) और अचेतन चित्त के केन्द्रबिन्दु प्राण (ego) से भिन्न समग्र चित्त के इस केन्द्र बिन्दु को युंग ने 'द सीक्रेट ऑफ़ द गोल्डन फ्लॉवर' शीर्षक ग्रन्थ में विशेष रूप से व्याख्यायित किया है। यह आत्म का केन्द्र भी है और उसका वृत्त भी। उसकी परिधि में सभी प्रकार के विरुद्धों का सामंजस्य हो जाता है।[63] व्यक्तित्व की पूर्णता का पर्याय होने के कारण आद्यरूप आत्म निम्नतम और महिम्नतम बिम्बों में अभिव्यक्त हो सकता है।[64] स्वप्न, पुराकथा, परीकथा आदि में अभिव्यक्त आत्मबिम्बों को युंग ने विभिन्न स्थलों पर विभिन्न वर्गों में विभाजित किया है। इसलिए यहाँ पर मुक्तिबोध के काव्य में उपलब्ध आत्मबिम्बों का अध्ययन सुविधार्थ निम्नलिखित शीर्षकों में किया जा रहा है—

(क) असाधारण मानवीय बिम्ब,
(ख) ज्यामितीय और गणितीय बिम्ब,
(ग) शिशुबिम्ब,
(घ) अन्य बिम्ब।

**(क) असाधारण मानवीय बिम्ब :** पूर्णता का अनुभव दिक् और काल से परे का अनुभव है। इसलिए इस अनुभूति का व्यंजक प्राय: विराट पुरुष होता है, जो आदम, पुरुष आदि से सम्बन्धित धार्मिक धारणाओं में व्यक्त हुआ है।[65]

मुक्तिबोध के काव्य में यह विराट पुरुष अनेक स्थलों पर चित्रित है। 'अँधेरे में' शीर्षक कविता विराट पुरुष के बिम्ब की दृष्टि से सर्वाधिक महत्त्वपूर्ण है। इस कविता में अनेक बार आए हुए इस पुरुष बिम्ब को कवि ने 'परिपूर्ण का आविर्भाव' और 'आत्मा की प्रतिमा' कहा है। इस पुरुष के रूपाकार की रेखाएँ कवि ने विस्तार से दी हैं। उसका चेहरा बड़ा है, ललाट भव्य है। उसका हनु दृढ़ और वर्ण गौर है। उसके दृग दीप्त और बाहु आजानु हैं। आलोचकों ने उसकी तुलना 'कामायनी' के मनु से की है। स्वयं कवि ने भी 'कौन मनु?' कहकर आदि मानव मनु की ओर संकेत किया है। कविता के नायक ने उसे 'तिलिस्मी खोह में देखा था एक बार'—

*तिलिस्मी खोह का शिला-द्वार*
*खुलता है धड़ से*
*...*
*घुसली है लाल-लाल मशाल अजीब-सी*
*अन्तराल-विवर के तम में*
*लाल-लाल कुहरा*
*कुहरे में सामने रक्तालोक-स्नात पुरुष एक*
*रहस्य साक्षात्!!*

यह पुरुष कविता के नायक का परम उत्कर्ष और गुरु है। वह नायक के 'पास कभी बैठा ही नहीं।' यह कहा जा चुका है कि युंग के अनुसार अहं और आत्म की दूरी अनिवार्य है। इनके अत्यधिक नैकट्य से अहं के आस्फालन का ख़तरा रहता है।

विराट पुरुष का दूसरा महत्त्वपूर्ण बिम्ब 'पता नहीं' शीर्षक कविता में चित्रित है—

*तब तुम्हें लगेगा अकस्मात*
*...*
*ले प्रतिभाओं का सार, स्फुलिंगों का समूह*
*सबके मन का*
*जो एक बना है अग्नि-व्यूह*
*अन्तस्तल में*
*उस पर जो छाई हैं ठंडी*
*प्रस्तर-सतहें*
*सहसा काँपी, तड़कीं, टूटीं*
*औ' भीतर का वह ज्वलन्त कोष*
*ही निकल पड़ा!!*
*उत्कलित हुआ प्रज्वलित कमल!!*
*यह कैसी घटना है...*

*कि स्वप्न की रचना है।*
*उस कोमल-कोष के पराग-स्तर*
*पर खड़ा हुआ*
*सहसा होता है प्रकट एक*
*वह शक्ति-पुरुष*
*जो दोनों हाथों आसमान थामता हुआ*
*आता समीप अत्यन्त निकट*
*आतुर उत्कट*
*तुमको कन्धे पर बिठला ले जाने किस ओर*
*न जाने कहाँ व कितनी दूर!!*

यहाँ मन की प्रस्तर-सतहें काँपने पर प्रज्वलित कमल फूटता है और उनके पराग-स्तर पर शक्ति-पुरुष दोनों हाथों आसमान थामे खड़ा है। भारतीय पुराकथाओं में ब्रह्मा का आविर्भाव कमल से ही होता है। 'अथर्ववेद' का ब्रह्म धरती और आकाश दोनों को थामे रहता है।[66] यह बिम्ब स्वप्न की रचना है और सहसा प्रकट होता है। युंग ने कमलोद्भव ब्रह्म का चित्र (सं. XLV la) देते हुए इस पुराकथा की मनोवैज्ञानिक व्याख्या की है। उनके अनुसार कमलोद्भव ब्रह्म अचेतन में फँसे हुए तेजस के पुनरुज्जीवन का, अन्तर्मुखता की स्थिति में सृजनात्मक विचारों के जन्म का प्रतीक है।[67]

शक्तिपुरुष का ऐसा ही एक बिम्ब मुक्तिबोध ने निहाई के उजाले में देखा है—

*एक अति भव्य देह*
*प्रचंड पुरुष श्याम*
*मुझे दीख पड़ता है*
*क्षेम में, शक्ति में मुसकराता खड़ा-सा।*
*...लगता है मुझे वह—*
*काल-मूर्ति,*
*क्रान्ति-शक्ति, जन युग!!*

भव्य देह, प्रचंड पुरुष, काल-मूर्ति, क्रान्ति-शक्ति जैसे विशेषणों से इस बिम्ब की विराटता का अनुभव होता है।

युंग ने वैदिक साहित्य के आधार पर प्राण (वायु) को विराट पुरुष (ब्रह्मा) का पर्याय माना है।[68] मुक्तिबोध ने 'चंबल की घाटी में' शीर्षक कविता में पवन को ज्ञान का आघात, गति और वेग देने वाले विराट पुरुष के प्रतीक रूप में चित्रित किया है। उसका स्पर्श पत्थरी ढाँचे में थरथरी भरता है और स्वप्नोन्मेष करता है। टीला उसे सम्बोधित कर कहता है—

*ओ नभ-यात्री,*
*अगनित प्रकाश-वर्षों की यात्राएँ दो मुझे,*
*व्यक्तित्वाघात तुम्हारा ज्ञान का आघात*
*तड़ित-प्रहार सा प्राप्त हो ऐसा कि*
*पाषाणी अणु-रेणु*
*झझकें न उड़ जाएँ*
*जा बसें नक्षत्रों में ही सहसा।*

वैदिक साहित्य में सूर्य विराट पुरुष (ब्रह्म) से अभिन्न रहा है।[69] पूर्व का पर्याय हंस आत्मा का प्रतीक है। श्वेताश्वतर उपनिषद् में हंस ब्रह्म चक्र में घुमाए जाने वाले जीवन का प्रतीक है—हंसभ्राम्यते ब्रह्मचक्रे। (1/6) 'दक्षिणामूर्ति-संहिता' में उच्छ्वास से हंकारात्मक और नि:श्वास से सकारात्मक होने के कारण प्राण को आत्माकार से स्थित रहने वाला हंसात्मा कहा गया है—'उच्छ्वास व नि:श्वासे हंस इत्यक्षरह्यम। तस्मात्प्राणस्तु हंसात्मा आत्माकारेण संस्थित:।' मध्यकालीन भक्तों ने भी मन या जीव को हंस कहा। कबीर का 'हंसहि हंस मिलावहिंगे' और गुजराती संत-कवि की 'सोहं हंसा खेलन लागो' आदि उक्तियाँ प्रमाणार्थ देखी जा सकती हैं।[70] आदिम मानवों ने भी आभ्यन्तर अनुभव के रूप में सूर्य-बिम्बों का चित्रण किया है।[71] मुक्तिबोध के काव्य में सूर्य के बिम्ब अनेकत्र आत्मप्रतीक के रूप में चित्रित हैं। 'कल जो हमने चर्चा की थी' शीर्षक कविता में सूर्य-कन्या कहती है कि 'आत्मा का प्रतीक है सूरज।' 'जब प्रश्न-चिह्न बौखला उठे' शीर्षक कविता में भी आत्मोदय के प्रतीक रूप में सूर्योदय का चित्रण बार-बार हुआ है। युंग के अनुसार आत्मबिम्ब आन्तरिक द्वन्द्व के क्षणों में उभरता है।[72] मुक्तिबोध कहते हैं—

*जीवन के प्रबल समर्थक से जब प्रश्न-चिह्न*
*बौखला उठे थे दुर्निवार*
*तब एक समुन्दर के भीतर*
*रवि की उद्भासित छवियों का*
*गहरा निखार*
*स्वर्णिम लहरों में झल्लाता*
*झलमला उठा।*

विराट पुरुष (ब्रह्म) के साथ दीपक का बिम्ब भी संसार के धार्मिक साहित्य में प्रसिद्ध रहा है। युंग के अनुयायी फ्रान्ज़ ने यहूदी परम्परा का अध्ययन कर आदम

की आत्मा और दीपवर्तिका के रूपक का उल्लेख किया है।[73] भारतीय परम्परा में भी दीपक आत्मा का प्रतीक है। शैवाचार्य भट्टवामदेव ने आत्मा की उपमा दीपक से दी है—'आत्मा दीप इवाचलः।'[74] कृष्णमित्र के प्रसिद्ध नाटक 'प्रबोधचन्द्रोदय' में भी यह उपमा आई है—'नवद्वार-पुरीमध्ये आत्मा दीप इव ज्वलति।' कबीर ने भी आध्यात्मिक अनुभव के क्षणों में दीपक का प्रकाश देखा है—

*जब मैं था तब हरि नहीं। अब हरि हैं मैं नाहिं।*
*सब अँधियारा मिट गया, दीपक देख्या माहिं॥*

प्रसाद और महादेवी ने भी इसी परम्परा से दीपक का प्रतीक ग्रहण किया है। प्रसाद ने बाह्य प्रकाशों के विलुप्त होने पर आभ्यन्तर ज्वाला का मणिदीप जलते देखा है—

*मणिदीप विश्व मन्दिर की,*
*पहने किरणों की माला।*
*तुम एक अकेली तब भी,*
*जलती हो मेरी ज्वाला॥*[75]

महादेवी का दीपक भी आत्मा के समान अनादि और असीम है—

*सीमा ही लघुता का बन्धन*
*है अनादि तू मत घड़ियाँ गिन।*[76]

मुक्तिबोध के काव्य में भी आत्मदीप के बिम्ब प्रचुर संख्या में उपलब्ध हैं। 'चम्बल की घाटी में' शीर्षक कविता का टीला हवा का स्पर्श पाते ही दीपक का जो स्वप्न देखता है, वह आत्मदर्शन का प्रतीक है—

*स्वप्न...*
*अँधेरा है*
*नीली काली तरह है पानी की सभी ओर,*
*और, उस सतह पर सर्वत्र*
*नक्षत्र...*
*लौ...लौ...लौ*
*दीप*
*तिर रहे, जा रहे दूर-दूर!!*

'नक्षत्र-खंडे' शीर्षक कविता में भी 'दीपस्तम्भ' और 'पूर्णमानवमूर्ति' का साहचर्य चित्रित है—

*कि जिस उद्दीप्त दीप-स्तम्भ के नीचे*
*रहे गम्भीर-तन्मय ध्यान-मग्ना*
*पूर्ण-मानव-मूर्ति*
*जीवन-लक्ष्य की दुर्दान्त।*

'कठोपनिषद्' में आत्मा की रथी और देह को रथ कहा गया है—

*आत्मन रचिनं विद्धि शरीर रथमेचव तु।*
*बुद्धिं तु सारथि विद्धि मनः प्रग्रहमेव च॥*[77]

महाभारत में भी पुरुष-रथी का यह रूपक अनेकशः चित्रित हुआ है—

1. *रथः शरीरं पुरुषस्य।*[78]
2. *रथः शरीरं भूतानां सत्त्वमाहुस्तु सारथिम।*[79]
3. *महदश्वसमायुक्तं बुद्धिसंयमनं रथम्।*
   *समारुह्म स भूतात्मा समन्तात् परिधावति॥*[80]

रथ का यही रूपक प्लेटो ने भी ग्रहण किया है।[81] भारतीय साहित्य में रथियों के अनेक भव्य चित्र यत्र-तत्र मिलते हैं। 'गीता', 'रघुवंश', 'अभिज्ञान शाकुन्तलम्', 'बुद्धचरित', 'रामचरितमानस' आदि महाकाव्यों को उदाहरणार्थ लिया जा सकता है। इन काव्यों के रथी प्रायः विराट पुरुष के अवतार या प्रतीक हैं। सूर्य भी रथासीन होकर द्यूलोक में विचरण करता है। कोणार्क का प्रसिद्ध मन्दिर सूर्य-रथ के रूप में ही कल्पित है। यहाँ रथयात्रा-पर्व भी धूमधाम से मनाया जाता है, जिसके आधार पर प्रसाद ने 'देवरथ' शीर्षक कहानी लिखी है। मुक्तिबोध ने भारतीय मानस में निगूढ़ इसी रथ का चित्रण 'अन्तःकरण का आयतन' शीर्षक कविता के अन्त में किया है—

*कि मैं तो एक आयुष*
*मात्र साधन*
*प्रेम का साधन*
*तुम्हारे द्वार पर आया हुआ मैं अस्त्र-सज्जित रथ*
*मेरे चक्र दोनों अग्र गति के लिए व्याकुल हैं*
*व मेरी प्राण-आसन्दी तुम्हारी प्रतीक्षा में है*
*यहाँ बैठो, विराजो,*
*आत्मा के मृदुल आसन पर*
*हृदय के, बुद्धि के ये अश्व तुमको ले उड़ेंगे और*
*शैल-शिखरों की चट्टानों पर बसी ठंडी हवाओं में*
*उसके पार*
*गुरु-गम्भीर मेघों की चमकती लहर पीठों पर*

*व उसके भी परे आगे व ऊँचे,*
*स्वर्ण उल्का-क्षेत्रों में रथ*
*तुम्हें ले जाएगा!!*

बुद्धि को अश्व के रूप में ग्रहण करने और रथ के समन्ततः परिधावन का चित्रण करने के कारण यह बिम्ब महाभारतकार की कल्पना से स्पष्टतः प्रभावित है। यहाँ कवि ने रथी के रूप में उस सौन्दर्य-पुरुष की कल्पना की है, 'जो काला लबादा ओढ़ पीछे पड़ गया था रात दिन।' यह पुरुष पहले स्त्री-रूप में (माया-रूप में) आया था और अब पुरुष-रूप में 'नभोमय भूमिमय गन्धमय' गीत गाता है—

*कि इतने में*
*अचानक कान में फिर से*
*नभोमय भूमिमय लहरा रहा-सा*
*गन्धमय संगीत*
*मानो गा रहा कोई पुरुष*
*आकाश के नीचे,*
*खुले बेछोर क्षिप्रा कूल पर उन्मुक्त।*

नभोमय भूमिमय संगीत भारतीय अनहद नाद और 'म्यूज़िक ऑफ़ द स्फीयर्स' का स्मरण करा देता है।

खनिजों में लौह आदि धातुएँ आदि मानव से सम्बद्ध मानी गई हैं।[82] इसलिए वे भी आत्मबिम्ब मानी जा सकती हैं। मुक्तिबोध की 'मेरे लोग' शीर्षक कविता में ज़िन्दगी की कोख से जन्मा इस्पात भी सम्भवतः आत्मबिम्ब है—

*ज़िन्दगी की कोख में जनमा*
*नया इस्पात*
*दिल के ख़ून में रँगकर*

**(ख) ज्यामितीय और गणितीय बिम्ब :** युंग ने पूर्णता के प्रतीकों में वृत्त, वर्ग, क्रॉस आदि का विशेषतः उल्लेख किया है।[83] वृत्त और चतुष्कता की धारणा से मणियों और मणियों के प्रतीक विकसित हुए हैं।[84] फ्रान्ज़ ने यह भी कहा है कि मूल्यवान अथवा मूल्यहीन पाषाण-खंड प्रायः आत्म के प्रतीक होते हैं।[85] युंग के अनुसार मंडल-प्रतीकों की एक प्रमुख विशेषता यह है कि वृत्त ही कमल या चक्र बन जाता है।[86]

मुक्तिबोध के काव्य में वृत्त चतुष्क आदि ज्यामितीय और गणितीय प्रतीकों तथा उनकी धारणाओं में विकसित हुए कमल, मणि आदि के बिम्बों का प्रयोग प्रायः मिलता है। कमल, सहस्रदल, स्वर्णोज्ज्वल कमल, रवि, कमल, शशि,

अनेक कविताओं में चित्रित है। 'एक अरूप शून्य के प्रति' शीर्षक कविता में कवि ने ज़िन्दगी के दलदल-कीचड़ में धँसकर ज्वलन्त सरसिज प्राप्त किया है—

*नहीं, नहीं, वह-वह तो है ज्वलन्त सरसिज!!*
*ज़िन्दगी के दलदल-कीचड़ में धँसकर*
*वक्ष तक पानी में फँसकर*
*मैं वह कमल तोड़ लाया हूँ—*
*भीतर से इसीलिए, गीला हूँ*
*पंक से आवृत्त*
*स्वयं में घनीभूत*
*मुझे तेरी बिलकुल ज़रूरत नहीं है।*

दलदल-कीचड़ अचेतन का प्रतीक है और कमल अन्तरतम से प्रस्फुटित पूर्णता का। पूर्णता के इस प्रतीक को युंग ने ऐतिहासिक परमात्म बिम्ब से मिलाया है।[87] उन्होंने बल देकर कहा है कि परमात्मा की धारणा को मनुष्य ने अपने अन्तरतम से सृजित किया है, बाहर से प्राप्त नहीं।[88] पूर्णता के प्रतीक मनोविज्ञान में केवल व्यक्ति की पूर्णता के ही व्यंजक कहे जा सकते हैं क्योंकि ईश्वर की पूर्णता वैज्ञानिक पद्धति से प्रमाणित नहीं की जा सकती।[89] मुक्तिबोध भी ईश्वर की धारणा को विश्वात्मक फ़ैंटेसी कहते हैं और पूर्णता के इस मनोवैज्ञानिक यथार्थ को स्वीकार करते हैं। 'अँधेरे में' शीर्षक कविता का नायक नीली झील के लिए कमल को पाना चाहता है, वह भी सम्भवत: पूर्णता के इस मनोवैज्ञानिक यथार्थ का प्रतीक है—

*अरुण कमल एक*
*ले जाने उसको धँसना ही होगा*
*झील के हिम-शील सुनील जम में।*

'जब प्रश्न-चिह्न बौखला उठे' शीर्षक कविता में भी कमल का बिम्ब अनेक बार आया है। कवि ने स्वर्णोज्ज्वल सहस्रदल को नूतन व्यक्तित्व का आदर्श-बिम्ब कहा है—

*नूतन व्यक्तित्वों के सहस्रदल स्वर्णोज्ज्वल—*
*आदर्श-बिम्ब मानव युग के।*

यहाँ नूतन व्यक्तित्व अहंग्रस्तता से भिन्न मानवीय पूर्णता की ओर स्पष्ट संकेत करता है। यह पूर्णता ही नई नैतिक चेतना के स्वर्णोज्ज्वल सहस्रदल को जन्म देती है—

*उनके आलोक-वलय में जग मैंने देखा—*
*जन-जन संघर्षों में विकसित*

*परिणत होते नूतन मन का।*
*वह अन्तस्तल...*
*संघर्ष विवेकों की प्रतिभा*
*अनुभव गरिमाओं की आभा*
*वह क्षमा-दया-करुणा की नीरोज्ज्वल शोभा*
*सौ सहानुभूतियों की गरमी*
*प्राणों में कोई बैठा है कबीर मर्मी*
*ये पहलू-पाँखें, पंखुरियाँ स्वर्णोज्ज्वल*
*नूतन नैतिकता का सहस्रदल खिलता है,*
*मानव व्यक्तित्व सरोवर में!!*

युंग ने भी यह स्वीकार किया है कि पूर्णता का यह अनुभव, आत्म की यह अनुभूति, मनुष्य को अहंग्रस्त चेतना से मुक्त कर व्यापकतर और गम्भीरतर चेतना को जन्म देती है।[90] 'गीतारहस्य' में तिलक ने भी क्षुद्र अहं से क्षुब्ध बुद्धि को ही कर्म-अकर्म की (नैतिकता की) निर्णायक माना है।[91] इसी कविता में आगे चलकर कवि ने सहसा उदित हुए रवि-कमल का बिम्ब अंकित किया है—

*काग़ज़ की भूरी छाती पर*
*नीली स्याही के अक्षर में था प्रकट हुआ*
*छप्पर के छेदों से सहसा झाँका वह नीला आसमान*
*वह आसमान जिसमें ज्योतिर्मय*
*कमल खिला*
*रवि का*

यहाँ नीले अक्षर निचले आसमान का स्मरण कराते हैं। नीलापन और अक्षरता मनोवैज्ञानिक धरातल पर अचेतन के प्रतीक हैं। भारतीय परम्परा में तमोगुण का रंग नीला माना गया है। कामदेव का रंग भी श्याम है। ध्वंस के देवता महेश तमोगुण से उत्पन्न माने जाते हैं और उनका रंग भी श्याम है।[92] समस्त देवताओं की जननी भी काली या श्यामा हैं। भारतीय साहित्य में अक्षर प्रकृति के अव्यक्त रूप का—मूलावस्था का—द्योतक है। अत: अक्षर नीलेपन में उदित रवि-कमल अचेतन में उदित आत्मबिम्ब है।

युंगीय मनोविज्ञान में कमल के समान ही फूल और वृक्ष भी आत्म के मुख्य प्रतीक हैं।[93] भारतीय साहित्य के ब्रह्मराक्षस और मुक्तिबोध के व्यक्तित्व-वृक्ष की चर्चा पहले हो चुकी है। फूलों के, फूल-गुच्छों के बिम्ब मुक्तिबोध के काव्य में प्राय: मिल जाते हैं। आत्मदर्शी उदात्त मानवीय व्यक्तित्व के प्रतीक गुलाब का यह बिम्ब द्रष्टव्य है—

*दुनिया में नाम कमाने के लिए*
*कभी कोई फूल नहीं खिलता है*
*हृदयानुभव-राग-अरुण*
*गुलाबी फूल, प्रकृति के गन्ध-कोष*
*काश, हम बन सकें।*

चक्र भी वृत्त से विकसित आत्मप्रतीक है।[94] मुक्तिबोध ने आत्मा के चक्के का रूपक ग्रहण किया है। 'कल जो हमने चर्चा की थी' शीर्षक कविता में तेजस्वी मुखमंडल और आत्मबिम्ब का सादृश्य-सम्बन्ध चित्रित है—

*आत्मबिम्ब-सा उसका तेजस्वी मुखमंडल*

ज्यामितीय वृत्त के समान गणितीय चतुष्क का बिम्ब भी मुक्तिबोध के काव्य में पर्याप्त शक्ति लेकर उदित हुआ है—

*सीन बदलता है,*
*सुनसान चौराहा साँवला फैला,*
*बीच में वीरान गेरुआ घंटाघर*
*ऊपर कत्थई बुज़ुर्ग गुम्बद,*
*साँवली हवाओं में काल टहलता है।*
*रात में पीले हैं चार घड़ी चेहरे,*
*मिनट के काँटों की चार अलग गतियाँ*
*चार अलग कोण,*
*कि चार अलग संकेत*
*(मानस में गतिमान चार अलग गतियाँ)*
*खम्भों पर बिजली की गरदनें लटकीं*
*शर्म से जलते हुए बल्बों के आसपास*
*बेचैन ख़यालों के पंखों के कीड़े*
*उड़ते हैं गोल-मोल*
*मचल-मचल कर।*
*घंटाघर तले ही*
*पंखों के टुकड़े, बीट व तिनके।*
*गुम्बद-विवर में बैठे हुए बूढ़े*
*असम्भव पक्षी*
*बहुत तेज़ निगाहों से देखते हैं सब ओर,*
*मानो कि इरादे*
*भयानक चमकते।*

इस स्वप्न-चित्र में चौराहा, चार घड़ी चेहरे, चार काँटे, चार कोण, चार संकेत, चार मतियाँ चतुष्क के प्रतीक हैं। इन सभी चतुष्कों का समाहार चौराहे के बीच खड़े घंटाघर में हो गया है। साथ ही बल्बों की रोशनी और विवर के अँधेरे का, चेतन ख़यालों और अचेतन इरादों का, उड़ते कीड़ों और बैठे पक्षियों में गति और स्थैर्य का, सूनेपन और हलचल का एकत्रीकरण प्रस्तुत बिम्ब में विरोधों के सामंजस्य का द्योतक है। कीड़ों के गोल-गोल उड़ने में पूर्णता का प्रतीक वृत्त भी व्यंजित है। चौराहा दिक् का और घंटाघर काल का प्रतीक है। युंग के अनुसार चतुष्कता का बिम्ब व्यवस्था में अद्भुत सहयोग देता है।[95] पूर्णता के प्रतीक वृत्त मुख्यत: चित्तीय विक्षोभों के क्षणों में उदित होते हैं और अन्धकार की शक्तियों पर अपने जादुई प्रभाव से विजय प्राप्त करते हैं। अत: वे प्रलय को सृष्टि में, अव्यवस्था को व्यवस्था में परिणत करते हैं।[96] अनेक का एक में समाहार भी परमात्म बिम्ब है।[97] दम तोड़कर भागता हुआ कविता का नायक ऐसे आत्मबिम्बों का साक्षात्कार न करता तो विश्लेषणात्मक मनोविज्ञान के अनुसार उसकी आत्मोपलब्धि असम्भव थी। कविता का नायक पूर्णता का ज्यामितीय बिम्ब उद्धृत बिम्ब के पश्चात एक बार फिर देखता है—

*साँवला बन्दूक़-जत्था*
*गोक त्रिकोण एक बनाए खड़ा जो*
*चौक के बीच में!!*

यहाँ गोल, त्रिकोण और चौक एक साथ आए हैं। विश्लेषणात्मक मनोविज्ञान में बन्दूक़-जत्थे का ऐसा व्यवस्थित स्वरूप आन्तरिक द्वन्द्वों के समन्वय में पर्यवसित होने का सूचक है।[98]

मुक्तिबोध ने प्राय: सभी श्रेष्ठ कविताओं में खनिजों के बिम्ब चित्रित किए हैं। रत्न या तेजस्क्रिय रत्न उन्हें विशेष प्रिय हैं परन्तु ये रत्न और मणियाँ प्राय: चेतन विचार, श्रेष्ठ गुण, सत्य आदि के प्रतीक हैं। 'मुझे क़दम-क़दम पर' शीर्षक कविता में 'हीरा' आत्मा का उपमान है—

*मुझे भ्रम होता है कि प्रत्येक पत्थर में*
*चमकता हीरा है,*
*हर-एक छाती में आत्मा अधीरा है।*

'चकमक की चिनगारियाँ' शीर्षक कविता में ज्ञान का प्रतीक सूर्यमणि है—

*हृदय के रक्त-सर में, सूर्यमणि-सा ज्ञान डूबा है।*

यहाँ 'हृदय' चित्त का प्रतीक है, क्योंकि उसका उपमान 'सर' है, जो 'महाभारत' के ब्रह्मसर का स्मरण कराता है।[99] सूर्य आत्म का प्रतीक है। आत्म का दर्शन ज्ञान की उच्चतम अवस्था का द्योतक है, क्योंकि आत्मा में चेतन और अचेतन दोनों अन्तर्भुक्त हैं।

**(ग) शिशुबिम्ब :** आत्मबिम्बों में युंग ने शिशुबिम्ब का भी विशेष विवेचन किया है।[100] शिशु भावी व्यक्तित्वान्तर का, चेतन-अचेतन के समन्वय का, द्योतक है।[101] भयानक परिस्थितियों में सद्योजात का त्याग पूर्णत्व की प्राप्ति में उत्पन्न होने वाली बाधाओं का प्रतीक है।[102] आत्मबिम्ब होने के कारण शिशु महीयान और अणीयान दोनों रूपों में प्रकट हो सकता है।[103] मुक्तिबोध के काव्य में शिशुबिम्ब, विशेषतः सद्योजात और परित्यक्त शिशुबिम्ब प्रायः परिलक्षित होता है। 'तार-सप्तक' की 'आत्मा के मित्र मेरे' शीर्षक कविता में दो आत्माएँ बालकों-सी नग्न होकर खड़ी रहती हैं।' 'डूबता चाँद कब डूबेगा' शीर्षक कविता में मृत और परित्यक्त बालकों के कई चित्र हैं। बीमार समाज मृत या राक्षसी बालकों को जन्म देता है—

*गहरे कराहते गर्भों से*
*मृत बालक ये कितने जन्मे,*
*बीमार समाजों के घर में*
*जितने भी हल हैं प्रश्नों के*
*वे हल, जीने के पूर्व मरे।*
*उनके प्रेतों के आस-पास*
*दार्शनिक दुखों की गिद्ध-सभा*
*आँखों में काले प्रश्न-भरे बैठी गुमसुम।*
*शोषण के वीर्य-बीज से अब जन्मे दुर्दम*
*दो सिर के चार पैर वाले राक्षस बालक।*
*विद्रूप सभ्यताओं के लोभी संचालक।*
*मानव की आत्माओं से सहसा कुछ दानव और निकल आए।*

यहाँ बालक के ये बिम्ब स्पष्टतः चेतनोद्भूत रूपक हैं, प्रतीक नहीं। युंगीय मनोविज्ञान के अनुसार समस्याओं का समाधान उन रचनात्मक विचारों से होता है, जो आत्मकेन्द्र से प्रस्फुटित होते हैं। यहाँ कवि ने बीमार समाज की आत्मा से उद्भूत विचारों को सम्भावनाओं के अभाव में मृत बालक का रूपक दिया है और हानिकारक विचारों को राक्षसी बालक का। मृत बालक का उपर्युक्त रूप 'ओ काव्यात्मन फणिधर' शीर्षक कविता में भी द्रष्टव्य है—

*शोषिता व व्यभिचारिता आत्मा को पुत्र हुआ*
*स्तन मुँह में डाल, मरा बालक उसको झाईं,*

*अब तक लेटी है पास उसी की परछाईं!!*
*आधुनिक सभ्यता-संकट की प्रतीक-रेखा*
*उसको मैंने सपनों में कई बार देखा!!*
*जीने के पहले मरे समस्याओं के हल!!*

झरने के तट पर परित्यक्त बालक आत्मज सत्य का, अनुभव का, उपमान है—

*झरने के पथरीले तट पर रोता है कोई बालक*
*अँधियारे में काले सियार से घूम रहे*
*मैदान सूँघते हुए हवाओं के झोंके।*
*झरने के पथरीले तट पर*
*सो चुका, अरे, किनकिन करके, कुछ रो-रो के*
*चिथड़ों में सद्योजात एक बालक सुन्दर।*
*आत्मा-रूपी माता ने जाने कब त्यागा*
*जीवन का आत्मज सत्य न जाने किसके डर?*

सभी प्रकार की लोककथाओं में सद्योजात के परित्याग की रूढ़ि पर्याप्त प्रसिद्ध रही है। भारत में शकुन्तला, कृष्ण, बुद्ध, कबीर, तुलसी, उदयसिंह आदि के शैशवकालीन मातृ-वियोग की कथाएँ प्रचलित हैं। युंग ने मातृ-वियोग की इन परिस्थितियों का मनोवैज्ञानिक कारण यह बताया है कि सद्योजात आत्मबिम्ब के ध्वंसात्मक चेतना और सर्वत्यागी अचेतन से नष्ट होने का भय रहता है। इसलिए या तो वह माँ से वियुक्त हो जाता है या माँ के साथ रहते हुए ख़तरे उठाता है।[104] यहाँ सद्योजात को उसकी माँ त्याग कर गई है। इसलिए ध्वंसात्मक चेतना का ख़तरा व्यंजित है। आत्मज सत्य के प्रतीक परित्यक्त सद्योजात का बिम्ब 'ओ काव्यात्मन फणिधर' शीर्षक कविता में भी द्रष्टव्य है—

*चुपचाप अँधेरे में उतरी!!*
*कुएँ का गोल तथा सूखा*
*जिसमें कचरे के बड़े-बड़े हैं ढेर, अरे!!*
*—यह तो विचित्र है बात,*
*किसी ने आत्मज सद्योजात*
*यहाँ लाकर रक्खा, छोड़ा-त्यागा,*
*शिशु रोता है वह ज़ोर-शोर के साथ!!*

युंग के अनुसार सद्योजात आत्मबिम्ब का त्याग करने वाले एपीमीथियस का पतन हुआ।[105] सम्भवतः इसी कारण कविता का नायक परित्यक्त सद्योजात को छाती से लगाता है, घर लाता है। परित्यक्त सद्योजात को अपनाने की यह बात 'ओ काव्यात्मन फणिधर' में भी है—

*वक्ष पर रखो बालक-आत्मा*
*उस ऊष्म नवल आत्मा से सम्पर्कान्वित हो*
*विश्लेषण करते हुए,*
*स्वप्न देखते हुए,*
*पथ खोज चलो।*

आत्मज को स्वीकार करने का निश्चय नायक को सद्योजात कृष्ण के रक्षण की पुराकथा का स्मरण करा देता है—

*जाने कितने कारावासी वसुदेव*
*स्वयं अपने कर में शिशु आत्मज ले*
*बरसाती रातों में निकले,*
*धँस रहे अँधेरे जंगल में,*
*विक्षुब्ध पूर में यमुना के*
*अति दूर अरे उस नन्द-ग्राम की ओर चले।*
*जाने किसके डर स्थानान्तरित कर रहे वे*
*जीवन के आत्मज सत्यों को*
*किस महाकंस से भय खाकर गहरा-गहरा*
*भय से अभ्यस्त कि वे उतनी*
*लेकिन परवाह नहीं करते!!*

यहाँ फिर कंस के भय में निषेधात्मक चेतना का कोई ख़तरा व्यंजित है। इसके बाद आत्मज चन्द्र के बलिदान से रवि-राजपुत्र की रक्षा करने वाली 'रजनी-रूपी पन्ना दाई' के कृत्य का चित्रण है—

*अम्बर के पलने से उतार रवि-राजपुत्र*
*ढाँककर साँवले कपड़ों में*
*रख दिया टोकरी में उसको*
*रजनी-रूपी पन्ना दाई*
*अपने से जन्मा पुत्र चन्द्र फिर सुला गगन के पलने में*
*चुपचाप टोकरी सिर पर रख*
*रवि-राजपुत्र ले खिसक गई*
*यह रात मात्र उसकी छाया*
*घबराहट जो कि हवा में है*
*इसलिए कि अब*
*शशि की हत्या का क्षण आया।*

युंग के अनुसार मातृ-बिम्ब प्राय: चन्द्र से सम्बद्ध हो जाता है।[106] प्रस्तुत उद्धरण के इस आद्यबिम्ब में पन्ना की कथा भी आरोपित है। इस आरोप की मनोवैज्ञानिक व्याख्या यह हो सकती है कि मातृ-बिम्ब के अनुकूल पड़ने वाली प्रख्यात सामग्री कवि के अन्त:करण में स्वत: आकृष्ट हो गई है। टोकरी में शिशु-नायक के सुरक्षित निर्गमन की उल्लिखित घटनाओं से कवि के मन में एक अन्य मध्यकालीन नायक के बचाव का प्रसंग भी उभर आता है—

*कारा के चौकीदार कुशल*
*चुपचाप फलों के बक्से में*
*युगवीर शिवाजी को झरते*
*जो वेश बदल, जाता दक्षिण की ओर निकल।*

युंग के अनुसार आत्मबिम्ब का प्रतीक शिशु-नायक दिव्य गुणों से सम्पन्न होता है। उसकी यह दिव्यता अद्‌भुत कार्यों में प्रकट होती है।[107] भारतीय शिशु-नायकों में राम, कृष्ण और बुद्ध के बाल जीवन से अनेक अद्‌भुत घटनाएँ सम्बद्ध हैं। बालक ईसा की एक अद्‌भुत घटना संत क्रिस्टोफर की कथा से सम्बद्ध है। जब बालक ईसा को उठाकर क्रिस्टोफर चला तो उसका बोझ बढ़ता ही चला गया और नदी के मझधार में पहुँचकर उसे लगा, मानो पूरा ब्रह्मांड उसके कन्धों पर है।[108] बालक के इस दिव्य भारीपन का वर्णन मुक्तिबोध ने अपनी कविताओं में अनेक बार किया है। 'एक अन्तर्कथा' में यह दिव्य 'मानव-शिशु भारी-भारी' होता हुआ देवाकृति बन जाता है—

*मेरे कन्धों पर खड़ा हुआ है देव एक दुर्धर*
*थागता नभस दो हाथों से,*
*भारान्वित मेरी पीठ बहुत झुकती जाती*
*वह कुचल रही है मुझे देव आकृति।*
*है दर्द बहुत रीढ़ में*
*पसलियाँ पिरा रहीं...*
*पाँव में जम रहा ख़ून*
*द्रोह करता है मन।*

कवि ने 'कुमारसम्भव' का स्मरण करके भी इस देवाकृति की दिव्यता का संकेत किया है। इसके बोझ से कवि का मन विद्रोह करता है जो इस मनोवैज्ञानिक तथ्य का प्रतीक है कि आत्म बिम्ब का उदय सामान्य व्यक्ति को निराश करता है, क्योंकि उससे चेतन योजनाएँ ठप्प होती हैं। उत्तरदायित्व की चेतना से इस बोझ को झेल लेने पर व्यक्ति मुक्त हो जाता है।[109] मुक्तिबोध सुविधाओं को छीने जाने की

आशंका से निराश होते हैं, परन्तु माँ से 'जीवन कर्तव्यों का पालन' करने की डाँट पाते हैं। बच्चे का यह प्रतीकात्मक भारीपन अन्य कविताओं में भी देखा जा सकता है। 'चम्बल की घाटी में' शीर्षक कविता का नायक कई मन बोझ वाली बच्ची को पीठ पर बाँधकर चलता है। 'अँधेरे में' शीर्षक कविता का नायक गांधी द्वारा प्रदत्त बच्चे का 'भार का गम्भीर अनुभव' करता है।

मुक्तिबोध के शिशु-बिम्बों की एक विशेषता रोना-चिल्लाना भी है। 'ओ काव्यात्मन फणिधर' का शिशु आक्रोश और क्रान्ति करने वाला है। इस आक्रोश और क्रान्ति की व्याख्या 'एक अन्तर्कथा' में हुई है—

*सिर पर की टोकरी-विवर में मानव-शिशु*
*वह कोई सद्योजात*
*मृदुल-कर्कश स्वर में*
*रो रहा,*
*सच, प्यार उमड़ आता उस पर*
*पर, प्रतिपालन-दायित्व भार से घबराकर*
*मैं तो विवेक खो रहा*
*वह शिकायतों से भरा बाल-स्वर मँडराता*
*प्रिय बालक दुर्भर, दुर्धर है*
*यह मैं विचारता कतराता*
*झखमार, झींख औ' प्यार गुँथ रहे आपस में*
*वह सिर पर चढ़ा रो रहा नहीं मेरे बस में।*

प्रतिपालन-दायित्व की माँग का प्रतीक यह रोना 'अँधेरे में' शीर्षक कविता में भी चित्रित है—

*सहसा रो उठा कंधे पर वह शिशु*
*अरे, अरे, वह स्वर अतिशय परिचित!!*
*पहले भी कई बार कहीं तो भी सुना था,*
*उसमें तो स्फोटक क्षोभ का आएगा,*
*गहरी है शिकायत,*
*क्रोध भयंकर।*
*मुझे डर यदि कोई वह स्वर सुन ले।*
*हम दोनों फिर कहीं नहीं रह सकेंगे।*
*मैं पुचकारता हूँ, बहुत दुलारता,*
*समझाने के लिए तब गाता हूँ गाने,*
*अधभूली लोरी ही होंठों से फूटती!*

*मैं चुप करने की जितनी भी करता हूँ कोशिश,*
*और और चीख़ता हूँ क्रोध से लगातार!!*
*गरम-गरम अश्रु टपकते हैं मुझ पर।*

**(घ) अन्य बिम्ब :** मुक्तिबोध के काव्य में आत्मोपलब्धि के व्यंजक बिम्ब जहाज़, उद्यान, तारा आदि भी चित्रित हुए हैं। जहाज़ को युंग ने मृत्यु-बिम्ब (the ship of death ) माना है।[110] भारतीय परम्परा में भवसागर के रूपक में जहाज़ या नौका जीवन या मुक्ति के प्रतीक हैं। बुद्ध का मुक्तिमार्ग तो हीनयान या महायान के नाम से ही प्रसिद्ध है। सूरदास ने नाम को 'नौका' और 'आराध्य' को जहाज़ कहा है—

1. *नहि चितवन देत तिय-सुत नाम-नौका और।*
2. *जैसे उड़ि जहाज़ को पंछी फिरि जहाज़ पर आवै।*

ऑडेन के अनुसार स्वच्छन्दतावादी अंग्रेज़ी साहित्य में जहाज़ का बिम्ब उसी समय आता है, जब समाज के सामने कोई ख़तरा हो।[111] वादकिन के अनुसार 'एनशिएंट मैरिनी' में जहाज़ का चलना जीवनी शक्ति की पुनर्प्राप्ति का द्योतक है।[112] उन्होंने एक अफ़सर के स्वप्न का और मॉरिस निकोल द्वारा की गई उसकी व्याख्या का उद्धरण देते हुए यह बताया है कि समुद्र में गिरकर पुनः नौका पर आना द्विजत्व-प्राप्ति का प्रतीक है।[113] मुक्तिबोध ने 'एक स्वप्न-कथा' के अन्त में जहाज़ का बिम्ब मुक्ति के प्रतीक रूप में चित्रित किया है—

*इतने में अकस्मात तैरता आता-सा*
*समुद्री अँधेरे में*
*जगमगाते अनगिनत तारों का उपनिवेश।*
*विविध रूप दीपों की अनगिनत पाँतों का*
*रहस्य-दृश्य!!*
*सागर में प्रकाश-द्वीप तैरता!!*
*जहाज़ हाँ जहाज़ सर्च-लाइट फेंक घनीभूत अँधेरे में दूर-दूर*
*उछलती लहरों पर जाने क्या ढूँढ़ता।*
*सागर तरंगों पर भयानक लट्ठे-सा*
*डूबता-उतराता दिखाई देता हूँ कि*
*चमकती चादर एक तेज़ फैल जाती है*
*मेरे सब अंगों पर।*
*एक हाथ आता है मेरे हाथ!!*
*वह जहाज़*

*क्षोभ विद्रोह भरे संगठित विरोध का*
*साहसी समाज है!!*
*भीतर व बाहर के पूरे दलिद्दर से*
*मुक्ति की तलाश में*
*आगामी कल नहीं आगत वह आज है!!*

स्पष्टत: यह जहाज़ 'भीतर व बाहर के पूरे दलिद्दर से मुक्ति की तलाश' का प्रतीक है। संगठित विरोध का यह प्रतीक कविता के नायक को अकस्मात दिखता है। यह प्रकाश-द्वीप नायक की शरण-भूमि बन जाता है, नायक को उबार लेता है। इन वर्णनों से उसका महायानत्व स्वयंसिद्ध है।

युंग ने उद्यान को मातृ-बिम्बों में परिगणित किया।[114] वादकिन ने 'कुबला ख़ाँ' का अध्ययन करते हुए सिंचित उद्यान को दिव्य आनन्द का और अँधेरी गुहाओं को काल्पनिक भय का प्रतीक माना है।[115] भारतीय साहित्य में उद्यान सम्बन्धी कल्पनाएँ वादकिन की व्याख्या के निकट हैं। स्वर्ग का नन्दनकानन और कृष्ण-काव्य का मधुवन इसके प्रमाण हैं। राजमहलों के प्रमदवन भी आनन्द-केलि के स्थल होते थे। दक्खिनी के सूफी साहित्यकार वजही ने 'सबरस' में प्रेमिका के उद्यान का वर्णन किया है। मुक्तिबोध ने 'अँधेरे में' शीर्षक कविता के अन्तर्गत खँडहर-प्रसारों में महकते उद्यानों का बिम्ब प्रस्तुत किया है—

*रात्रि के श्यामल ओस से क्षालित*
*कोई गुरु-गम्भीर महान अस्तित्व*
*महकता है लगातार*
*मानो खँडहर-प्रसारों में उद्यान*
*गुलाब-चमेली के, रात्रि-तिमिर में*
*महकते ही, महकते ही रहते हों हर पल।*
*किन्तु वे उद्यान कहाँ हैं,*
*अँधेरे में पता नहीं चलता।*
*मात्र सुगन्ध है सब ओर,*
*पर उस महक-लहर में*
*कोई छिपी वेदना, कोई गुप्त चिन्ता*
*छटपटा रही है।*

प्रसंग से स्पष्ट है कि प्रस्तुत उद्यान आनन्ददायी तो है, परन्तु नायक को उसका प्रत्यक्ष अभी नहीं हुआ है। 'मुझे नहीं मालूम' शीर्षक कविता में यह उद्यान अँधेरे में न रहकर प्रत्यक्ष उभर आता है—

*देखता ही रहता*
*कटे-पिटे में से ही झलकते हैं अकस्मात*
*साँझ के झुरमुटे रंगीन सुबहों के धुँधलके।*
*उनमें से धीरे-धीरे स्वर्णिम रेखाएँ उभरतीं,*
*विकसित होते हैं मनोहर द्युति-रूप।*
*चमकने लगते हैं उद्यान रंगीन*
*आदिम मौलिक!*
*गन्ध के सुकोमल मेघों में डूबकर*
*प्रत्येक वृक्ष से करता हूँ पहचान*
*प्रत्येक पुष्प से पूछता हूँ हाल-चाल*
*प्रत्येक लता से करता हूँ सम्पर्क!!*
*और उनकी महक भरी*
*पवित्र छाया में गहरी*
*विलुप्त होता हूँ मैं, पर*
*सुनहली ज्वाला-सा*
*जागता है ज्ञान और*
*जगमगाती रहती है लालसा*
*मैं कहीं नहीं हूँ।*

यहाँ उद्यान धीरे-धीरे विकसकर मनोहर द्युति रूप धारण करता है। उसकी पवित्र छाया में चेतन-अचेतन के प्रतीक ज्ञान और लालसा तो रहते हैं, परन्तु मैं विलुप्त हो जाता हूँ। अत: उद्यान की यह अभिव्यक्ति अहं-चेतना से मुक्त करने वाले आत्म का प्रतीक है।

युंग के अनुसार तारे का उदय यहूदियों और निकट पूर्व के लोगों द्वारा असाधारण मानव के जन्म का प्रतीक माना गया है।[116] भारतीय लोक-विश्वास के अनुसार तारे का उदय असाधारण व्यक्ति के जन्म का और तारे का टूटना असाधारण व्यक्ति की मृत्यु का द्योतक होता है। वादकिन ने तारकों के दर्शन को विराट नृत्य का, क्रम और सामंजस्य का, आत्मा को उच्चतम अवस्था का प्रतीक माना है।[117] मुक्तिबोध के काव्य में तारक या तारकों के अनेक बिम्ब मिलते हैं। 'आत्मा के मित्र मेरे' शीर्षक कविता में आत्मा का मित्र—हृदय का चित्र—ज्वलन्त तारक-सा दिखाई देता है—

*जिससे यह अकेला प्रान्त भी निस्सीम परिचय की मधुर संवेदना से*
*आत्मवत हो गया*
*ऐसी जिस मनस्वी की मनीषा,*
*वह हमारा मित्र है*

*माता-पिता-पत्नी-सुहृद पीछे रहे हैं छूट*
*उन सबके अकेले भय में जो चल रहा है*
*ज्वलन्त तारक सा,*
*वही तो आत्मा का मित्र है*
*मेरे हृदय का चित्र है।*

युंग के अनुसार आत्मबिम्ब सम्पूर्ण व्यक्तित्व का प्रतीक है। उसे पहचानने का अभिप्राय सम्पूर्ण पारिवारिक चक्र से सापेक्षिक अनासक्ति है।[118] 'दूर तारा' शीर्षक कविता में भी सबके हृदयों में कल्मषों के पीछे छिपे हुए, अपने ही प्रगति-पथ पर चलते हुए, अपना ही चित्र बने विराट पुत्र तारा का बिम्ब द्रष्टव्य है—

*और जाने क्यों*
*मुझे लगता है कि ऐसा ही अकेला नील तारा,*
*तीव्र-गति*
*जो शून्य में निस्संग,*
*जिसका पथ विराट—*
*वह छिपा प्रत्येक उर में,*
*प्रति हृदय के कल्मषों के बाद*
*जैसे बादलों के बाद भी है शून्य नीलाकाश।*
*उसमें भागता है एक तारा*
*जो कि अपने ही प्रगति-पथ का सहारा,*
*जो कि अपना ही स्वयं बन चला चित्र,*
*भीतिहीन विराट-पुत्र।*
*इसलिए प्रत्येक मनु के पुत्र पर विश्वास करना चाहता हूँ।*

'नक्षण-खंड' शीर्षक कविता में सप्तर्षि और ध्रुवतारे का बिम्ब पूर्णत: की कामना के क्षणों में उद्दीप्त हुआ है—

*अनवरत मुक्तिकामी विश्व-व्याख्या-रत*
*धवल सप्तर्षि*
*जिनके आख़िरी दो तारकों की सीध में*
*गम्भीर ध्रुवतारा।*

यहाँ सप्तर्षि और ध्रुवतारा व्यापक क्रम और समन्वय के द्योतक हैं। आठ तारे चतुष्क की आवृत्ति के द्योतक होने से भी पूर्णता के बिम्ब हैं।

निष्कर्षत:, मुक्तिबोध के काव्य में अभिव्यक्त आत्मबिम्ब अपेक्षित गरिमा और वैविध्य से सम्पन्न हैं। सम्भवत: इतने भव्य और इतने अधिक आत्मबिम्ब किसी

अन्य कवि ने चित्रित नहीं किए हैं। विराट पुरुष और उससे सम्बद्ध वायु, सूर्य, दीप, रथ आदि बिम्ब, वृत्त और उससे उद्भूत कमल, मणि आदि बिम्ब, शिशु-बिम्ब के अनेक भारतीय रूप और जहाज़, उद्यान, तारक आदि बिम्ब जातीय लोक-मानस से कवि के सघन तादात्म्य का परिचय देते हैं।

युंग ने मानव के समग्र व्यक्तित्व को आत्म कहकर अहं का उससे अंगांगिभाव सम्बन्ध स्वीकार किया। इस आत्म की उपलब्धि-प्रक्रिया में उन्होंने पुरुष के चित्त में छाया, माया, आप्तपुरुष और आत्म की अभिव्यक्ति पर विशेष विचार किया है। मुक्तिबोध के काव्य में छाया के हेय और श्रेय दोनों ही पक्ष अभिव्यक्त हैं। 'चम्बल की घाटी में' का डाकू, 'अन्तःकरण के आयतन' का काला स्याह चेहरा और दर्पण में विकृत प्रतिबिम्ब, 'अँधेरे में' की भूत जैसी आकृति, 'मुझे याद आते हैं' की शिलीभूत स्याह मूर्ति आदि छाया के हेय पक्ष का प्रतिनिधित्व करते हैं। डाकू का उस पर बैठना छायाग्रस्त योजना के द्योतक है। 'काला स्याह चेहरा' सचेत उद्देश्यों तक पहुँचने में बाधक है। विकृत प्रतिबिम्ब को देखकर चेतना आश्चर्य से जड़ीभूत होती है। शिलीभूत स्याह मूर्ति आदिम भय का कारण बनती है। इनके साथ ही मुक्तिबोध के काव्य में पशु-जगत् भी प्रायः छाया के ध्वंसात्मक पक्ष का द्योतक है। पशु-जगत् के प्रतीकों में श्वान, शृगाल, बिल्ली, रीछ, चूहे, औरांगउटांग, सर्प आदि के बिम्ब विशेष रूप से उल्लेख्य हैं। श्वान, शृगाल और मार्जार को कवि ने मृत्यु-प्रतीकों के रूप में ग्रहण किया है। रीछ उद्दंड अहंकार का, चूहे क्षुद्र वृत्तियों एवं सर्प अचेतन की ध्वंसात्मकता का प्रतीक है। हिन्दी काव्य का विचित्रतम प्रतीक औरांगउटांग असत्य शक्ति का प्रतिरूप है। अचेतन की ध्वंसात्मकता के प्रतीक गिद्ध, घुग्घू और चमगादड़ जैसे पक्षी भी मुक्तिबोध की कविताओं में चित्रित हैं।

छायारूप श्रेयस्कर गुणों के बिम्ब मुक्तिबोध के काव्य में अभिव्यक्त हैं। 'एक स्वप्न-कथा' के स्फूर्ति मुख ऐसे ही श्रेयस्कर गुणों के व्यंजक हैं, जो प्रदीर्घ-काल तक अभुक्त रहने के कारण विद्रोही बन अधिकार माँगते हैं। रत्नों के रूपकात्मक या प्रतीकात्मक प्रयोग भी प्रायः इसी रूप में हुए हैं।

युंग की प्रक्षेप-जननी और महाठगिनी माया मुक्तिबोध के काव्य में बहुरूप धारण करती है। 'डूबता चाँद कब डूबेगा' की काव्य-प्रेरक माँ, 'एक अन्तर्कथा' की अग्नि के अधिष्ठान खोजती माँ, 'अँधेरे में' की अज्ञात प्रणयिनी, 'अन्तःकरण का आयतन' की प्रतेजस आनना, 'चकमक की चिनगारियाँ' की सुनेत्रा छायामूर्ति, 'मुझे याद आते हैं' की श्रमशीला गर्भवती और 'इस चौड़े ऊँचे टीले पर' की मृत आत्मा इसी माया के अनेक रूप हैं। इन रूपों में कहीं तो माया का प्रेरयित्री पक्ष मुखर है और कहीं सौन्दर्य तथा स्वातंत्र्य के सार्वभौम आदर्श उसके बिम्ब से सम्पृक्त होकर अभिव्यक्त हुए हैं।

आध्यात्मिक सिद्धान्त के प्रतीक और आत्मोपलब्धि प्रक्रिया में पथ-प्रदर्शक या बाधक आप्तपुरुष के अनेक बिम्ब मुक्तिबोध के काव्य में उपलब्ध हैं। 'मेरे सहचर मित्र' का पक्षिराज और गुहावासी, 'इस चौड़े ऊँचे टीले पर' का निर्जन गुहावासी, 'एक स्वप्न-कथा' का जलदेव और 'अँधेरे में' का पक्षी तथा युगीन महामानव इसी आद्यरूप को अभिव्यक्त करते हैं। आप्तपुरुष के ये रूप कहीं मृतात्मा का रहस्य बताते हैं, कहीं कर्म की प्रेरणा देते हैं और कहीं आत्मज शिशु सौंपते हैं। इस प्रकार आप्तपुरुष के ये बिम्ब प्राय: उसके उज्ज्वल पक्ष का ही प्रतिनिधित्व करते हैं। उसका कृष्ण पक्ष केवल 'चम्बल की घाटी में' के स्याह जादूदाँ और शिलापुरुष ही व्यक्त करते हैं।

मुक्तिबोध के काव्य में अभिव्यक्त आत्मबिम्बों को सुविधा के लिए असाधारण मानवीय बिम्ब, ज्यामितीय और गणितीय बिम्ब, शिशु बिम्ब तथा अन्य बिम्ब शीर्षकों में विवेचित किया गया है। असाधारण मानवीय बिम्बों में 'अँधेरे में' का आजानुबाहु मनु, 'पता नहीं' का कमलोद्भव ब्रह्म, 'मुझे याद आते हैं' का प्रचंड पुरुष, 'चम्बल की घाटी में' का पवन, 'कल जो हमने चर्चा की थी' और 'जब प्रश्न-चिह्न बौखला उठे' के सूर्य, 'चम्बल की घाटी में' का दीप, 'नक्षत्रखंड' का दीप-स्तम्भ, 'अन्त:करण का आयतन' का रथ और 'मेरे लोग' का नया इस्पात उल्लेखनीय हैं। 'अँधेरे में' के पुरुषबिम्ब को कवि ने 'आत्मा की प्रतिमा' कहा है। कमलोद्भव ब्रह्म अन्तर्मुखता की स्थिति में प्रस्फुटित सृजनात्मक विचार का प्रतीक है। निहाई के उजाले में दर्शित प्रचंड पुरुष साक्षात कालमूर्ति है।

युंग ने वैदिक साहित्य के आधार पर प्राण को ब्रह्मा का पर्याय माना है। 'चम्बल की घाटी में' का प्राण (पवन) टीले के पत्थरी ढाँचे में जान फूँकता है। वैदिक साहित्य में सूर्य विराट पुरुष से अभिन्न है। उसका पर्याय हंस भी आत्मप्रतीक है। मुक्तिबोध ने आत्मप्रतीक सूर्य के अनेक बिम्ब प्रस्तुत किए हैं। 'जब प्रश्न-चिह्न बौखला उठे' में सूर्य बिम्ब अनेकश: प्रयुक्त हैं और आन्तरिक द्वन्द्वों के क्षणों में उभरते हैं। दीपक का आत्मबिम्बत्व फ्रान्ज़ द्वारा किए गए यहूदी परम्परा के अध्ययन और भारतीय साहित्य में उपलब्ध प्रसंगों से स्पष्ट है। मुक्तिबोध के काव्य में दीप और दीपस्तम्भ पूर्ण मानवमूर्ति के प्रतीक हैं। कठोपनिषद् और महाभारत में रथ विराट पुरुष का प्रतीक है। 'अन्त:करण का आयतन' शीर्षक कविता में चित्रित रथ महाभारत के वर्णन से प्रभावित है।

ज्यामितीय और गणितीय प्रतीकों में मुक्तिबोध ने 'कमल' को विशेष उत्साह से अपनाया है। 'एक अरूप शून्य के प्रति' शीर्षक कविता में उन्होंने ईश्वर को विश्वात्मक फ़ैंटेसी कहकर व्यक्ति की मनोवैज्ञानिक पूर्णता के व्यंजक ज्वलन्त सरसिज का चित्र प्रस्तुत किया है। सम्भवत: यही पूर्णता 'अँधेरे में' शीर्षक कविता के अरुण कमल द्वारा व्यक्त है। 'जब प्रश्न-चिह्न बौखला उठे' के कमल बिम्ब अहंग्रस्तता से भिन्न मानवीय पूर्णता और उससे जन्मी नई नैतिक चेतना के द्योतक हैं।

इसी कविता का रवि-कमल अचेतन के नीले अक्षरपन में उदित आत्म का व्यंजक है। 'एक भूतपूर्व विद्रोही का आत्मकथन' शीर्षक कविता में गुलाब उदात्त मानवीय व्यक्तित्व का प्रतीक है। चक्र का रूपकात्मक प्रयोग 'अँधेरे में' शीर्षक कविता में किया गया है। आत्मप्रतीक हीरा का सचेत प्रयोग 'मुझे क़दम-क़दम पर' शीर्षक कविता में द्रष्टव्य है। 'चकमक की चिनगारियाँ' का सूर्यमणि भी दुहरा आत्मबिम्ब है।

गणितीय चतुष्क का सशक्ततम बिम्ब 'अँधेरे में' शीर्षक कविता में अभिव्यक्त है। इसमें चौराहा, चार धड़ चेहरे, चार काँटे, चार कोण, चार संकेत और चार गतियाँ चतुष्क व्यंजक हैं जिनका समाहार घंटाघर में हो गया है। बल्बों की रोशनी और विवर के अँधेरे आदि प्रतीकों में चेतन-अचेतन की सन्धि प्रत्यक्ष है। इसी कविता में चौक पर गोल त्रिकोणाकार बन्दूक़-जत्था भी आन्तरिक द्वन्द्वों के समन्वय में पर्यवसित होने का सूचक है।

मुक्तिबोध का काव्य शिशु बिम्बों की दृष्टि से भी समृद्ध है। इस दृष्टि से 'आत्मा के सहचर मित्र मेरे', 'डूबता चाँद कब डूबेगा', 'ओ काव्यात्मन फणिधर', 'एक अन्तर्कथा', 'अँधेरे में' आदि कविताएँ दर्शनीय हैं। 'आत्मा के मित्र मेरे' शीर्षक कविता में बालकों-सी नग्न दो आत्माएँ चित्रित हैं। 'डूबता चाँद कब डूबेगा' में बीमार समाजों के घर में मृत बालक या शोषण के वीर्य-बीज से जन्मे राक्षसी बालक चित्रित हैं जिन्हें मृत समाधान या हानिकारक चेतना के रूपकार्थ प्रदान किए गए हैं। परित्यक्त शिशु का आद्यबिम्ब पर्याप्त प्रसिद्ध है। शिशु का परित्याग पतन का कारण है अत: कविता का नायक शिशु को अपनाता है। परित्यक्त शिशु के इस बिम्ब में कारावासी वासुदेव के साथ पन्ना दाई और युगबीर शिवाजी के प्रसंग स्वत: सम्बद्ध हो गए हैं। शिशु को अंगीकार करने का निश्चय 'ओ काव्यात्मन फणिधर' और 'अँधेरे में' शीर्षक कविताओं में भी व्यक्त है। 'एक अन्तर्कथा' में दिव्य मानव-शिशु भारी होता-होता देवाकृति बन जाता है। शिशु का भारीपन और उसके प्रति वाहक के मन का विद्रोह मनोवैज्ञानिक अनुभूतियों के प्रतीक हैं। शिशु का यह दिव्य भारीपन अन्य कविताओं में भी वर्णित है। इन कविताओं में शिशुओं का रोना-चिल्लाना प्रतिपालन दायित्व की माँग का द्योतक है।

आत्म के अन्य आद्यबिम्बों में जहाज़, उद्यान और तारा विशेष महत्त्वपूर्ण हैं। जहाज़ 'एक स्वप्न-कथा' में मुक्ति के प्रतीक रूप में चित्रित है। उद्यान का आत्मबिम्ब 'अँधेरे में' और 'मुझे नहीं मालूम' शीर्षक कविताओं में परिलक्ष्य है। तारे के आत्मबिम्ब की दृष्टि से 'आत्मा के मित्र मेरे', 'दूर तारा' और 'नक्षत्र-खंड' शीर्षक कविताएँ महत्त्वपूर्ण हैं। 'आत्मा के मित्र मेरे' शीर्षक कविता में ज्वलन्त तारक माता-पिता, पत्नी-समुद्र से आगे गतिमान है। 'दूर तारा' शीर्षक कविता में विराट-पुत्र तारा भी प्रत्येक छाती में चमकते हीरे की भाँति आत्म का प्रतीक है। 'नक्षत्र-खंड' में सप्तऋषि और ध्रुव तारा पूर्णता की कामना के क्षणों में उद्दीप्त चतुष्कद्वय के व्यंजक हैं।

प्रस्तुत विवेचन से मुक्तिबोध के काव्य में प्रयुक्त आद्यबिम्बों की विपुलता स्वतः लक्षित है। आद्यबिम्बों के इतने प्रचुर और सहज प्रयोग नई कविता में अन्यत्र दुर्लभ हैं। "आपादमस्तक वैज्ञानिक काव्य चेतना"[119] के कवि मुक्तिबोध की मनोविज्ञान में गहरी रुचि होने के कारण कुछ ऐसी कविताएँ भी सृजित हुई हैं, जिनके भाव और शिल्प बुद्धिगम्य हैं और इसलिए वे युंग द्वारा प्रतिपादित मनोवैज्ञानिक काव्य की कोटि में रखी जा सकती हैं। इस दृष्टि से 'शून्य' कविता का उल्लेख किया जा सकता है, जिसका प्रतिपाद्य ही अचेतन के ध्वंसात्मक पक्ष की मनोवैज्ञानिक धारणा है। यह समग्र कविता और उसमें अभिव्यक्त सामग्री अचेतनोद्भूत न होकर सचेत प्रयास का परिणाम है। इसीलिए 'शून्य' वैज्ञानिक धारणाओं की कसौटी पर खरी उतरते हुए भी बिम्ब-सृष्टि की दृष्टि से सफल नहीं है। 'एक अरूप शून्य के प्रति' शीर्षक कविता में मानवीय पूर्णता के मनोवैज्ञानिक यथार्थ का द्योतक ज्वलन्त सरसिज भी चेतना के धरातल से प्रस्फुटित है। 'मुझे याद आते हैं' शीर्षक कविता में छाया का रूपक पहाड़ और अनेकत्र वर्णित दमित श्रेयस्कर गुणों के रूपक रत्न भी अधिकांशतः चेतनोद्भूत हैं। ऐसे अचेतनोद्भूत बिम्बों के कारण 'मुझे याद आते हैं' और 'एक अन्तर्कथा' शीर्षक कविताएँ भी इसी मनोवैज्ञानिक साहित्य की कोटि में परिगणित की जा सकती हैं। ऐसे बिम्बों में अर्थगर्भत्व तो विद्यमान रहता है परन्तु भावस्पर्श नहीं। इसके विपरीत कुछ बिम्बों में अचेतन की सामग्री यथावत प्रकट हो गई है और आत्मीकरण के अभाव में उनकी अर्थवत्ता क्षीण हो गई है। 'इस चौड़े ऊँचे टीले पर' शीर्षक कविता के अनेक बिम्ब उदाहरणार्थ लिये जा सकते हैं। ऐसे मनोवैज्ञानिक बिम्बों की संख्या मुक्तिबोध के काव्य में अपेक्षतया स्वरूप है।

मुक्तिबोध की अधिकांश कविताएँ आत्मा के संकल्पात्मक धरातल से अभिव्यक्त और सहस्त्रों जिह्वाओं की शक्ति से सम्पन्न हैं। ऐसी संकल्पात्मक अभिव्यक्तियाँ नई कविता में दुर्लभ हैं। मुक्तिबोध की ऐसी सशक्त कविताओं के साथ अज्ञेय की 'असाध्य वीणा' और भारती की 'अन्धा युग' शीर्षक कृतियाँ ही तुलनीय हो सकती हैं। 'असाध्य वीणा' का प्रतीक लम्बी आध्यात्मिक परम्परा में व्यवहृत होने के कारण मात्र संकेत बनकर रह गया है। कवि ने आत्मा के गहन स्तरों में पैठकर उसे पुनरुज्जीवित नहीं किया है। भारती ने पुराकथात्मक प्रतीकों के रूपकात्मक प्रयोग पर इतना अधिक बल दिया है कि उनकी भाव-दीप्ति बौद्धिकता से आक्रान्त रहती है। मुक्तिबोध और भारती के काव्यात्मक बिम्बों की सापेक्षिक शक्ति का तुलनात्मक अध्ययन दोनों के काव्य में सामान्यतः चित्रित गिद्धों के बिम्ब से किया जा सकता है। दोनों के काव्य में गिद्ध राजधानियों की विध्वंस-लीला से सम्बद्ध हैं। दोनों के बिम्बों में गिद्धों के अशकुनत्व का लोक-विश्वास कथित या व्यंजित है। अतः दोनों के गिद्ध मृत्यु-प्रतीक हैं। मृत्यु-प्रतीक के रूप में जितना गहन प्रभाव सूर्य के अँधेरे विवरतल से निकलते, पृथ्वी पर झपटते, दृष्टियाँ नोच खाने को तत्पर गिद्ध-दल छोड़ता है, उतना कौरव-नगरी के आसमान से गुजर जाने वाला गिद्ध-दल नहीं।

मुक्तिबोध के लिए अचेतन के 'अन्ध गह्वर' में केवल 'बर्बर पशु', 'अन्धापशु'[120] ही वास नहीं करता, 'यहाँ ईमान हमारी हार का बदला चुकाने के लिए ताक़त बटोरता है और आदर्शों के क्वाट्र्ज़ छिपे रहते हैं।'[121] आदर्शों के प्रति इस गहरी आस्था के कारण उसकी सर्वगामी छाँह तो देश-विदेश में भटकती है, परन्तु उसकी मनीषा सदैव अपने जन-समाज की आशा-आकांक्षाओं से तादात्म्य होकर शुद्ध हिन्दुस्तानी सपने ही देखती है। इसीलिए वह अपने काव्य में अस्तित्ववादी शब्दावली का अनुवाद न करके रथ, कमलोद्‍भव आदि असंख्य भारतीय बिम्बों का पुनस्सृजन करते हैं। ये बिम्ब इस तथ्य का प्रमाण हैं कि 'अपने कृतित्व के अन्तिम चरण में पहुँचकर मुक्तिबोध का प्रगतिवादी आवेश गम्भीरतर हो गया है और वे अपनी राष्ट्रीय परम्पराओं और प्रेरणाओं के शोध से सहानुभूति करने लगे हैं।'[122] अत: अपनी परम्परा और अपने अनुभवों के प्रति ईमानदार रहने वाले इस कवि की जन-चरित्री कविता में आत्मा से आत्मा तक सम्प्रेषित होने की जितनी क्षमता है, उतनी नई कविता में अन्यत्र दुर्लभ है।

## सन्दर्भ

1. 'I have suggested calling the total personality which, though present, can not be fully known, the self."
   —*The Collected Works of C. G. Jung*, Vol. 9, Part II, p. 5
2. "Psychology the Self is a union of concious (masculine) and unconscious (feminine). It stands for the psychic totality."
   —*The Collected Works of C. G. Jung*, Vol. 9, Part II, p. 268
3. *द कलेक्टेड वर्क्स ऑफ़ सी. जी. युंग*, खंड 9, भाग 2, पृ. 5
4. वही, पृ. 6
5. वही, पृ. 24
6. *द कलेक्टेड वर्क्स ऑफ़ सी. जी. युंग*, खंड 9, भाग 2, पृ. 24-25
7. वही, पृ. 25
8. वही, पृ. 8
9. वही
10. वही, पृ. 9
11. वही
12. वही, पृ. 9-10
13. "The mirror does not flatter, it faithfully shows whatever looks into it ; namely the face we never show to the world because we cover it with the persons, the mask of the actor. But the mirror lies behind the mask and shows the true-face."
    —*The Collected Works of C. G. Jung*, Vol. 9, Part II, p. 20

14. *एन इंट्रोडक्शन टु युंग्स साइकोलॉजी*, पृ. 50
15. "Animals, generally, sigify the instinctive force of the unconscious."
    —*The Collected Works of C. G. Jung*, Vol. 9, Part I, p. 366
16. *रामचन्द्रिका*, 19/54
17. *महाभारत*, वनपर्व, 230/34
18. *सुन्दरविलास*, 2/10
19. *कलेक्टेड वर्क्स ऑफ़ सी. जी. युंग*, खंड 9, भाग 1, पृ. 184
20. *हिन्दी विश्वकोश*
21. "The snake is the commonest symbol for the dark ethonic world of instinct."
    —*The Collected Works of C. G. Jung*, Vol. 9, Part II, p. 247
22. *द कलेक्टेड वर्क्स ऑफ़ सी. जी. युंग*, खंड 5, पृ. 237
23. *हिन्दी विश्वकोश*, 'सूर्य'
24. *द कलेक्टेड वर्क्स ऑफ़ सी. जी. युंग*, खंड 9, भाग 1, पृ. 148
25. "There is, as he points out, no shadow without the sun and no shadow (in the sense of personal unconsicious) without the light of consciousness."
    —*An Introduction to Jung's Psychology*, p. 50
26. "The eye may well stand for consciousness (which is in fact an organ of perception), looking into its own background."
    —*The Collected Works of C. G. Jung*, Vol. 9, Part I, p. 337
27. *अन्धा युंग*, पृ. 14-15
28. *हिन्दी विश्वकोश*, 'पक्षीविज्ञान'
29. *हिन्दी कथाकोश*, 'लक्ष्मी'
30. देखिए, *भारत के वन्य पशु*, 'करपक्ष वर्ग'
31. *द कलेक्टेड वर्क्स ऑफ़ सी. जी. युंग*, खंड 5, पृ. 251
32. *कॉम्प्लैक्स/आर्केटाइप/सिम्बल*, पृ. 82
33. *एक साहित्यिक की डायरी*, पृ. 35
34. *द कलेक्टेड वर्क्स ऑफ़ सी. जी. युंग*, खंड 9, भाग 2, पृ. 13
35. वही, पृ. 11
36. वही, पृ. 13
37. वही, पृ. 14
38. *द कलेक्टेड वर्क्स ऑफ़ सी. जी. युंग*, खंड 9, भाग 1, पृ. 82
39. वही, भाग 2, पृ. 13
40. वही
41. "I have defined the anima as a personification of unconscious"
    —*The Collected Works of C. G. Jung*, Vol. 9, Part II, p. 11
42. *द कलेक्टेड वर्क्स ऑफ़ सी. जी. युंग*, खंड 6, पृ. 190
43. वही, खंड 9, भाग 2, पृ. 29
44. वही,
45. *एक साहित्यिक की डायरी*, पृ. 32

46. वही, पृ. 37
47. *द साइकोलॉजी ऑफ़ सी. जी. युंग*, पृ. 115
48. *द कलेक्टेड वर्क्स ऑफ़ सी. जी. युंग*, खंड 9, भाग 1, पृ. 217-18
49. वही, पृ. 221
50. वही, पृ. 222
51. वही, पृ. 225
52. वही, पृ. 216
53. वही, पृ. 224
54. *हिन्दी विश्वकोश*, 'अग्निदेवता'
55. *द कलेक्टेड वर्क्स ऑफ़ सी. जी. युंग*, खंड 9, भाग 1, पृ. 224
56. *एक साहित्यिक की डायरी*, पृ. 38
57. *द कलेक्टेड वर्क्स ऑफ़ सी. जी. युंग*, खंड 9, भाग 1, पृ. 220
58. वही, पृ. 224
59. वही, पृ. 334
60. वही, खंड 5, पृ. 352 पर उद्धृत
61. *द कलेक्टेड वर्क्स ऑफ़ सी. जी. युंग*, खंड 9, भाग 1, पृ. 334
62. *एन इंट्रोडक्शन टु युंग्स साइकोलॉजी*, पृ. 62
63. वही, पृ. 64
64. *द कलेक्टेड वर्क्स ऑफ़ सी. जी. युंग*, खंड 9, भाग 2, पृ. 226
65. *मैन एंड हिज़ सिम्बल्स*, पृ. 200
66. *द कलेक्टेड वर्क्स ऑफ़ सी. जी. युंग*, खंड 6, पृ. 200
67. "Whenever some great work is to be accomplished, before which a man recoils, doubtful of his strength, his libido leads back to the fountain head and that is the dangerous moment when the issuse hangs between annihilation and new life. ... But if the libido manages to tear itself loose and force its way up again, something like a miracle happens; the journey to the underworld, way a plunge into the fountain of youth, and the libido, apparently dead, workers to renewed fruitfulness. This idea is illustrated in an Indian myth : Vishnu sunk into a profound trance, and in his slumber brought forth Brahma, who enthroned on a lotus, rose out of Vishnu's bringing with him the Vedas (pl. XLVla)] which he dilligently read (Birth of the creative thoughts from introversion.)"

    —*The Collected Works of C. G. Jung*, Vol. 5, p. 292-93
68. *द कलेक्टेड वर्क्स ऑफ़ सी. जी. युंग*, खंड 6, पृ. 200
69. वही, पृ. 199
70. *भारती का खँडहर*, पृ. 10
71. *मैन एंड हिज़ सिम्बल्स*, पृ. 241-42
72. *द कलेक्टेड वर्क्स ऑफ़ सी. जी. युंग*, खंड 9, पृ. 194
73. *मैन एंड हिज़ सिम्बल्स*, पृ. 200
74. *जन्ममाण विचार*, पृ. 13

75. *आँसू*, पृ. 60
76. *यामा*, पृ. 146
77. *कठोपनिषद्*, 1/3/3
78. *महाभारत, वनपर्व*, 211/23
79. वही, *स्त्रीपर्व*, 7/13
80. वही, *अश्वमेधिकपर्व*, 51/4
81. *श्रीमद्भगवद्गीतारहस्य*, पृ. 142
82. द *कलेक्टेड वर्क्स ऑफ़ सी. जी. युंग*, खंड 9, भाग 2, पृ. 246
83. वही, खंड 6, पृ. 460
84. "From the circle and quarternity motif is derived the symbol of geometrically formed crystal and the wonder working stone."
—*The Collected Works of C. G. Jung*, Vol. 9, Part II, p. 224
85. *मैन एंड हिज़ सिम्बल्स*, पृ. 208-09
86. द *कलेक्टेड वर्क्स ऑफ़ सी. जी. युंग*, खंड 9, भाग 1, पृ. 361
87. वही, भाग 2, पृ. 198
88. *साइकोलॉजिकल रिफ्लैक्शंस*, पृ. 300-01
89. द *कलेक्टेड वर्क्स ऑफ़ सी. जी. युंग*, खंड 9, भाग 2, पृ. 195
90. द *साइकोलॉजी ऑफ़ सी. जी. युंग*, पृ. 120
91. *श्रीमद्भगवद्गीतारहस्य*, पृ. 143
92. *सौन्दर्यलहरी*, 25
93. "The principal plant symbols are the flower and the tree."
—*The Collected Works of C. G. Jung*, Vol. 9, Part II, p. 226
94. "Another varient is the wheel."
—*The Collected Works of C. G. Jung*, Vol. 9, Part II, p. 224
95. "The quarternity is an organizing schema par excellence."
—*The Collected Works of C. G. Jung*, Vol. 9, Part II, p. 242
96. द *कलेक्टेड वर्क्स ऑफ़ सी. जी. युंग*, खंड 9, भाग 2, पृ. 31-32
97. वही, भाग 1, पृ. 354
98. देखिए, *मैन एंड हिज़ सिम्बल्स*, पृ. 303 पर सैनिकों का चित्र
99. 'पितामहस्य सरः प्रवृत्तासि सरस्वती।'
—*भारती का खँडहर*, पृ. 10 पर उद्धृत
100. देखिए, द *कलेक्टेड वर्क्स ऑफ़ सी. जी. युंग*, खंड 9, भाग 1, अध्याय 4
101. "The child paves the way for a future change of personality."
—*The Collected Works of C. G. Jung*, Vol. 9, Part I, p. 164
102. वही, पृ. 166
103. वही, पृ. 177
104. "Out of this situation the 'child' emerges as a symbolic content, manifestly separated or even isolated from its background (the mother), but sometimes including the mother in its parlious situation, threatened on the one hand by the negative attiude of the conscious mind and on the other by the

horror vacui of the unconscious, which is quite ready to swallow up all its progeny."

—*The Collected Works of C. G. Jung*, Vol. 9, Part I, p. 168

105. द *कलेक्टेड वर्क्स ऑफ़ सी. जी. युंग*, खंड 6, पृ. 189
106. वही, खंड 9, भाग 1, पृ. 185
107. वही, पृ. 170-71
108. *मैन एंड हिज़ सिम्बल्स*, पृ. 218-19
109. वही
110. द *कलेक्टेड वर्क्स ऑफ़ सी. जी. युंग*, खंड 5, पृ. 246
111. द *एनचेक्ड फ्लड*, पृ. 19
112. *आर्केटाइपल पैटर्न्स इन पोइट्री*, पृ. 51-54
113. वही, पृ. 61
114. द *कलेक्टेड वर्क्स ऑफ़ सी. जी. युंग*, खंड 9, भाग 1, पृ. 81
115. *आर्केटाइपल पैटर्न्स इन पोइट्री*, पृ. 114
116. द *कलेक्टेड वर्क्स ऑफ़ सी. जी. युंग*, खंड 9, भाग 2, पृ. 117
117. *आर्केटाइपल पैटर्न्स इन पोइट्री*, पृ. 145-46
118. द *कलेक्टेड वर्क्स ऑफ़ सी. जी. युंग*, खंड 5, पृ. 235
119. *नई कविता की चेतना*, पृ. 35
120. *अन्धा युग*, पृ. 21
121. *नई कविता की चेतना*, पृ. 77
122. वही, पृ. 85

अध्याय-5

# मुक्तिबोध : भाषा का आद्यबिम्बत्व

मुक्तिबोध की कविता अपनी बिम्बमालिकाओं के लिए विख्यात रही है। इसलिए भाषा के आद्यबिम्बत्व की विवृत्ति के बिना उनकी कविता का मूल्यांकन अधूरा ही रहेगा। काव्य को रमणीय अर्थ के प्रतिपादक शब्द अथवा रसात्मक वाक्य के रूप में परिभाषित किया गया है। काव्य ऐसी भाषा है जिसमें मानव चित्त रमण करता है। देश और विदेश के प्रायः सभी विद्वानों ने शब्द-भेद से यह स्वीकार किया है कि काव्य-भाषा का अपना वैशिष्ट्य होता है; वह सामान्य व्यवहार की भाषा एवं शास्त्र की भाषा से अलग होती है। रिचड्र्स ने भाषा के द्विविध-अभ्युदेशनात्मक (रेफ़रेंशियल) और रागात्मक-प्रयोग स्वीकार किए हैं। इन द्विविध प्रयोगों के मूल में दो प्रकार की मानसिक घटनाएँ रहती हैं। रिचड्र्स ने उनमें स्थिति के प्रति व्यक्ति के प्रत्युत्तर के आधार पर अन्तर किया है। यह प्रत्युत्तर जिस सीमा तक बाह्य उद्दीपन की प्रकृति पर आश्रित होगा, उसी सीमा तक अभ्युदेशन कहलाएगा और जिस सीमा तक व्यक्ति निजी आन्तरिक इच्छाओं और आवश्यकताओं से नियंत्रित होगा, उस सीमा तक रागात्मक कहलाएगा। "कविता की भाषा ऐसी रागात्मक भाषा है, जिसमें अभ्युदेशन आन्तरिक इच्छाओं और आवश्यकताओं के सहायक रूप में गौण महत्त्व रखते हैं।"[1] शास्त्र या विज्ञान की भाषा अभ्युदेशनात्मक होती है। सामान्य व्यवहार की भाषा अभ्युदेशनात्मक और रागात्मक दोनों प्रकार की हो सकती है। काव्य-भाषा और सामान्य व्यवहार की भाषा में अन्तर यही है कि सामान्य व्यवहार की भाषा की अपेक्षा काव्य की रागात्मक भाषा में आवेगों का अधिकाधिक सामंजस्य होता है और उसमें सर्वाधिक एकरूप आवेग ही व्यक्त होते हैं। आवेगों की एकरूपता के कारण "कला के रूप-तत्त्व (जैसे कविता में लय, छन्द, सुर, ताल; संगीत में तारता, सुरताल; चित्र में आकार तथा रंग आदि) उन उद्दीपनों को प्रस्तुत करते हैं जिनके ऊपर भावकों की अनुक्रियाओं की एकरूपता के लिए निर्भर हुआ जा सकता है।"[2] पारिभाषिक शब्दों के घटाटोप को दूर कर रिचड्र्स के भाषा-विषयक दृष्टिकोण को इस रूप में स्पष्ट किया जा सकता है—स्थिति के प्रति व्यक्ति का

प्रत्युत्तर वैज्ञानिक एवं रागात्मक भाषा में व्यक्त होता है। रागात्मक भाषा बहिर्जगत् के उद्‌दीपनों की अपेक्षा आन्तरिक चित्तीय स्थिति से नियंत्रित रहती है। कविता की रागात्मक भाषा में ऐसी आन्तरिक चित्तीय स्थितियाँ व्यक्त होती हैं जिनमें अत्यधिक विरोधी आवेगों का सामंजस्य होता है और परिणामतः बहिर्जगत् के उद्‌दीपकों के प्रति व्यक्ति का प्रत्युत्तर भी उसमें समंजित हो जाता है। ये आवेग एकरूप होते हैं। दूसरे शब्दों में, काव्य-भाषा में ऐसे आवेग समंजित होते हैं जो मानव-मात्र में सामान्य हैं। सामान्य और परस्पर विरोधी आवेगों के समंजन की प्रक्रिया अधिकांशतः अचेतन है। सारतः काव्य-भाषा, अभ्युदेशनात्मक भाषा और रागात्मक भाषा का, सामान्य और अत्यधिक विरोधी आवेगों के समंजन की अचेतन प्रक्रिया पर आश्रित, ऐसा समंजन है जिसमें अभ्युदेशनात्मक भाषा का महत्त्व सहायक रूप में है।

रिचर्ड्स का भाषा-विषयक दृष्टिकोण आद्यबिम्ब की धारणा के बहुत निकट आ गया है। उनके अनुसार काव्य-भाषा चित्तीय विरोधों के सामंजस्य से पैदा होती है। ऐसा सामंजस्य प्रतिगति या समाधि की रसदशा में ही सम्भव है। इस रसदशा में स्फुरित भाषा अनिवार्यतः बिम्बात्मक और शास्त्र की प्रयासजन्य भाषा से अलग होती है। आद्यबिम्बात्मक काव्य-भाषा का सामान्य वृत्यात्मक व्यवहार की भाषा से स्पष्ट भेद यही है कि सामान्य व्यवहार में प्रयुक्त भाषा यदि अचेतन अभिव्यक्ति हो तो भी वह मम-पर के सम्बन्धों में बँधी रहती है जबकि काव्य-भाषा ऐसे सम्बन्धों से मुक्त होती है। अचेतन की अभिव्यक्ति-रूप व्यवहार-भाषा और काव्य की बिम्बात्मक भाषा का यह अन्तर आद्यरूप की वृत्यात्मक और बिम्बात्मक अभिव्यक्तियों का अन्तर है। मानव-चित्त को चाहे आवेग-जाल मानें अथवा ग्रन्थि-जाल, संकल्पात्मक काव्य की भाषा सामरसजन्य ही होती है।

नई समीक्षा के जनक रिचर्ड्स ने काव्य-भाषा के वैशिष्ट्य की वैज्ञानिक व्याख्या की। परवर्ती समीक्षक इस क्षेत्र में उनसे आगे नहीं बढ़ सके हैं। इलियट ने काव्य-भाषा को मम-पर के सम्बन्धों से मुक्त मूर्त-विधान के रूप में स्वीकार किया। यह चिन्तन विभाव-सम्बन्धी भारतीय चिन्तन में पचा लिया गया है।[3] विभाव-चित्रण बिम्ब के निकट है।[4] रेंसम ने भी बिम्ब के आधार पर ही काव्य-भाषा को विज्ञान की भाषा से पृथक किया है। उनके अनुसार, "काव्यात्मक प्रवचन और वैज्ञानिक प्रवचन में महत्त्वपूर्ण अन्तर है—उनका प्रतीक-प्रयोग। विज्ञानवेत्ता एकार्थक प्रतीकों का प्रयोग करता है, कलाकार चित्रात्मक अर्थात बिम्बविधायी प्रतीकों का।"[5] दूसरे शब्दों में, विज्ञान की भाषा बिम्बहीन होती है और काव्य की भाषा बिम्बात्मक। एलन टेट काव्य-भाषा के विषय में किसी नये सिद्धान्त की स्थापना नहीं कर पाए। उनके विचार "कुछ तो इलियट से लिये गए हैं और कुछ रेंसम से।"[6] क्लियन्थ ब्रुक्स द्वारा प्रतिपादित भाषा-संरचना की अन्विति के सिद्धान्त में मूलतः अभिवृत्तियों के सामंजस्य को ही आधार बनाया गया है।[7] एम्पसन ने द्विअर्थता या अनेकार्थता

को काव्य-भाषा का वैशिष्ट्य स्वीकार किया। आचार्य नगेन्द्र के अनुसार, "भारतीय काव्यशास्त्र में प्रारम्भ से ही इस मत का प्रतिपादन प्रायः समान शब्दावली में होता आया है।"[8] आलोचना को नई भूमिका देने वाले शैली-विज्ञान के काव्य-भाषा-विषयक चिन्तन का ताना-बाना नई समीक्षा में प्रचलित उक्त सिद्धान्तों के सहारे ही बुना गया है।[9] डॉ. विद्यानिवास मिश्र ने 'साभिप्राय विचलन' के आधार पर काव्य-भाषा को सामान्य व्यवहार की भाषा से पृथक किया है लेकिन इस विचलन की अभिव्यक्ति के उन्होंने जितने स्तर उद्घाटित किए हैं, वे सभी सामान्य व्यवहार की भाषा में भी मिलते हैं।[10] कहना यह है कि काव्य भाषा के आद्यबिम्बत्व की धारणा भारतीय चिन्तन से पोषित होने के साथ-साथ अधुनातन साहित्य चिन्तन से भी पुष्ट है। इस सिलसिले में सर हर्बर्ट रीड का उल्लेख भी किया जा सकता है। सर हर्बर्ट रीड काव्य को उपादानों का ऐसा विशिष्ट संगठन मानते हैं जो अनिवार्यतः रूपात्मक होता है। कलाकार बिम्बात्मक अभिव्यक्ति के लिए विविध प्राकृतिक रूपों को पृथक्कृत और पुनस्संयोजित करता है। वह संयोजन करने वाले सम्पूर्ण तंत्र के केवल स्वामी और संचालक के रूप में उत्तरदायी है।[11] रीड के अनुसार, यह संयोजक तंत्र आद्यरूप ही है। उनके शब्दों में, "आद्यरूप स्पष्टतः ऐसे सिद्धान्त के रूप में पृथक्कृत है जो सौन्दर्यात्मक बोधों के वैविध्य को महत्त्वपूर्ण एकता प्रदान करता है।[12] इस प्रकार आद्यरूप समग्र सर्जन-प्रक्रिया के मूल में है। आद्यबिम्ब उसकी बिम्बात्मक अभिव्यक्ति होने के कारण कविता की समग्र भाषिक संरचना में व्याप्त होता है—वर्ण-विधान से लेकर बिम्ब-विधान तक। काव्य-भाषा में एक संरचनात्मक अन्विति रहती हैं। इसलिए सिद्धान्ततः वर्ण-विधान, शब्द-विधान आदि को पृथक्कृत रूप में विवेचित नहीं किया जा सकता है। फिर भी, व्यवहारतः उनकी पृथक सत्ता विश्लेषण का विषय रही है। अतः यहाँ मुक्तिबोध की भाषा के आद्यबिम्बत्व पर निम्नलिखित शीर्षकों में विचार किया जा सकता है—

वर्ण-विधान में आद्यबिम्ब, शब्द-विधान में आद्यबिम्ब, पदबन्ध-विधान में आद्यबिम्ब, समग्र बिम्ब का आद्यबिम्बत्व।

## वर्ण-विधान में आद्यबिम्ब

भारतीय चिन्तन में वर्णों के भावानुकूल संयोजन पर विशेष बल दिया गया है। अलंकार-सिद्धान्त के अन्तर्गत अनुप्रासादि अलंकारों में, रीति-सिद्धान्त के अन्तर्गत रीति में और वक्रोक्ति-सिद्धान्त के अन्तर्गत वर्ण-वैचित्र्य वक्रता में वर्ण-विधान के समग्र सौन्दर्य का विश्लेषण हुआ है। ध्वनि-विज्ञान के अन्तर्गत विशिष्ट ध्वनियों की भावाभिव्यंजकता स्वीकार की गई है। भाव यह है कि नई और पुरानी आलोचना-पद्धतियों में भाषा के वर्ण-सौन्दर्य की माप विविध शैलियों में की गई है।

फिर भी पूर्व और पश्चिम के प्रायः सभी आलोचना-सम्प्रदायों में रसानुकूल या भावानुकूल वर्ण-विधान के महत्त्व को स्वीकार किया गया है। युंगीय समीक्षा यह मानकर चलती है कि संकल्पात्मक काव्य में वर्ण अनायास ही बिम्बानुकूल विन्यस्त हो जाते हैं। बिम्बानुकूल वर्ण-विधान की दृष्टि से नये कवियों में मुक्तिबोध को विशेष सफलता मिली है। उनकी अनेक कविताओं में वर्ण बड़े सहज भाव से बिम्ब के अनुरूप विन्यस्त हो गए हैं। उनकी 'नाश देवता' शीर्षक कविता का एक अंश प्रस्तुत है—

*सभी उरों के अन्धकार में एक तड़ित वेदना उठेगी,*
*तभी सृजन की बीज-वृद्धि हित जड़ावरण की मही फटेगी।*
*शत-शत बाणों से घायल हो बढ़ा चलेगा जीवन-अंकुर।*
*दंशन की चेतन किरणों के द्वारा काली अमा हटेगी।*[13]

'नाश देवता' की इन पंक्तियों में ओजगुण के अनुरूप सृकार, ऋकार, शकार एवं ट-वर्ग के प्रयोग से परुषा वृत्ति है। 'तड़ित' में त्वरा एवं आघात के भाव निहित हैं। 'वेदना' का ऐसा सटीक विशेषण हृदय-मेघ के बिम्ब के साहचर्य से ही सम्भव हो पाया है। अन्धकार-रूप अचेतन के लिए भी मेघ का उपमान परम्परागत है। बिम्बात्मक स्तर पर बिजली का कड़कना और धरती का फटना एक ही है। 'शत-शत' से बाणों के बाहुल्य के साथ ही गति और आघात का भी ध्वनन होता है। 'काली अमा' स्पष्टतः कराला का आद्यबिम्ब है जो सृजनात्मक शक्ति के प्रसिद्ध प्रतीक नाग के दंश की किरणों के प्रकाश से तिरोहित होता है। इस प्रकार हृदय-मेघ, धरती के फटने, नाग-दंश आदि बिम्बों के साहचर्य से उद्धृत पंक्तियाँ वर्ण-विधान की दृष्टि से भी मूल्यवान हो गई हैं। विद्युत का 'तड़ित' पर्याय मुक्तिबोध को विशेष प्रिय रहा है। 'मेरे सहचर मित्र' में कवि की बेचैनी तड़िल्लता की शैया पर लोटती है—

*इस विप्लव की चल तड़िल्लता की*
*शैया पर*
*लोटती हुई बेचैनी की मेरी आँखें*
*हैं देख रहीं...*
*प्रश्नों की दानव काँखों में*
*ये दबे-घुटे क़ैदी उत्तर।*

यहाँ नायक की बेचैनी 'नाश देवता' की 'तड़ित वेदना' से अधिक गहरी है। यहाँ सूली ऊपर पिया की सेज और विप्लवियों की हत्या के लिए प्रयुक्त 'इलेक्ट्रिक चेयर' के बिम्ब भी अनुस्यूत है। ऐसी मरणाकांक्षा करने वाला नायक ही दानव-काँखों में घुटते हुए समाधानों को देख सकता है। मरणाकांक्षा उस बलिदानी की प्रतीक है, जो द्विजत्वोन्मुखी चेतना को सदैव करना पड़ता है।[14]

दानव सामूहिक छाया के व्यंजक हैं जिनका साक्षात्कार इस बलिदान के उपरान्त सम्भव है। नायक का यह बलिदानी स्वभाव प्रस्तुत पंक्तियों में दीर्घ स्वरों एवं संयुक्त व्यंजनों द्वारा चित्रित है। करुणा और मैत्री जैसे गुण भी मुक्तिबोध के काव्य में ओजस्वी रूप में प्रस्तुत हुए हैं। बलिदानी एवं क्रान्तिकारी चेतना की प्रतीक तड़िल्लता 'मेरे सहचर मित्र' शीर्षक कविता के अन्त में भी प्रयुक्त है—

*माधुरी और करुणा में भीगी रहकर भी*
*जी के भीतर की शिलालेख चट्टान,*
*गर्म रहती ही है।*
*संघर्ष मार्ग इतिहास मर्म कहती ही है*
*ओ मेरे सहचर मित्र*
*क्षितिज के मस्तक पर नाचती हुई*
*दो तड़िल्लताओं में मैत्री रहती ही है।*

यहाँ भी संयुक्त वर्णों के बाहुल्य एवं स्वरों के दीर्घत्व से ओज गुण की प्रधानता है। माधुरी, करुणा और मैत्री विवेच्य कविता के नायक को लोक-संग्रह के लिए संघर्ष की ओर ही प्रेरित करते हैं। समग्र अंश में परिव्याप्त परुषा वृत्ति के कारण 'तड़िल्लता' से ध्वनित नृत्य की गति तांडव के निकट है।

## शब्द-विधान में आद्यबिम्ब

भारतीय काव्यशास्त्र में शब्दों के सौन्दर्य पर अलंकार—सिद्धान्त में शब्दालंकारों, वक्रोक्ति-सिद्धान्त में पद-पूर्वार्द्ध पदपरार्ध एवं पद-वक्ताओं, रीति-सिद्धान्त में शब्द-गुणों तथा ध्वनि-सिद्धान्त में शब्द-शक्तुद्भव ध्वनियों के रूप में विचार किया गया है। शब्द-प्रयोग सम्बन्धी दोषों को भी विस्तार से गिनाया गया है। इसमें कोई सन्देह नहीं कि शब्द-सौन्दर्य के विश्लेषणार्थ भारतीय निकष अत्यधिक समृद्ध हैं। आद्यबिम्ब की धारणा से उक्त निकर्षों की प्रामाणिकता का मनोवैज्ञानिक पोषण किया जा सकता है। शब्द-भंडार की दृष्टि से नये कवियों में मुक्तिबोध की कविता सम्भवत: सर्वाधिक समृद्ध है। उन्होंने तत्सम, तद्भव, देशी, विदेशी—सभी प्रकार के शब्दों का उदारतापूर्वक प्रयोग किया है। इन प्रयोगों की सफलता की कसौटी मणिभीकरण है जिसमें शब्द इस क़दर रल-मिल जाते हैं कि उनके देशी-विदेशीपन का अहसास तक नहीं होता। उत्तम काव्य में शब्दों का मणिभीकरण (क्रिस्टेलाइज़ेशन) होता है। शब्दों की व्यंजनाएँ इस मणिभीकरण पर ही निर्भर हैं। रिचर्ड्स ने भी यह स्वीकार किया है कि शब्द एक-दूसरे को अनुप्राणित करते हैं। युंगीय आलोचना-पद्धति शब्दों के मणिभीकरण की प्रक्रिया के उद्घाटनार्थ साहचर्य और विस्तरीकरण की

वैज्ञानिक पद्धतियों का उपयोग करती है। यह मणिभीकरण जितना गहरे स्तरों पर होगा, शब्दों का प्रभाव उतना ही सघन होगा। मणिभीकरण की सघनता की पहचान यही है कि उसमें अधिकाधिक सहचारी बिम्बों के संश्लेष की क्षमता होती है। यहाँ यह स्पष्टीकरण अनिवार्य है कि मणिभीकरण सदैव सापेक्ष होता है। शब्द-विधान की दृष्टि से विभिन्न रचनाओं के काव्यात्मक मूल्य का अन्तर मणिभीकरण के स्तरों का अन्तर है। रचना की संकल्पात्मकता मणिभीकरण की गहनता पर निर्भर है। मुक्तिबोध की कविता में शब्दों के गहरे मणिभीकरण के उदाहरण सुलभ हैं, यथा—

*भूल-ग़लती*
*आज बैठी है जिरहबख़्तर पहनकर*
*तख़्त पर दिल के*
*चमकते हैं खड़े हथियार उसके दूर तक;*
*आँखें चिलकती हैं नुकीले तेज़ पत्थर-सी;*
*खड़ी हैं सिर झुकाए*
*सब क़तारें*
*बेज़ुबाँ बेबस सलाम में,*
*अनगिनत खम्भों व मेहराबों-थमे*
*दरबारे-आम में।*
*सामने*
*बेचैन घावों की अजब तिरछी लकीरों-सा कटा*
*चेहरा*
*कि जिस पर काँप*
*दिल की भाप उठती है*
*पहने हथकड़ी वह एक ऊँचा क़द*
*समूचे जिस्म पर लत्तर,*
*झलकते लाल लम्बे दाग*
*बहते ख़ून के।*
*वह क़ैद कर लाया गया ईमान*
*सुल्तानी निगाहों में निगाहें डालता*
*बेख़ौफ़ नीली बिजलियों को फेंकता*
*ख़ामोश!!*

यह भूल-ग़लती के सुल्तानी दरबार में तनकर खड़े क़ैदी ईमान का दृश्य है। अरबी-फ़ारसी के शब्दों का आधिक्य सुस्पष्ट है। जिरहबख़्तर श्लिष्ट प्रयोग है। फ़ारसी में 'जिरह' स्त्रीलिंग है और 'बख़्तर' पुल्लिंग। दोनों कवच के अर्थ में।

प्रयुक्त होते हैं। जिरह का एक अर्थ सत्य के ज्ञान के लिए की गई बहस भी है बख़्तर आत्मरक्षा के निमित्त पहना जाता है। इस प्रकार जिरहबख़्तर कवच के साथ-साथ आत्मरक्षार्थ की जाने वाली उस बहस के अर्थ में भी प्रयुक्त है। ऐसे बख़्तरबन्द लोगों की चर्चा मुक्तिबोध ने 'दिमाग़ी गुहान्धकार का ओरांगउटांग' शीर्षक कविता में भी की है। दिल के लिए तख़्त की उपमा परम्परागत है। भूल-ग़लती तख़्त पर बिठाई नहीं गई है, बख़्तरबन्द होकर ज़बरदस्ती बैठ गई है। जबरन क़ब्ज़ा जमाए बैठी सत्ता का विरोध भी स्वाभाविक है और उस विरोध के दमन के लिए दूर तक हथियार खड़े हैं। हथियारों के दूर तक खड़े होने के लाक्षणिक प्रयोग से शस्त्र-बल की 'अधिकता' उसके सीमान्तव्यापी प्रभाव और शस्त्रधारियों की सावधानता ध्वनित होती है। आँखें पथराई हुई न होकर पत्थर के आदिम अस्त्र की तरह नुकीली और तेज़ हैं। बेज़ुबाँ और बेबस क़तार सलाम करने को मजबूर किए गए आम लोगों का चित्र प्रस्तुत करती है। ऐसी शाही धाक अवाम के दरबार में पहुँचने पर ही विशेष सार्थक हैं, क्योंकि दरबारे-ख़ास में तो उसकी उतनी ज़रूरत नहीं रहती। क़ैद कर लाया गया ईमान शाही धाक के सन्नाटे को एक बार झटका देकर और तेज़ कर देता है। सुल्तान और क़ैदी आमने-सामने हैं। ऊँचे क़द वाले क़ैदी के हाथ बँधे हैं। चेहरा घावों की लकीरों से विभक्त है और दिल की भाप उससे ज़ाहिर है। समूचे जिस्म पर पड़ी हुई लहरों में दाग साफ़-साफ़ दिखाई नहीं दे सकते, सिर्फ़ झलक सकते हैं। दाग़ बहते हुए ख़ून के होने के कारण लम्बे हैं। निगाहों में निगाहें डालना मुहावरा है। इस प्रकार उद्धृत अंश में शब्द एक-दूसरे को दीप्त करते हैं और सुल्तान के दरबारे-आम में प्रस्तुत विद्रोही ईमान का विरोधी चित्र उनसे देदीप्यमान हो जाता है।

शब्दों का यह मणिभीकरण कवि के मन में पितृ-बिम्ब के आभ्यन्तर साक्षात्कार से हुआ है। फ्रायडवादी तो काव्य-मात्र की व्याख्या ओडिपस ग्रन्थि के आधार पर ही करते हैं। युंग ने भी आत्मोपलब्धि-प्रक्रिया में उसका महत्त्व स्वीकार किया है। पितृ-बिम्ब परम्परागत मूल्यों का संरक्षक होता है। बच्चा उसकी धाक से डरता है। यही पितृ-बिम्ब सत्ताधारियों पर प्रक्षेपित हो जाता है और आम लोग उनके सामने उनके बच्चों की तरह व्यवहार करते हैं। आम लोगों के समूह या सैनिकों की क़तारें अचेतन तत्त्वों के प्रसिद्ध प्रतीक हैं। बहुत दबाए जाने पर वे सफल-असफल विद्रोह भी करते हैं। प्रसाद की 'कामायनी' में प्रज्ञापति मनु के विरुद्ध सफल विद्रोह का चित्रण इसी प्रतीकार्थ में हुआ है। अचेतन की प्रतीक प्रजा एक सीमा एक ही सत्ता का संयमन स्वीकार करती है। भूल-ग़लती में ईमान का विद्रोह दब गया है परन्तु समाप्त नहीं हुआ—

> *कोई बुर्ज के उस तरफ़ आ पहुँचा*
> ...

*मुहैया कर रहा लश्कर*

*...*

*प्रकट होकर विकर हो जाएगा!!*

जिरहों के बख़्तर से सुरक्षित भूल-ग़लती परम्परागत मूल्यों की रक्षा करती है और सच्चे ईमान को कुचलती है। पर इसमें पूरी कामयाबी उसे नहीं मिल सकती, क्योंकि विद्रोही ईमान शिवाजी या अमर सिंह राठौर की तरह भरे दरबार में से निकल भागता है। यहाँ समासोक्ति शैली में जातीय इतिहास की एक गौरवपूर्ण कथा जुड़ गई है। ऐसी व्यंजनाएँ लोक से सम्पृक्त कवियों में प्रायः आ जाती हैं। कबीर के एक दोहे में भी पृथ्वीसिंह-संयोगिता की कथा का ऐसा चित्र देखिए—

*आसपास जोधा खड़े सभी बजावें गाल।*
*माँझ महल से ले गया ऐसा काल कराल॥*

मुक्तिबोध ने अरबी-फ़ारसी शब्दों के साथ ही तत्सम और तद्भव शब्दों को भी युगपत साधा है। 'मुझे पुकारती हुई पुकार' से पक्षी के उड़ने का एक बिम्ब प्रस्तुत है—

*किसी उजाड़ प्रान्त के*
*विशाल रिक्त-गर्भ गुम्बजों घिरे*
*विहंग जो*
*अधीर पंख फड़फड़ा दीवाल पर*
*सहायहीन, बद्ध-देह, बद्ध-प्राण*
*हारकर न हारतो*
*अरे नवीन मार्ग या खुला हुआ*
*तुरन्त उड़ गया सुनील व्योग गें अधीर हो।*[15]

यहाँ 'रिक्त-गर्भ' एवं 'उजाड़ प्रान्त' से सूचित गुम्बजों के खोखलेपन को 'विशाल' का प्रयोग विशेषतः ध्वनित कर रहा है। गुम्बजों का रिक्त-गर्भत्व विशाल होने के कारण अधिक चुभता है। 'विशाल' प्रयोग से अधीर पंखों की फड़फड़ाहट एवं 'रिक्त-गर्भ' प्रयोग से 'दीवाल' दीप्त हो उठती है, क्योंकि लघु और भरी हुई जगह में पक्षियों का झुंड नहीं होता और अगर हो भी तो उसकी फड़फड़ाहट सीमित ही रहेगी। बद्ध-देह, बद्ध-प्राण से असहायता गहरी हो जाती है। ऐसे असहाय किन्तु हारकर भी न हारने वाले पक्षियों की अकाल मृत्यु को लोक-हृदय की पहचान वाला मन नहीं देख सकता। इसीलिए पक्षियों को नया मार्ग मिलता है और यह मार्ग बन्द या संकीर्ण न होकर 'खुला हुआ' या उन्मुक्त है। इसीलिए वे सुनील व्योम में 'तुरन्त' उड़ जाते हैं। यहाँ भी शून्य और तेजस के द्वन्द्व में तेजस की अन्तिम विजय का आद्यानुभव उपयुक्ततम शब्दों को आकर्षित करता है।

अनुकरणात्मक या ध्वनि-व्यंजक शब्दों के प्रयोग में भी मुक्तिबोध सफल रहे हैं। कुछ उदाहरण द्रष्टव्य हैं—

1. *यह सही है कि चिलचिला रहे फ़ासले,*
   *तेज़ दुपहर भूरी*
   *सब ओर गरम धार-सा रेंगता चला*
   *काल बाँका तिरछा।*[16]
2. *भुसभुसे उजाले फुसफुसाता षड्यंत्र।*[17]
3. *उन रत्नों के लिए तुम्हारी व्याकुलतर गति सरसर।*[18]
4. *कि पाबन्दी लगे-से भेद-सा बेचैन दिल का ख़ून*
   *जो भीतर*
   *हमेशा टप्प टप कर टपकता रहता*
   *तड़पते-से ख़यालों पर।*[19]
5. *लगी है झनझनाती आग।*[20]

इन उदाहरणों से स्पष्ट है कि मुक्तिबोध ने अनुकरणात्मक शब्दों के बिम्बात्मक प्रयोग किए हैं। पहले उदाहरण में टीकाटीक दोपहरी की सड़कों का बिम्ब है। सड़कें राही और मंज़िल के बीच फ़ासले हैं। दोपहरी में चिलचिलाती सड़कों के लिए 'चिलचिला रहे फ़ासले' प्रयोग काव्यात्मक है, क्योंकि उससे स्थानगत दूरी के साथ ही अमूर्त दूरियाँ भी व्यंजित हो जाती हैं। तेज़ दुपहर के लिए 'भूरी' शब्द का प्रयोग अत्यधिक सुन्दर है, क्योंकि श्वेत के स्थान पर 'भूरा' रंग आतंकप्रद होता है। काल-नाग का बिम्ब अत्यन्त प्राचीन है। फ़ासले की व्यंजक सड़कें नागवत प्रतीत होती हैं, जो सब ओर गर्म धार की तरह रेंगता चलता है। तीसरे उदाहरण में नाग-गति की व्यंजक ध्वनि सरसर है जो गति की तीव्रता का बोध कराती है। दूसरे उदाहरण में 'भुसभुसा' प्रयोग प्रकाश और प्रकाशवाहकों के खोखलेपन को तथा फुसफुसाता षड्यंत्र की गुप्त मंत्रणा को ज़ाहिर करता है। चौथे उदाहरण में तड़पते ख़यालों पर दिल के ख़ून का टपकना अनुकरणात्मक शब्दों के प्रयोग से और अधिक स्पष्ट हो गया है। पाँचवें उदाहरण में बर्रों के काटने की पीड़ा झनझनाती आग में बिम्बित हो उठी है।

मुक्तिबोध ने वैज्ञानिक प्रत्ययों की बिम्बात्मक अभिव्यक्ति का विशेष प्रयास किया। इससे उनके काव्य में वैज्ञानिक प्रत्यय तो व्यंजित हैं, किन्तु विज्ञान की पारिभाषिक शब्दावली का प्रयोग अपेक्षतया सीमित रहा है। इस तथ्य का प्रमाण यह है कि गहनता-मनोविज्ञान से सुपरिचित होते हुए भी उसकी पारिभाषिक शब्दावली का व्यवहार मुक्तिबोध ने अपनी गद्य-रचनाओं में पद्य-रचनाओं की अपेक्षा अधिक किया है। फिर भी उन्होंने अपनी कविताओं में जिन पारिभाषिक शब्दों का प्रयोग किया है,

"उन्हें समझने के लिए नृतत्त्वशास्त्र, प्राणि-विज्ञान, भौतिकी, ताराभौतिकी, गणित, मनोविश्लेषण आदि शास्त्रों तक पहुँच आवश्यक है। यह उल्लेखनीय है कि ऐसे पारिभाषिक शब्दों के प्रयोगों में काव्यात्मकता के साथ-साथ वैज्ञानिकता का निर्वाह भी प्रायः किया गया है।"[21] इसी प्रकार अंग्रेज़ी शब्दों का प्रयोग भी अत्यन्त सीमित रहा है। 'अँधेरे में' जैसी पचास पृष्ठों की कविता में पैंतीस-चालीस अंग्रेज़ी शब्द आए हैं—अर्थात औसतन एक पृष्ठ पर एक शब्द से भी कम।[22] इस प्रकार मुक्तिबोध की रचनाएँ शब्दों के मणिभीकरण का सुन्दर उदाहरण प्रस्तुत करती हैं।

## पदबन्ध-विधान और आद्यबिम्ब

पदबन्धों के अन्तर्गत यहाँ मुहावरों के प्रयोग पर विचार किया जा रहा है। भाषिक प्रयोगों की दृष्टि से डॉ. रामस्वरूप चतुर्वेदी ने मुहावरों को काव्य-भाषा का सर्वाधिक कमज़ोर तत्त्व माना है क्योंकि "मुहावरे और लोकोक्ति का रूप सीधा बँधा हुआ है।"[23] मुहावरों में प्रायः लक्षणा का व्यापार रहता है और लक्षणा के मूल में अचेतन का सृजनात्मक योग स्वीकृत है। इसलिए मुहावरों के प्रयोग में आद्यबिम्बों का साक्षात्कार और पुनस्सृजन करती हैं। वस्तुतः मुहावरों में मानव के आद्य या सामान्य अनुभव व्यक्त होते हैं। उदाहरणार्थ, पानी फिरना, पहाड़ टूटना, कच्चे को चबाना आदि मुहावरे लिये जा सकते हैं। आम आदमी 'पानी फिरने' या 'पहाड़ टूटने' का प्रत्यक्ष अनुभव नहीं करता और न ही सभ्य व्यक्ति कच्चा मांस खाता है। हमारी पुराण-कथाओं के अनुसार मनु ने पानी फिरते देखा था, इन्द्र ने पहाड़ों को चूर-चूर किया था और राक्षस कच्चों को चबाते थे। ये मुहावरे ऐसे ही आद्य अनुभवों के अवशेष हैं। यहाँ कहा जा सकता है कि सभी मुहावरों में तो आद्यानुभव नहीं होते। गुड़ गोबर करना, चिराग तले अँधेरा जैसे मुहावरे तो सभ्य समाज के अनुभवों की साक्षी देते हैं। इस सन्दर्भ में उल्लेख्य है कि सभ्य समाज के ये अनुभव मात्र वैयक्तिक नहीं, सर्व-सामान्य हैं। साथ ही उक्त मुहावरों में भी आद्यरूपों का संस्पर्श रहता है। गुड़ की गोबर के रूप में परिणति चेतन अनुभव नहीं, विभ्रमजन्य प्रतीति है। 'चिराग तले अँधेरा' चेतना के अतिरिक्त चित्त के अचेतन स्तर की सत्ता का द्योतक है। इस प्रकार प्रायः सभी मुहावरे आद्यानुभवों या आद्यरूपों के व्यंजक हो जाते हैं। मुहावरे मूलतः आद्यबिम्बात्मक होते हुए भी प्रयोग-रूढ़ि के कारण अपना बिम्बत्व खो बैठते हैं। इस रूप में, उन्हें मृत प्रतीक कहा जा सकता है। सामान्य व्यवहार में जब मुहावरे का प्रयोग चित्त की गहराइयों से होता है, तब आद्यरूपों की वृत्यात्मक अभिव्यक्ति माननी चाहिए। कविता में मुहावरे अपने खोए हुए बिम्बत्व को पुनः प्राप्त कर लेते हैं। उनके प्रयोग से भाषा रमणीय हो जाती है, क्योंकि सामान्य व्यवहार में मुहावरों के माध्यम से वृत्यात्मक रूप में प्रवाहित तेजस काव्य में बिम्ब-रूप ग्रहण कर लेता है, उदाहरणार्थ—

*सुल्तानी निगाहों में निगाहें डालता*
*बेख़ौफ़ नीली बिजलियों को फेंकता।*[24]

यहाँ दो मुहावरे प्रयुक्त हैं—निगाहों में निगाहें डालना और आँखों से चिनगारियाँ निकलना। सामान्य व्यवहार में इन दोनों मुहावरों से किसी के क्रुद्ध होने का तथ्य प्रकट होता है, जो यहाँ क़ैद कर लाए गए ईमान के रौद्र भाव को बिम्बित करते हैं। सामान्य व्यवहार में मम-पर के सम्बन्धों में बँधे रहने के कारण श्रोता का प्रत्युत्तर भी वृत्यात्मक होता, जबकि यहाँ उसके चित्त में सशक्त बिम्ब का उदय होता है। इन मुहावरों को मुक्तिबोध ने पुन:सृजित किया है। निगाहों में निगाहें डालना आसान हो सकता है किन्तु सुल्तानी जलाल का सामना कर पाना बहुत कठिन है। चिनगारी की जगह बिजली रखकर और उसे 'नीली' विशेषण देकर दूसरे मुहावरे को जीवन्त बनाया गया है। बिजली की नीली आग चिनगारियों की लाल-पीली आग से कहीं ज़्यादा दाहक होती है। नील वर्ण अचेतन का व्यंजक है। बिजली प्रकाशमयी होने से तेजस-बिम्ब है। नेत्र चेतना के प्रसिद्ध प्रतीक हैं। क़ैद कर लाया गया ईमान अपनी अचेतन ऊर्जा से दीप्त चेतना के द्वारा सुल्तानी निगाहों का सामना करता है। ईमान की ऐसी चेतना के कारण "मनसबदार, शायर और सूफी, अलगजाली, इब्ने सिन्ना, अलबरूनी, आलिमो फाजिल, सिपहसालार-सब सरदार" स्तम्भित हो जाते हैं।[25]

मुक्तिबोध ने भी 'एक भूतपूर्व विद्रोही का आत्मकथन' शीर्षक कविता में खेत रहे विद्रोहियों की देह की मिट्टी से गुलाबी फूल खिलने का विश्वास व्यक्त किया है—

*अपनी ही आँखों के सामने*
*ख़ूब हम खेत रहे!*
*ख़ूब काम आए हम!!...*
*ज़मीन में गड़े हुए देहों की ख़ाक से*
*शरीर की मिट्टी से धूल से*
*खिलेंगे गुलाबी फूल।*

विवेच्य मुहावरे में आद्यानुभवों का संस्पर्श सहज ही लक्षित किया जा सकता है। किसी की मृत्यु की सूचना अभिधा में प्राय: नहीं दी जाती। इसके मूल में अप्रिय भावों को नकारने की आदिम प्रवृत्ति रहती है। प्रियजनों के अमर रहने की आदिम इच्छा 'गोलोकवासी हुए', 'स्वर्गवासी हुए', 'खेत रहे' जैसे भाषिक प्रयोगों में व्यक्त होती है। 'खेत' या 'क्षेत्र' अचेतन का प्रसिद्ध प्रतीक है। प्रतीक स्तर पर 'खेत रहना' प्रतिगति का और कुसुमित-पल्लवित होना प्रगति का व्यंजक है। 'ख़ाक में मिलकर गुलेगुलज़ार होने' के समवर्ती खेत रहे व्यक्तियों के पुष्पित-पल्लवित होने के विश्वास के मूल में द्विजत्व का आद्यरूप है।

मुहावरों के प्रयोग की दृष्टि से मुक्तिबोध की कविता पर्याप्त समृद्ध है। लाग-डाट करना, सुराग़ में रहना, ताक में रहना, थाह लेना, पार लगाना, काम आना, मन पिघलना, मारे-मारे फिरना, आग लगना, लार टपकाना, गला बचाना, मुँह मोड़ना, आँखें फाड़ देखना, हाथ मलना आदि अनेक मुहावरे उनकी कविता में सहजतः विन्यस्त हैं। मुक्तिबोध के काव्य में प्रत्युक्त मुहावरे इस अर्थ में विशिष्ट हैं कि वे अनेकानेक साहचर्यों से दीप्त होने के कारण बिम्बात्मक है। उदाहरणार्थ, 'मेरे सहचर मित्र' का यह अंश प्रस्तुत है—

*वह सँवलाया कलियाया मुँह*
*है स्नेह-भरी चिन्ता में*
*शाल्मलि वृक्ष तले*
*उद्विग्न खड़े वनवासी दुर्धर अर्जुन का*
*जिसके नेत्रों में चमक उठे,*
*चन्दन के पावन अंगारे,*
*जो सोच रहा क्यों मानव के*
*इस तुलसी-वन में आग लगी*
*क्यों मारी-मारी फिरती है*
*मन की यह गहरी सज्जनता*
*दुख के कीड़ों ने खाई क्यों*
*ये जूही पत्तियाँ जीवन को*
*निर्माल्य हुए ज्यों फूल युवक*
*युवती जन के*
*क्यों मानव सुलभ सहज*
*आकांक्षाओं के तरु*
*यों ठूँठ हुए वृन्दावन के*
*मानव आदर्शों के गुम्बद में आज यहाँ*
*उलटे लटके चमगादड़ पापी*
*भावों के!*

यहाँ नेत्रों में अंगारे चमकना, आग लगना, मारे-मारे फिरना, ठूँठ हो जाना आदि मुहावरे प्रयुक्त हैं। नेत्रों का अंगार हो जाना, नेत्रों से अंगारे बरसना आदि मुहावरे प्रायः क्रोध का ध्वनन कराते हैं। अंगार स्पष्टतया तेजस का प्रतीक है। क्रोध में नेत्रों का अंगार जैसा या रक्तिम हो जाना आद्यानुभाव है। अर्जुन के नेत्रों में चमकने वाले अंगार सत्त्व गुण के व्यंजक चन्दन की पावनता के साहचर्य से सत्वोद्रेक का ध्वनन कराते हैं। तुलसी के प्रति लोकमानस की श्रद्धा स्पष्ट ही है।

वह पावन भावों की व्यंजना कराने में समर्थ है। उसके साहचर्य से आग लगना मुहावरा दीप्त हो उठा है। 'गहरी' विशेषण सज्जनता को अपेक्षित गाम्भीर्य प्रदान करता है और उसका मारी-मारी फिरना 'मारी-मारी फिरती' असहाय नारी के बिम्ब को दीप्त कर देता है। इस प्रकार मुहावरे के मूल में माया के आद्यबिम्ब की सहज दीप्ति है। महत्त्वाकांक्षाओं का ठूँठ बन जाना उतना चिन्त्य नहीं होता जितना कि सहजाकांक्षाओं का। लीला-भूमि के संसर्ग से यह मुहावरा और अधिक सार्थक हो गया है। मुहावरों का ऐसा सर्जनात्मक प्रयोग उनकी बिम्बरूप अनुभूतियों से ही सम्भव है।

## समग्र बिम्ब का आद्यबिम्बत्व

युंगीय दृष्टि से नये प्रतीकों की अपेक्षा परम्परागत प्रतीक अधिक तेजस्वी होते हैं। संकल्पात्मक काव्य में इन पराम्परागत प्रतीकों का पुनस्सृजन होता है। सभ्यता के विकास के साथ ही परम्परागत प्रतीक नये-नये रूप ग्रहण कर लेते हैं। स्पष्टीकरण के लिए एक उदाहरण देखिए—

*उस गुहा-भीत से कान लगाकर मैं सुनता हूँ*
*जो बहस कि उससे ज्ञान हुआ—*
*यह ध्यान कि तुमने कन्धों पर*
*सहसा मुझको*
*क्यों खड़ा किया*
*अपने से दुगुना बड़ा किया*
*जिससे पैरों की उँगली पर*
*तनकर ऊँची गरदन कर दोनों हाथों से*
*मैं स्याह चन्द्र का फ़्यूज़ बल्ब*
*जल्दी निकाल*
*पावन प्रकाश का प्राण-बल्ब*
*वह लगा सकूँ*
*जो बल्ब तुम्हीं ने श्रमपूर्वक तैयार किया*
*विक्षुब्ध ज़िन्दगी की अपनी*
*वैज्ञानिक प्रयोगशाला में।*
*उस शाला को मैं एक अल्प मति*
*विद्यार्थी*
*जड़ लेखक हूँ मैं अनुभवी*
*आयु में यद्यपि मैं प्रौढ़*
*बुद्धि में बालक हूँ*

*मैं एकलव्य जितना निरखा*
*ज्ञान के बन्द दरवाज़े की दरार से ही*
*भीतर का महामन्थनशाली मनोज्ञ*
*प्राणाकर्षक प्रकाश देखा।*[26]

'मेरे सहचर मित्र' के इस अंश का बिम्बत्व गुहा, बल्ब, शाला और एकलव्य के प्रत्ययों में पुंजीभूत है। गुहा अचेतन के सृजनात्मक पक्ष को प्रतीकित करती है। मुक्तिबोध के काव्य में गुहा-बिम्बों के प्रचुर प्रयोग हैं। 'कान लगाकर सुनना' या 'कान लगाना' मुहावरे को 'भीत' और बहस के विधेयांशों में दीप्त किया है। 'भीत' अपने तद्भव रूप के कारण और अधिक व्यंजन हो गई है क्योंकि साउंड-प्रूफ़ कक्षों में कान लगाना तो व्यर्थ है। भीत से कान लगाकर सुन पाने की सम्भावना सामान्य है। 'बहस' में ध्वनित वादों और प्रतिवादों का संघर्ष 'गुहा' को दीप्त कर देता है। बहस सुनने से ज्ञान की प्राप्ति में 'वादे-वादे जायते तत्त्वबोधः' का परम्परागत विश्वास निहित है। ध्यान-लब्धि की अनायासता गहनता-मनोविज्ञान और प्राचीन दर्शनों से समर्थित है। 'सहसा' क्रियाविशेषण से 'कान लगाना' और 'ज्ञान' दोनों ही दीप्त हो उठते हैं क्योंकि 'सहसा' में ध्वनित कारण-कार्य सम्बन्ध की अप्रतीति कारण की जिज्ञासा उत्पन्न करती है। 'अपने से दुगुना बड़ा किया' में सहचर मित्र के हृदय की उदारता झलकती है। चन्द्र का फ़्यूज़ बल्ब निकालकर पावन प्रकाश का प्राण बल्ब लगाने में 'आकाश छूना' के पूर्व-प्रयोजन की पुष्टि और 'आकाश-दीप' जलाने के आद्यानुभव की झलक भी स्पष्ट है।

विवेच्य अंश में बल्ब का बिम्ब विशेषतः ध्यातव्य है क्योंकि वह सारी भाषिक संरचना के वृत्त का केन्द्र है। बल्ब मूलतः विद्युत या अग्नि से सम्बन्धित है और प्राण या आत्म का आद्यबिम्ब है। उसमें बलने के साथ बोलने की ध्वनि भी है। 'सिम्बल्स ऑफ़ ट्रांसफ़ॉर्मेशन' में युंग ने बोलना और बलना से सम्बन्धित भारोपीय शब्दों की लम्बी सूची दी है। स्याह चन्द्र के फ़्यूज़ बल्ब के साहचर्य से यह सूर्य का संकेत भी करता है। चन्द्रमा स्याह है क्योंकि उसमें अपना प्रकाश यानी आत्म-प्रकाश नहीं है। मुक्तिबोध की कविता में चन्द्रमा प्रायः पूँजीवादी सभ्यता की तामसिकता का प्रतीक रहा है। कवि पतनोन्मुख पूँजीवादी सभ्यता के स्थान पर समता के सूर्य-सत्य की स्थापना करना चाहता है। यह संकल्प जिस रूप में बिम्बित हुआ है, उसमें चेतन और अचेतन का जीवन्त सम्बन्ध दीप्त है। 'तनकर' और 'गरदन ऊँची कर' फ़्यूज़ बल्ब की जगह प्राण-बल्ब लगाना एक ओर तो चेतन अनुभवों के अनुकूल है तथा दूसरी ओर सच्चाई के रास्ते पर चलने वालों के स्वाभिमान का व्यंजक है। यहाँ 'तनकर खड़े होना' और 'सिर उठाकर जीना' जैसे मुहावरों की ध्वनि भी है। बल्ब का विक्षुब्ध ज़िन्दगी की प्रयोगशाला में तैयार होना उसकी मौलिकता का

ध्वनन करना है क्योंकि कारख़ानों में तैयार बल्ब तो अनुकृत होता है और साथ ही कारख़ाने प्रस्तुत प्रसंग में पूँजीवादी सभ्यता के पोषक होते हैं। वैज्ञानिक प्रयोगशाला भी यहाँ ज़िन्दगी का रूपक मात्र न होकर बिम्ब है, क्योंकि उसके साथ सहचारी बिम्बों की श्रृंखला है। एकलव्य के साहचर्य से आप्तपुरुष का बिम्ब उद्दीप्त होता है और जीवन की प्रयोगशाला आप्तत्व के भारतीय विश्वासों से चमक उठती है। आप्तपुरुष के बिम्ब की दीप्ति से ही अहं विनीत हो जाता है। "आयु से य़द्यपि मैं प्रौढ़, बुद्धि से बालक हूँ" में संस्कृत की प्रसिद्ध सूक्ति को पुनस्सृजित किया गया है। यह पुनस्सृजन शिशु-बिम्ब के कारण है। एकलव्य का पौराणिक बिम्ब उपेक्षित जिज्ञासु की व्यंजना करने में तो समर्थ है ही; साथ ही आधुनिक भारत के ग़रीब छात्र की ओर भी ध्यान दिलाता है जिसके लिए ऊँचे ज्ञान-मन्दिरों के दरवाज़े प्राय: बन्द से हो गए हैं और जो सिर्फ़ दरारों से निरखकर ही अपनी तीव्र जिज्ञासा के कारण महामन्थनशाली प्राणाकर्षक प्रकाश की अनुभूति कर लेता है।

स्पष्ट है कि विवेच्य अंश के अधिकांश बिम्ब परम्परागत हैं और चित्त की गहराइयों से उठे हैं। आधुनिक जीवन की सामग्री के संयोग ने उन्हें नया बना दिया है। ऐसे बिम्बों की भावन-प्रक्रिया में भी चित्त की गहराइयाँ स्वयमेव सकिय हो जाती हैं। इन परम्परागत प्रतीकों की तुलना में नितान्त नये प्रतीक सहृदयों को कम प्रभावित करते हैं। नये प्रतीकों की प्रभावकता भी परम्परा से उनकी सम्पृक्ति पर निर्भर है। कहा जा सकता है कि उपरि-विवेचित अंश में भी तो केन्द्रीय प्रतीक बल्ब नया ही है। इस सन्दर्भ में उल्लेख्य है कि बल्ब का बाह्य रूप तो नया है परन्तु उसका भाषिक रूप जिस धातु से बना है, वह भारोपीय भाषाओं में आदिकाल से प्रचलित रही है। यह भी स्पष्ट है कि परम्परागत बिम्बों के पुनस्सृजन से अर्थगौरव में भी वृद्धि हुई है। इस अध्ययन से सिद्ध है कि मुक्तिबोध की भाषा की समग्र संरचना में आद्यबिम्बों की सक्रियता से उनकी कविता में सच्छिद्रेदना प्रभविष्णुता अभिव्यक्त है।

## सन्दर्भ

1. *रिचड्‌र्स के आलोचना सिद्धान्त*, पृ. 112
2. वही, पृ. 91
3. *नई समीक्षा : नये सन्दर्भ*, पृ. 85
4. *वार्षिक लेखक संगोष्ठी के शोधपत्र*, 1976-77, *भाषा विभाग, हरियाणा*, पृ. 135-36
5. *समन्विति*, पृ. 52
6. वही, पृ. 86
7. वही, पृ. 69
8. *नई समीक्षा : नये सन्दर्भ*, पृ. 25
9. देखिए, *शैली विज्ञान और आलोचना की नई भूमिका* में पृ. 46 से पृ. 52 तक प्रस्तुत प्रभेदक लक्षण जिन्हें उपरिविवेचित सिद्धान्तों में समाहित किया जा सकता है।

10. *रीति विज्ञान*, पृ 76-77
11. *द फ़ार्म्स ऑफ़ द थिंग्स अननोन*, पृ. 49-51
12. वही, पृ. 61
13. *तार सप्तक*, पृ. 26
14. *कॉम्प्लेक्स/आर्केटाइप/सिम्बल्स*, पृ. 177
15 *चाँद का मुँह टेढ़ा है*, पृ. 70
16. वही, पृ. 6
17. वही, पृ. 31
18. वही, पृ. 126
19. वही, पृ. 141
20. वही, पृ. 148
21. *नई कविता : विलायती सन्दर्भ*, पृ. 63
22. वही
23. *मध्ययुगीन हिन्दी काव्यभाषा*, पृ. 176
24. *चाँद का मुँह टेढ़ा है*, पृ. 3
25. वही, पृ. 4
26. वही, पृ. 96-97

अध्याय-6

# 'अँधेरे में' आजानुबाहु का आद्यबिम्ब

डॉ. रमेश कुन्तल मेघ के अनुसार, "एक तालाब, आदिम बूढ़ा बरगद, चौराहा और गलियाँ, नागपुर का घंटाघर, राजनांदगाँव के खँडहर आदि—ये उनके काव्य में आर्केटाइपल बिम्ब बनकर चहुँओर नानार्थक प्रतीकों और मिथकों में, नाना कविताओं में निरन्तर खुलते चले गए हैं।[1] डॉ. मेघ द्वारा निर्दिष्ट और अन्य अनेक आर्केटाइपल बिम्ब अकेली 'अँधेरे में' शीर्षक कविता में ही भरे पड़े हैं। विवेच्य कविता आप्तपुरुष के आद्यबिम्ब से आरम्भ होती है—

*ज़िन्दगी के...*
*कमरों में अँधेरे*
*लगाता है चक्कर*
*कोई एक लगातार*
*आवाज़ पैरों की देती है सुनाई*
*बार-बार...बार-बार*
*वह नहीं दीखता...नहीं ही दीखता*
*किन्तु वह रहा घूम*
*तिलिस्मी खोह में गिरफ़्तार कोई एक*
*भीत-पार आती हुई पास से*
*गहन रहस्यमय अन्धकार ध्वनि-सा*
*अस्तित्व जनाता*
*अनिवार कोई एक*
*और मेरे हृदय की धक-धक*
*पूछती है—वह कौन*
*सुनाई जो देता, पर नहीं देता दिखाई!*
*इतने अकस्मात गिरते हैं भीतर से*
*फूले हुए पलस्तर*

*गिरती है चूने भरी रेत*
*खिसकती हैं पपड़ियाँ इस तरह*
*ख़ुद-ब-ख़ुद*
*कोई बड़ा चेहरा बन जाता है*
*स्वयमपि*
*मुख बन जाता है दीवाल पर*
*नुकीली नाक और*
*भव्य ललाट है,*
*दृढ़ हनु*
*कोई अनजानी अनपहचानी आकृति*
*कौन वह दिखाई जो देता, पर*
*नहीं जाना जाता है!!*
*कौन मनु?* [2]

यहाँ जिस "प्रगतिवादी भाव-सत्य का अर्ध-साक्षाकार व्यंजित है"[3] वह भाव सत्य आप्तपुरुष के आद्यबिम्ब में मुखर है। आप्तपुरुष के आद्यबिम्बों की दृष्टि से नये कवियों में मुक्तिबोध का नाम सर्वाधिक महत्त्वपूर्ण है। संख्या और काव्यात्मक मूल्य दोनों ही दृष्टियों से उनका काव्य आप्तपुरुष के आद्यबिम्बों से समृद्ध है। 'मेरे सहचर मित्र', 'इस चौड़े ऊँचे टीले पर', 'एक स्वप्न-कथा', 'अँधेरे में', 'डूबता चाँद कब डूबेगा', 'चम्बल की घाटी में' आदि अनेक कविताओं में आप्तत्व व्यंजक दीप्त आद्यबिम्ब मिलते हैं। इन कविताओं में गुहावासी, निर्जन गृहवासी, जलदेव और युगीन महामानव आदि के रूपों में आप्तपुरुष का उज्ज्वल पक्ष अभिव्यक्त हुआ है। विवेच्य कविता में आप्तपुरुष जीवन के अँधेरे कक्ष में लगातार चक्कर लगा रहा है। उसके पैरों की आवाज़ को कविता का नायक बार-बार सुनता है, किन्तु वह उसे दीखता नहीं है। इसी खंड में आगे चलकर वह दिख तो जाता है, किन्तु जाना नहीं जाता। यह स्थिति अचेतन बिम्ब के अर्धसाक्षात्कार को व्यंजित करती है। ऐसा अर्धसाक्षात्कार बिम्ब की भाषा के विश्लेषण से स्पष्ट हो जाता है। कमरे और अँधेरे अचेतन के प्रसिद्ध प्रतीक हैं। नायक के अचेतन में कोई एक बिम्ब लगातार उभर रहा है। आप्तपुरुष के इस बिम्ब के उभरने पर नायक को पैरों की आवाज़ बार-बार सुनाई देती है। वस्तु-वर्णन की दृष्टि से ये पंक्तियाँ, फ़ैंटेसी के अनुरूप स्वप्निलता लिये हुए हैं। अन्यथा 'पैरों' की जगह 'चलने' का प्रयोग भी हो सकता था। पद-विशेष का प्रयोग आप्तपुरुष के चरणों के माहात्म्य के परम्परागत सन्दर्भ से दीप्त है। 'वह नहीं दीखता...नहीं ही दीखता' में नहीं दीखता की पुनरुक्ति और 'ही' की पदवक्रता से साक्षात्कार की असफलता के कारण जन्मा मनोद्वेग व्यंजित हुआ है।

अचेतन के स्वर बिम्बात्मक होने के कारण रहस्यमय होते हैं। तिलिस्मी खोह भी अचेतन की प्रसिद्ध प्रतीक है। उससे आती हुई गहन रहस्यमय ध्वनि आप्तपुरुष के अनिवार अस्तित्व को जानती है और कविता का नायक ध्वनि में व्यक्त अस्तित्व के संज्ञान का प्रयासी है। तदनन्तर फूले हुए पलस्तर के गिरने, चूने भरी रेत के खिरने और पपड़ियों के खिसकने पर स्वयमपि रूपाकार ग्रहण करने वाला अनिवार अस्तित्व दिखाई देता है। दिखाई देने पर भी नायक उसका संज्ञान नहीं कर पाता। विश्लेषणात्मक मनोविज्ञान के अनुसार आभ्यन्तर बिम्ब का संज्ञान अहं की सीमाओं के कारण दुष्कर हो जाता है। अहं द्वारा अचेतन के महत्त्वपूर्ण बिम्ब का साक्षात्कार न किए जाने पर वह स्वप्न, फ़ैंटेसी आदि में बार-बार व्यक्त होता है। विवेच्य कविता में भी यह बिम्ब अनेक बार आया है। पहले खंड में ही आगे यह बिम्ब 'सलिल के तम-श्याम शीशे में कोई'[4] श्वेत आकृति के रूप में उभरता है। भारतीय परम्परा में श्वेताकृतियाँ देवताओं की प्रतीक रही हैं। इन देवताओं का साक्षात्कार मानव को हतप्रभ कर देता है। इसीलिए रत्नसेन पद्मावती के आने से पहले हतचेत हो गया था। इसी तरह का अनुभव यहाँ भी व्यक्त है—

*और मुसकाता है,*
*पहचान बताता है,*
*किन्तु मैं हतप्रभ,*
*नहीं वह समझ में आता।*[5]

जल की समता प्रायः दर्पण से की जाती है। दर्पण भी जल की तरह अचेतन का प्रतीक है। जलोद्भूत श्वेताकृति के बिम्ब से नायक के हतप्रभ होने का कारण यह है कि अहं के लिए अचेतन की सामग्री प्रायः अपरिचित और क्षोभक होती है।[6] इसके पश्चात नायक इस बिम्ब का तिलिस्मी खोह में साक्षात्कार करता है—

*तिलिस्मी खोह का शिला-द्वार*
*खुलता है धड़ से*
*...*
*घुसती हैं लाल-लाल मशाल अजीब-सी*
*अन्तराल विवर के तम में*
*लाल-लाल कुहरा*
*कुहरे में सामने, रक्तालोक-स्नात पुरुष एक*
*रहस्य साक्षात!!*[7]

इस साक्षात रहस्य को देखकर नायक के मन में एक विलक्षण शंका उत्पन्न होती है—

*तेजोप्रभावमय उसका ललाट देख*
*मेरे अंग-अंग में एक अजीब थरथर*
*गौरवर्ण, दीप्त दृग, सौम्य मुख*
*सम्भावित स्नेह-सा प्रिय-रूप देखकर*
*विलक्षण शंका*
*भव्य आजानुबाहु देखते ही साक्षात*
*गहन एक सन्देह।* [8]

आत्मा का गुहाद्वार धड़ से खुलने पर आजानुबाहु कान्तिदर्शी का दर्शन 'मेरे सहचर मित्र' में भी हुआ है। यहाँ गौरवर्ण, दीप्त दृग, सौम्य मुख और भव्य आजानुबाहु आप्तत्व के व्यंजक हैं। उसके साक्षात्कार से उत्पन्न गहन सन्देह स्वाभाविक है। कारण यह कि पाप-भावना के वशीभूत चेतना आप्तत्व के अकस्मात साक्षात्कार से भयभीत को जाती है जबकि निर्मल चेतना के लिए वह देवों-सा प्रतीत होता है। आगे मुक्तिबोध ने इस बिम्ब की चेतन स्तर पर व्याख्या भी की है—

*वह रहस्यमय व्यक्ति*
*अब तक न पाई गई मेरी अभिव्यक्ति है,*
*पूर्ण अवस्था वह*
*निज सम्भावनाओं, निहित प्रभावों, प्रतिमाओं की,*
*मेरे परिपूर्ण का आविर्भाव*
*हृदय में रिस रहे ज्ञान का तनाव वह*
*आत्मा की प्रतिमा।* [9]

यहाँ भी नायक आत्मा की इस प्रतिमा का सम्यक् साक्षात्कार नहीं कर पाता, क्योंकि मशाल बुझ जाती है। 'मशाल को बुझाने वाली हवा बाहर के गुंजान जंगलों से आई है। ये गुंजान जंगल कंडीशंड साहित्यिक रिफ़्लेक्स के प्रतीक हैं जिनके बनने का नियम प्राकृतिक है।[10] इस प्रकार के रिफ़्लेक्स प्राय: बहिर्जगत् से समंजन के प्रयासों के कारण उत्पन्न होते हैं। बाहर्जगत् का सामाजिक जंगल के रूप में उल्लेख 'मेरे सहचर मित्र' शीर्षक कविता में भी हुआ है। उसमें सामाजिक जंगल में घुग्घुओं के संगठन के कारण मन की गहरी सज्जनता मारी-मारी फिरती है—

*वह कारण सामाजिक जंगल का*
*घुग्घू है,*
*है घुग्घू का संगठन, रात का तम्बू है।* [11]

इस प्रकार सामाजिक जंगल से आती हुई हवा ने "सौन्दर्य-प्रतीति के इस क्षण को अवचेतन में धकेल दिया।"[12]

विवेच्य कविता के दूसरे खंड में नायक उस प्रतीति की अनुभूति का प्रयासी है। तिलिस्मी खोह में दिखने वाला आप्तपुरुष नायक की सुविधाओं का ख़याल किए बिना अवसर-अनवसर प्रकट होता रहता है और उसे बिजली के झटके देता है। उसके गालों पर पठार की चट्टानी चमक और आँखों में किरणीली शान्ति की लहरें हैं। उसे देखकर नायक के हृदय में अनायास प्यार उमड़ता है। नायक दरवाज़ा खोलकर उससे मिलना चाहता है; उसे बाँहों में कसना और हृदय में रखना चाहता है। दरवाज़ा खोलकर हृदय में बसाने की कामना आद्यानुभव है। हृदय-कपाट का रूपक भारतीय परम्परा में अत्यन्त प्राचीन है। नायक उससे कतराता और डरता रहता है—

*अरे उसके चेहरे पर खिलती हैं सुबहें,*
*गालों पर चट्टानी चमक पठार की*
*आँखों में किरणीली शान्ति की लहरें*
*उसे देख प्यार उमड़ता है अनायास*
*लगता है—दरवाज़ा खोलकर*
*बाँहों में कस लूँ*
*हृदय में रख लूँ*
*घुल जाऊँ मिल जाऊँ लिपटकर उससे*
*परन्तु भयानक खड्ड के अँधेरे में आहत*
*और क्षत-विक्षत, मैं पड़ा हुआ हूँ*
*शक्ति ही नहीं कि उठ सकूँ ज़रा भी*
*(यह भी तो सही है कि*
*कमज़ोरियों से ही लगाव है मुझको)*
*इसी से टालता हूँ उस मेरे प्रिय को*
*कतराता रहता*
*डरता हूँ उससे।* [13]

विवेच्य कविता का नायक जब 'घुटनों को बार-बार मसल लड़खड़ाता हुआ'[14] दरवाज़ा खोलने उठता है तो आत्म-संघर्ष के कारण 'सत-चित वेदना'[15] दहक उठती है और विचार 'विचरण-सहचर'[16] हो जाते हैं। दरवाज़ा खोलने पर वह उसे नहीं पाता है और रात का पक्षी उसे अपनी पूर्णतम परम अभिव्यक्ति को खोजने का परामर्श देता है—

*इतने में अँधियारे सूने में कोई चीख़ गया है।*
*रात का पक्षी*
*कहता है—*
*'वह चला गया है*

*वह नहीं आएगा, आएगा ही नहीं*
*अब तेरे द्वार पर*
*वह निकल गया है, गाँव में, शहर में।*
*उसको तू खोज अब*
*उसका तू शोध कर*
*वह तेरी पूर्णतम परम अभिव्यक्ति*
*उसका तू शिष्य है (यद्यपि पलातक...)*
*वह तेरी गुरु है,*
*गुरु है।'* [17]

वायुचारी पक्षी आध्यात्मिक सिद्धान्त के अर्थात आप्तपुरुष के प्रसिद्ध प्रतीक है।[18] सूफी काव्य में तोता 'पथ-प्रदर्शक गुरु है। लांगफेलो की 'द सॉन्ग ऑफ़ हैवाथा' शीर्षक कविता में एक कठफोड़वा व्हेल-ड्रैगन से युद्ध करते हुए हैवाथा की सहायता करता है—

*Sang the mama, the wood-pecker*
*Aim your arrows Hiawatha*
*At the head of Migissegwn.*[19]

सन्देश देने वाला पक्षिराज 'मेरे सहचर मित्र' शीर्षक कविता में भी आता है—

*वह पक्षिराज मुझसे कहता—*
*'ओ मित्र तुम्हारे घर-आँगन को*
*शैलांचल-गिरिराज-शिखर*
*तो होने दो*
*यह आसमान तो झुकने दो*
*उसके मुख पर*
*इस समय बात के पूरे नहीं अधूरे तुम,*
*कमज़ोर-प्रखर होना बाक़ी*
*अब बूटों दबा दीन ढेला*
*कैलाश-शिखर होना बाकी*
*कैलाश-शिखर पर बैठेंगे।'* [20]

युंग के अनुसार, आध्यात्मिक सिद्धान्त के प्रतीक पक्षिराज (large bird) का बिम्ब उनकी एक रोगिणी की फ़ैंटेसी में भी उदित हुआ था।[21]

तीसरे खंड में कविता के नायक को छाया का दर्शन होता है। छाया-दर्शन व्यक्तित्व के सजग आत्मालोचन की अपेक्षा रखता है। इस खंड में कविता का नायक आत्मनिरीक्षण में प्रवृत्त होता है और प्रथमतः छाया का साक्षात्कार करता है—

*यह सिविल लाइन्स है। मैं अपने कमरे में*
*यहाँ पड़ा हुआ हूँ*
*पीटे गए बालक-सा मार खाया चेहरा*
*उदास इकहरा*
*स्लेट-पट्टी पर खींची गई तसवीर*
*भूत जैसी आकृति*
*क्या वह मैं हूँ*
*मैं हूँ?* [22]

यहाँ छायादर्शन की स्तब्धकर मन:स्थिति बिम्बित हुई है। यही मन:स्थिति 'पक्षी और दीमक' शीर्षक कहानी की इन पंक्तियों में व्यंजित है—"भयानक है वह सूरत। सभी अनुपात बिगड़ गए हैं। नाक डेढ़ गज़ लम्बी और कितनी मोटी हो गई है। चेहरा बेहद लम्बा और सिकुड़ गया है। आँख खड्डेदार। कान नदारद। भूत जैसा अप्राकृतिक रूप।" छाया-व्यक्तित्व की यह विद्रूपता 'अन्त:करण का आयतन' शीर्षक कविता में भी बिम्बित हुई है—

*इन सुनसान भीतों पर*
*लगे जो आईने उनमें*
*स्वयं का मुख*
*जगत् के बिम्ब*
*दिखते ही नहीं*
*जो दीखता है वह*
*विकृत प्रतिबिम्ब है उद्भ्रान्त*
*ऐसा क्यों उन्हें क्योंकर न साफ़ किया गया*
*कमरे क्यों न खोले गए?*
*आश्चर्य है?* [23]

युंग के अनुसार, दर्पण धोखा नहीं देता। वह ईमानदारी से हमारा वह चेहरा दिखा देता है जो हम दुनिया को कभी नहीं दिखाते, क्योंकि हम उस पर मुखौटा—अभिनेता का मुखौटा—ओढ़े रहते हैं, लेकिन दर्पण मुखौटे से परे रहकर सच्चा चेहरा दिखाता है।[24] विवेच्य कविता का नायक पिटे बालक और भूत जैसी आकृति के दर्शन के उपरान्त यह अनुभव करता है कि तोल्सतोयनुमा वह आदमी कोई और है, उसका चेतन व्यक्तित्व नहीं। तोल्सतोयनुमा आकृति "मैं की दबी हाय-हायनुमा प्रवृत्ति का ही मूर्तरूप है। इस प्रवृत्ति के वशीभूत 'मैं' क्रमश: मृतदल की शोभायात्रा और मार्शल लॉ देखकर 'हाय!हाय!!' कर उठता है। आत्मालोचन और आत्मोद्बोधन से 'मैं' की व्यक्तिगत पाप-भावना जाग्रत हो जाती है। इस पाप-भावना के विषय में कवि

का दृष्टिकोण 'क्लाइड ईथरली' में अत्यन्त स्पष्ट है।"[25] मुक्तिबोध के अपने शब्दों में—"कौन नहीं जानता कि क्लाड ईथरली अणु युद्ध का विरोध करने वाली आत्मा की आवाज़ का दूसरा नाम है। हाँ! ईथरली मानसिक रोगी नहीं है। आध्यात्मिक अशान्ति का, आध्यात्मिक उद्विग्नता का ज्वलन्त प्रतीक है।" चौथे खंड में नायक इस प्रतीक से साक्षात्कार करता है—

*दीखता है सामने ही अन्धकार-स्तूप-सा*
*भयंकर बरगद*
*सभी उपेक्षितों समस्त वंचितों*
*ग़रीबों का वही घर, वही छत*
*उसके ही तल-खोह अँधेरे में सो रहे*
*गृहहीन कई प्राण।*
*अँधेरे में डूब गए*
*डालों में अटके जो मटमैले चिथड़े*
*किसी एक अतिदीन पागल के धन वे*
*हाँ वहाँ रहता है सिरफिरा जन एक।*[26]

भारतीय परम्परा में बरगद के वृक्ष का अत्यन्त महत्त्वपूर्ण स्थान है। इसकी कल्पना ब्रह्म-वृक्ष के रूप में भी की गई है। उदाहरण के लिए, यह वर्णन है कि अश्वत्थ वृक्ष आदित्य का वृक्ष है,और 'न्यग्रोधो वारुणो वृक्षः'—न्यग्रोधो अर्थात नीचे (न्यक)। महाभारत में लिखा है कि मार्कंडेय ऋषि ने प्रलय-काल में बालरूपी परमेश्वर को एक (उस प्रलय काल में भी नष्ट न होने वाले, अतएव) अव्यय न्यग्रोध अर्थात बड़ के पेड़ की टहनी पर देखा था। इसी प्रकार छान्दोग्य उपनिषद् में यह दिखलाने के लिए कि अव्यक्त परमेश्वर से अपार दृश्य जगत् का कैसे निर्माण होता है, जो दृष्टान्त दिया गया है, वह भी न्यग्रोध के ही बीज का है (छां. 6.12.1)। बरगद पर रहने वाला सिरफिरा जन क्लाड ईथरली है जो नायक की छाया-मूर्ति को चित्रित करता है। छाया-मूर्ति के समक्ष आत्मसंघर्ष तीव्रतर हो जाता है—

*जितना ही तीव्र है द्वन्द्व क्रियाओं घटनाओं का*
*बाहरी दुनिया में*
*उतनी तेज़ी से भीतरी दुनिया में*
*चलता है द्वन्द्व कि*
*फ़िक्र से फ़िक्र लगी हुई है*
*आज उस पागल ने मेरी चैन भुला दी*
*मेरी नींद गँवा दी।*[27]

" 'मैं' की यह पाप-भावना जड़ीभूत एकाकी जीवन के खँडहर-प्रसारों में उद्यानों की महक उत्पन्न करती है।"[28] नायक को मात्र उसकी सुगन्ध का अनुभव होता है—

*रात्रि के श्यामल ओस से क्षालित*
*कोई गुरु-गम्भीर महान अस्तित्व*
*महकता है लगातार*
*मानो खँडहर-प्रसारों में उद्यान*
*गुलाब-चमेली के रात्रि-तिमिर में*
*महकते हों, महकते ही रहते हों हर पल।*
*किन्तु वे उद्यान कहाँ हैं,*
*अँधेरे में पता नहीं चलता*
*मात्र सुगन्ध है सब ओर,*
*पर, उस महक-लहर में*
*कोई छिपी वेदना, कोई गुप्त चिन्ता*
*छटपटा रही है।*[29]

वस्तुत: बिम्बों का यह साम्य आद्यबिम्ब की सार्वजनिकता का सूचक है। पाँचवें खंड में नायक प्राकृत गुहा में रेडियो-एक्टिव रत्न देखता है—

*भूमि की सतहों के बहुत-बहुत नीचे*
*अँधियारे एकान्त*
*प्राकृत गुहा एक।*
*विस्तृत खोह के साँवले तल में*
*तिमिर को भेद कर चमकते हैं पत्थर*
*मणि तेजस्क्रिय रेडियो-एक्टिव रत्न भी बिखरे*
*झरता है जिन पर प्रबल प्रपात एक।*[30]

मुक्तिबोध के लिए रत्न अचेतन में दमित श्रेयस्कर गुणों के प्रतीक हैं। छठे खंड में नायक इन श्रेयस्कर गुणों को गुहावास देने पर पश्चात्ताप करता है—

*हाय-हाय मैंने उन्हें गुहावास दे दिया*
*लोकहित क्षेत्र से कर दिया वंचित*
*जनोपयोगी से वर्जित किया और*
*निषिद्ध कर दिया*
*खोह में डाल दिया।*[31]

इस खंड में आत्म के व्यंजक चतुष्कों का बिम्ब महत्त्वपूर्ण है—

*सीन बदलता है*
*सुनसान चौराहा साँवला फैला*
*बीच में वीरान गेरुआ घंटाघर*
*ऊपर कत्थई बुज़ुर्ग गुम्बद*
*साँवली हवाओं में काल टहलता है।*
*रात में पीले हैं चार घड़ी-चेहरे*
*मिनिट के काँटों की चार अलग गतियाँ*
*चार अलग कोण*
*कि चार अलग संकेत*
*(मनस् में गतिमान चार अलग मतियाँ)*
*खम्भों पर बिजली की गरदनें लटकी,*
*शर्म से जलते हुए बल्बों के आसपास*
*बेचैन ख़यालों के पंखों के जोड़े*
*उड़ते हैं गोल-गोल*
*मचल-मचल कर।*
*घंटाघर तले ही*
*पंखों के टुकड़े बीट व तिनके*
*गुम्बद-विवर में बैठे हुए बूढ़े*
*असम्भव पक्षी*
*बहुत तेज़ नज़रों से देखते हैं सब ओर*
*मानो कि इरादे*
*भयानक चमकते।*[32]

गणितीय चतुष्क का यह बिम्ब मुक्तिबोध के काव्य में पर्याप्त शक्ति लेकर उदित हुआ है। इस स्वप्न-चित्र में चौराहा, चार घड़ी चेहरे, चार काँटे, चार कोण, चार संकेत, चार मतियाँ चतुष्कता को प्रतीकित करती हैं। इन सभी चतुष्कों का समाहार चौराहे के बीच खड़े घंटाघर में हो गया है। साथ ही बल्बों की रोशनी और विवर के अँधेरे का, चेतन ख़यालों और अचेतन इरादों का, उड़ते कीड़ों और बैठे पक्षियों में गति और स्थिरता का, सूनेपन और हलचल का एकत्रीकरण प्रस्तुत बिम्ब में विरोधों के सामंजस्य का द्योतक है। कीड़ों के गोल-गोल उड़ने में पूर्णता का प्रतीक वृत्त भी व्यंजित है। चौराहा दिक् का और घंटाघर काल का प्रतीक है। युंग के अनुसार, चतुष्कता का बिम्ब व्यवस्था में अद्भुत सहयोग देता है।[33]

पूर्णता के प्रतीक वृत्त मुख्यत: चित्तीय विक्षोभों के क्षणों में उदित होते हैं और अन्धकार की शक्तियों पर अपने जादुई प्रभाव से विजय प्राप्त करते हैं। अत: वे प्रलय को सृष्टि में, अव्यवस्था को व्यवस्था में परिणत करते हैं।[34] अनेक में एक का समाहार भी परमात्म बिम्ब है।[35] दम तोड़कर भागता हुआ नायक ऐसे आत्मबिम्बों का साक्षात्कार न करता तो विश्लेषणात्मक मनोविज्ञान के अनुसार उसकी आत्मोपलब्धि असम्भव थी। चतुष्कता के ऐसे बिम्ब के उपरान्त कविता का नायक पूर्णता के ज्यामितीय बिम्ब को एक बार फिर देखता है—

*साँवला बन्दूक़-जत्था*
*गोल त्रिकोण एक बनाए खड़ा जो*
*चौक के बीच में!* [36]

यहाँ गोल, त्रिकोण और चौक एक साथ आए हैं। युंगीय मनोविज्ञान में बन्दूक़-जत्थे का ऐसा व्यवस्थित स्वरूप आन्तरिक द्वन्द्वों के समन्वय में पर्यवसित होने का सूचक है।[37]

इसी खंड में नायक तिलक की भव्य पाषाण-प्रतिमा के दर्शन करता है—

*सपाट सूने में ऊँची-सी खड़ी जो*
*तिलक की पाषाण-मूर्ति है निस्संग*
*स्तब्ध जड़ीभूत...*
*देखता हूँ उसको परन्तु, ज्यों ही मैं पास पहुँचता*
*पाषाण-पीठिका हिलती-सी लगती*
*अरे-अरे, यह क्या!!*
*कण-कण काँप रहे जिनमें से झरते*
*नीले इलेक्ट्रॉन*
*सब ओर गिर रहीं चिनगियाँ नीली*
*मूर्ति के तन से झरते हैं अंगार।*
*मुसकान पत्थरी होंठों पर काँपी*
*आँखों में बिजली के फूल सुलगते।*
*इतने में यह क्या!!*
*भव्य ललाट की नासिका में से*
*बह रहा ख़ून न जाने कब से*
*लाल-लाल गरमीला रक्त टपकता*
*(ख़ून के धब्बों से भरा अँगरखा)*
*मानो कि अतिशय चिन्ता के कारण*
*मस्तक-रक्त ही बह उठा नासिका में से*

*हाय, हाय, पित: पित: ओ,*
*चिन्ता में इतने न उलझो*
*हम अभी ज़िन्दा हैं ज़िन्दा,*
*चिन्ता क्यों है!!* [38]

यहाँ पित: सम्बोधन और व्यक्तित्व की गरिमा के चित्रण से आप्तत्व की व्यंजना हुई हैं। नायक मूर्ति के पैरों को छाती से चिपकाता है तो उसकी देह में करुणा के काँटे तन जाते हैं। अंग-अंग पर बिजली की चिनगारियाँ गिरती हैं। इन अनुभवों से मूर्ति की प्रेरयित्री शक्ति का प्रमाण मिलता है। ऐसी प्रेरक पाषाण-मूर्ति का बिम्ब 'डूबता चाँद कब डूबेगा' शीर्षक कविता में भी आया है—

*चौराहे पर*
*प्राचीन किसी योद्धा की ऊँची स्फटिक मूर्ति*
*जिस पर असंग चमचमा रही है*
*राख चाँदनी की अजीब*
*उस हिमीभूत सौन्दर्य-दीप्ति*
*में पुण्य कीर्ति*
*की वह पाषाणी अभिव्यक्ति*
*कुछ हिली।* [39]

युगीन महामानव तिलक और प्राचीन योद्धा की पाषाणी मूर्ति आद्यानुभवों की दृष्टि से महत्त्वपूर्ण है। 'मैन एंड हिज़ सिम्बल्स' में संगृहीत अनीला ज़ैफ़ी के 'सिम्बोलिज़्म इन विजुअल आर्ट्स' शीर्षक लेख में पाषाण के आद्यबिम्बत्व पर विस्तार से विचार हुआ है। प्रागैतिहासिक युग से ऐसी पाषाण-मूर्तियों में मानव की अत्यन्त उन्न आध्यात्मिकता अभिव्यक्त होती रही है।[40] विवेच्य कविता में गांधी जी युगीन महामानव होने के कारण आप्तपुरुष का प्रतिनिधित्व करते हैं—

*अँधेरे की स्याही में डूबे हुए देव को सम्मुख पाकर*
*मैं अति दीन हो जाता हूँ पास कि*
*बिजली का झटका*
*कहता है, 'भाग जा, हट जा*
*हम हैं गुज़र गए ज़माने के चेहरे*
*आगे तू बढ़ जा।'*
*किन्तु मैं देखा किया किसी उस मुख को।*
*गम्भीर दृढ़ता की सलवटें वैसी ही*
*शब्दों में गुरुता।*
*वे कह रहे हैं—*

*'दुनिया न कचरे के ढेर कि जिस पर*
*दानों को चुगने चढ़ा हुआ कोई भी कुक्कुट*
*कोई भी मुरग़ा*
*यदि बाँग दे उठे ज़ोरदार*
*बन जाए मसीहा'*
*वे कह रहे हैं—*
*'मिट्टी के लोंदे में किरणीले कण-कण*
*गुण हैं,*
*जनता के गुणों से ही सम्भव*
*भावी का उदय'*
*गम्भीर शब्द वे और आगे बढ़ गए,*
*जाने क्या कह गए!!*
*मैं अति उद्विग्न!* [41]

देव, आत्मा का पिंजर, द्युतिपुरुष आदि विशेषण और प्रेरणा देना, अन्तर्धान होना आदि क्रियाएँ इस महापुरुष के महत्त्व और आप्तत्व का प्रमाण है। "यह ध्यान देने योग्य तथ्य है कि गांधी का चित्रण इस कविता में जितने सम्मान के साथ कवि ने किया है, उतना किसी अन्य कविता में नहीं है। लगता है कि अपने कृतित्व के अन्तिम चरण में पहुँचकर मुक्तिबोध का प्रगतिवादी आवेश गम्भीरतर हो गया है और वे अपनी राष्ट्रीय परम्पराओं और प्रेरणाओं की शोध सहानुभूति से करने लगे हैं"[42] यह द्युतिपुरुष कविता के नायक को अपने पास चुपचाप सोया हुआ शिशु सौंपता है—

*मुसकरा उस द्युतिपुरुष ने कहा तब—*
*"मेरे पास चुपचाप सोया हुआ यह था।*
*सँभालना इसको, सुरक्षित रखना।"* [43]

शिशु-बिम्बों की दृष्टि से मुक्तिबोध का काव्य अत्यन्त समृद्ध है। आद्यबिम्बों में युंग ने शिशु-बिम्बों का भी विशेष विवेचन किया है। शिशु भावी व्यक्तित्वान्तर का, चेतन-अचेतन के समन्वय का द्योतक है।[44] शिशु की दिव्यता, उसका भार एवं रोना-चिल्लाना मुक्तिबोध की अनेक कविताओं में बिम्बित है। 'एक अन्तर्कथा' में दिव्य मानव-शिशु देवाकृति बन जाता है—

*मेरे कन्धों पर खड़ा हुआ है देव एक दुर्धर*
*थामता नभस दो हाथों से,*
*भारान्वित मेरी पीठ बहुत झुकती जाती*

*वह कुचल रही है मुझे देव-आकृति*
*है दर्द बहुत रीढ़ में*
*पसलियाँ पिरा रहीं*
*पाँव में जम रहा ख़ून, द्रोह करता है मन।*[45]

शिशुओं के ऐसे 'विराटीकृत' बिम्बों को डॉ. रमेश कुन्तल मेघ ने भी लक्षित किया है।[46] 'एक अन्तर्कथा' के नायक ने 'कुमारसम्भव' का स्मरण करके भी इस देवाकृति की दिव्यता का संकेत किया है। इस बोझ से कवि का मन विद्रोह करता है जो इस मनोवैज्ञानिक तथ्य का प्रतीक है कि आत्मबिम्ब का उदय सामान्य व्यक्ति को निराश करता है, क्योंकि उससे चेतन योजनाएँ ठप्प होती हैं। उत्तरदायित्व की चेतना से इस बोझ को झेल जाने पर व्यक्ति मुक्त हो जाता है।[47] 'एक अन्तर्कथा' का नायक सुविधाओं के छिन जाने की आशंका से निराश होता है, परन्तु माँ से 'जीवन कर्तव्य का पालन' करने की डाँट पाता है। 'अँधेरे में' का नायक भी गांधी द्वारा प्रदत्त शिशु के 'भार का गम्भीर अनुभव'[48] करता है। मुक्तिबोध की कविताओं में शिशुओं का रोना-चिल्लाना प्रतिपालन-दायित्व की माँग का प्रतीक है। 'अँधेरे में' का शिशु भी अतिपरिचित स्वर में रो उठता है—

*सहसा रो उठा कन्धे पर वह शिशु*
*अरे-अरे, वह स्वर अतिशय परिचित!!*
*पहले भी कई बार कहीं तो भी सुना था,*
*उसमें तो स्फटिक क्षोभ आएगा,*
*गहरी है शिकायत,*
*क्रोध भयंकर।*
*मुझे डर यदि कोई वह स्वर सुन ले*
*हम दोनों फिर कहीं नहीं रह सकेंगे।*[49]

नायक संकल्पधर्मी चेतना से इस शिशु का भार वहन करता है। आगे वही शिशु पुष्पों और तदनन्तर राइफल का रूप ग्रहण कर लेता है—

*वह शिशु चला गया जाने कहाँ*
*और अब उसके ही स्थान पर*
*मात्र हैं सूरजमुखी फूल-गुच्छे*
*उन स्वर्ण-पुष्पों से प्रकाश विकिरण*
*कन्धों पर, सिर पर, गालों पर, तन पर*
*रास्ते पर फैले हैं किरणों के कण-कण*
*भई वाह! यह ख़ूब!!*
*...*

*मैं बढ़ रहा हूँ*
*कन्धों पर फूलों के लम्बे वे गुच्छे*
*क्या हुए, कहाँ गए?*
*कन्धे क्यों वज़न से दुख रहे सहसा?*
*ओ हो,*
*बन्दूक़ आ गई*
*वाह...वा!!*
*वज़नदार राइफल, भई ख़ूब!!* [50]

शिशु, पुष्प और राइफल का आद्यबिम्बत्व एक ही है। स्वप्नों और फ़ैंटेसी आदि में इस प्रकार के बिम्ब प्रायः मिलते हैं। मुक्तिबोध की सफलता इस तथ्य में है कि उन्होंने स्वप्न अथवा फ़ैंटेसी की तेजस्विता को अक्षुण्ण रखा है। इसीलिए यह बिम्ब पर्याप्त समृद्ध है। बिम्ब की तर्कातीत भाषा और 'भई वाह यह ख़ूब', 'वाह...वा भई ख़ूब' जैसी अद्‌भुत रस-व्यंजक पदावली से स्वप्न की तेजस्विता प्रमाणित होती है।

युंगीय मनोविज्ञान के अनुसार, ऐसे आत्म-साक्षात्कार की एक शर्त है—आत्म-बलिदान। लोककथाओं में महत्त्वपूर्ण उपलब्धियों से ऐसे बलिदान की घटनाएँ संयोजित होती हैं। राम जैसे नायकों को भी विजय पाने से पहले पातालपुरी में फँसना पड़ता है। लोक में यह उक्ति प्रसिद्ध है कि स्वयं के मरे बिना स्वर्ग नहीं मिलता। आत्म-बलिदान आत्मोदय की पूर्वसूचना है, इसीलिए सपने में अपनी मृत्यु देखना अच्छा माना जाता है। राह चलते हुए अर्थी देख लेना कार्यसिद्धि सूचक शकुन माना जाता है। मुक्तिबोध भावी व्यक्तित्व को पा लेने के साथ-साथ असंग व्यक्तित्व का मर जाना टॉर्च फैलाकर अच्छी तरह देख लेते हैं—

*मैं उस जन पर फैलाता टॉर्च कि यह क्या*
*ख़ून भरे बाल में उलझा है चेहरा*
*भौंहों के बीच में गोली का सुराख़*
*ख़ून का परदा गालों पर फैला*
*होंठों पर सूखी है कत्थई धारा*
*फूटा है चश्मा नाक है सीधी*
*ओफो!! एकान्त-प्रिय यह मेरा*
*परिचित व्यक्ति है वही हाँ।* [51]

इस आत्म-साक्षात्कार के बाद आतयायी सत्ता और ज़ोर-ज़ुल्म कवि की आत्मशक्ति को क्षीण नहीं कर पाता। वह मुक्त होकर गढ़ और मठ तोड़ने का संकल्प करता है। व्यक्तित्वान्तरित होकर भीड़ों के साथ चलता और पूर्ण क्रान्ति का स्वप्न देखता है।

इस व्यक्तित्वान्तर के बाद आत्मा का वह बिम्ब उसकी आँखों के सामने स्पष्ट आ जाता है—

*उठता हूँ जाता हूँ गैलरी में खड़ा हूँ*
*एकाएक वह व्यक्ति*
*आँखों के सामने*
*गलियों में, सड़कों पर, लोगों की भीड़ में*
*चला जा रहा है।*[52]

आद्यबिम्बों की दृष्टि से 'अँधेरे में' शीर्षक कविता अत्यन्त समृद्ध है। आद्यबिम्बों का सम्बन्ध अचेतन की गहराइयों से है। इसलिए कविता के शीर्षक में अचेतन के प्रतीक अँधेरे को प्रमुखता देकर उस ओर संकेत कर दिया है। 'अँधेरे में' में कवि ने जिन बिम्बों का साक्षात्कार किया है वे युगीन स्थितियों से भी समान रूप से सम्बद्ध दिखाई देते हैं। इसीलिए प्रगतिवादियों को उनके समसामयिक रूपकार्थ ढूढ़ने में भी कठिनाई नहीं होती। विश्वनाथ त्रिपाठी ने अधिकांशतः चेतन धरातल पर इस कविता की व्याख्या की है।[53] कविता का इस प्रकार चेतन और अचेतन धरातलों पर समान रूप से संचरण कवि की अतिरिक्त सामर्थ्य का द्योतक है। इसका अर्थ यह है कि वह समान रूप से आत्मचेतस और विश्वचेतस है। प्रगतिवादियों के ठोस यथार्थ और अतियथार्थवादियों के आन्तरिक विद्रूप को आत्मसात कर उसे अपने युग का 'इस्पाती दस्तावेज' लिखा है।

मुक्तिबोध की विवेच्य कविता अचेतन की सामग्री से उनकी पूर्वकालीन कृतियों की अपेक्षा अधिक प्रभावित है। उसमें जीवन के कृष्ण-पक्ष योग अधिक है। इसलिए उसकी भाषा सामान्य व्यवहार का अतिक्रमण करने वाली है। इसीलिए आज भी उनके काव्य की दुरूहता का रोना रोया जाता है। युंग के अनुसार, संकल्पात्मक कृतियाँ अकसर अपने युग में नहीं समझी जातीं। मुक्तिबोध के तेजस्क्रिय रत्नों की भी यही दशा हो रही है।

उनकी कविता में आजानुबाहु का आद्यबिम्ब है। यह आजानुबाहु पहले खोहों में छिपा रहता है और अन्त में फटेहाल गली-गली घूमता दिखता है। आप्तपुरुष आध्यात्मिक आदर्शों के प्रतीक होते हैं। भारतवर्ष में प्रवृत्ति और निवृत्ति के धार्मिक आदर्शों का संघर्ष प्राचीन काल से चलता आ रहा है। निवृत्ति-मार्गी सन्तजन अन्तर्मुखी हो जाते हैं। वे अन्तर्गुहा में क़ैद रहते हैं। यहाँ अभिव्यक्त आप्तपुरुष प्रवृत्तिमार्गी आध्यात्मिक आदर्श को साकार करता है। इसीलिए कविता में तिलक और गांधी जैसे प्रवृत्तिमार्गी आदर्श पुरुषों के बिम्ब भी चित्रित हैं। ये दोनों महापुरुष 'गीता' की प्रवृत्तिमार्गी व्याख्या करते थे। दोनों का हृदय जनसाधारण से तादात्म्य था। इसलिए इस कविता का हमारे युग के लिए सन्देश यह है कि अपने घर में साँकल

लगाकर बैठने वाले लोग जन-मन उद्देश्यों से एक होकर लोक-संग्रह में प्रवृत्त हों, अन्यथा बौद्धिक जुगाली करते रहने से परम अभिव्यक्ति के दर्शन नहीं हो सकते। सन्तों की निवृत्ति और बौद्धों के असंगतता व्यक्तित्व ने 'मार्शल लॉ' जैसी भयावह स्थितियाँ उत्पन्न की हैं। इस असंगतता के कारण ही हमारी मानवीयता पगला गई है। इस सबका प्रत्युत्तर है—लोकसंग्रहपूर्ण प्रवृत्तिमार्ग। आधुनिक भारत के इतिहास में विवेकानन्द, तिलक और गांधी लोकसंग्रहपूर्ण प्रवृत्तिमार्ग के जीवन्त प्रतीक रहे हैं। यही कारण है कि मुक्तिबोध की कविता में इनका जीवन्त चित्रण हुआ है।

## सन्दर्भ

1. *गजानन माधव मुक्तिबोध*, पृ. 252
2. *चाँद का मुँह टेढ़ा है*, पृ. 245-46
3. *नई कविता की चेतना*, पृ. 83
4. *चाँद का मुँह टेढ़ा है*, पृ. 246
5. वही
6. द *कलेक्टेड वर्क्स ऑफ़ सी. जी. युंग*, खंड 9, भाग 1, पृ. 20
7. *चाँद का मुँह टेढ़ा है*, पृ. 246-47
8. वही, पृ. 247
9. वही
10. *नई कविता की चेतना*, पृ. 83
11. *चाँद का मुँह टेढ़ा है*, पृ. 100
12. *नई कविता की चेतना*, पृ. 83
13. *चाँद का मुँह टेढ़ा है*, पृ. 249
14. वही, पृ. 250
15. वही
16. वही
17. वही, पृ. 251-52
18. द *कलेक्टेड वर्क्स ऑफ़ सी. जी. युंग*, खंड 9, भाग 1, पृ. 334
19. वही, खंड 5, पृ. 352 पर उद्धृत
20. *चाँद का मुँह टेढ़ा है*, पृ. 93-94
21. द *कलेक्टेड वर्क्स ऑफ़ सी. जी. युंग*, खंड 9, भाग 1, पृ. 334
22. *चाँद का मुँह टेढ़ा है*, पृ. 252
23. वही, पृ. 193
24. द *कलेक्टेड वर्क्स ऑफ़ सी. जी. युंग*, खंड 9, भाग 2, पृ. 20
25. *नई कविता की चेतना*, पृ. 83
26. *चाँद का मुँह टेढ़ा है*, पृ. 25
27. वही, पृ. 262
28. *नई कविता की चेतना*, पृ. 85

29. *चाँद का मुँह टेढ़ा है*, पृ. 263
30. वही, पृ. 264
31. वही, पृ 265
32. वही, पृ. 266
33. *द कलेक्टेड वर्क्स ऑफ़ सी. जी. युंग*, खंड 9, भाग 2, पृ. 242
34. वही, पृ. 31-32
35. वही, भाग 1, पृ. 354
36. *चाँद का मुँह टेढ़ा है*, पृ. 266
37. देखिए, *मैन एंड हिज़ सिम्बल्स*, पृ. 303 पर सैनिकों का चित्र
38. *चाँद का मुँह टेढ़ा है*, पृ. 270
39. वही, पृ. 56
40. देखिए, *मैन एंड हिज़ सिम्बल्स*, पृ. 233-34 के चित्र एवं उनकी व्याख्याएँ
41. *चाँद का मुँह टेढ़ा है*, पृ. 276
42. *नई कविता की चेतना*, पृ. 85
43. *चाँद का मुँह टेढ़ा है*, पृ. 271
44. *द कलेक्टेड वर्क्स ऑफ़ सी. जी. युंग*, खंड 9, भाग 1, पृ. 164
45. वही, पृ. 118
46. *गजानन माधव मुक्तिबोध*, पृ. 252
47. *मैन एंड हिज़ सिम्बल्स*, पृ. 218-19
48. *चाँद का मुँह टेढ़ा है*, पृ. 271
49. वही, पृ. 272
50. वही, पृ. 275
51. वही, पृ. 274
52. वही, पृ. 289
53. देखिए, *गजानन माधव मुक्तिबोध* में संगृहीत 'संघर्ष पुरुष की स्वप्नकथा' शीर्षक लेख

अध्याय-7

# ब्रह्मराक्षस की पहचान

गजानन माधव मुक्तिबोध की प्रख्यात कविता 'ब्रह्मराक्षस' के नायक का स्वरूप गम्भीर विवादों में रहा है। आलोचकों ने ब्रह्मराक्षस को स्वयं मुक्तिबोध, हजारी प्रसाद द्विवेदी, आदि के रूप में देखा है। उन्होंने विवेच्य कविता में और मुक्तिबोध के साहित्य में निहित सूत्रों की स्पष्ट उपेक्षा की है। यहाँ इन्हीं सूत्रों के आधार पर ब्रह्मराक्षस की स्वरूप-विवृत्ति का प्रयास किया गया है।

ब्रह्मराक्षस मानव या मानवेतर प्राणी नहीं है। अध्ययन की सुविधा के लिए उसे मानवोत्तर प्राणी कह सकते हैं। लोक-विश्वास के अनुसार विभिन्न कारणों से विभिन्न मनुष्यों की आत्माएँ मृत्यु के उपरान्त विभिन्न रूपों में भटकती रह सकती हैं। ब्रह्मराक्षस इन विभिन्न रूपों में से एक है। 'ब्रह्मराक्षस' का कोशगत अर्थ है—प्रेत योनि को प्राप्त ब्राह्मण। ब्राह्मण की अकाल मृत्यु या हत्या होने पर वह प्राय: प्रेत योनि में जाता है। लोक-विश्वास के अनुसार ऐसा पंडित, जो निस्सन्तान हो अथवा योग्य शिष्य न मिल पाने के कारण ज्ञानदान न कर पाया हो, मरने के बाद ब्रह्मराक्षस बन सकता है। इस रूप में उसे अपने मानव-जीवन की स्मृति रहती है। जब तक वह ज्ञानदान नहीं करता तब तक उसकी मुक्ति नहीं होती। पौराणिक विश्वास के अनुसार किसी वंशज अथवा किसी उपयुक्त व्यक्ति द्वारा गया में अथवा कतिपय अन्य धार्मिक महत्त्व के निश्चित स्थानों में से किसी एक में पिंडदान करने पर ही मुक्ति सम्भव है। ब्रह्मराक्षस के इस लोक-विश्वास के मूल में सम्भवत: गुरु-ॠण से उॠण होने की धारणा रही है।

आधुनिक हिन्दी कविता में ब्रह्मराक्षस के प्रवेश का श्रेय मुक्तिबोध को प्राप्त हुआ है। हिन्दी कविता के इतिहास में ब्रह्मराक्षस का पात्रत्व केवल मुक्तिबोध ने साधा है। किसी मानवोत्तर प्राणी को आधार बनाकर कोई कविता हिन्दी में पहले कभी नहीं लिखी गई। पहला प्रश्न यही उठता है कि मार्क्सवादी कवि होते हुए भी मुक्तिबोध ने ब्रह्मराक्षस को क्यों अपनाया। वस्तुत: अपनी मार्क्सवादी आस्था के गहनतर होने के साथ ही मुक्तिबोध अपने देश की सांस्कृतिक परम्पराओं के प्रति गम्भीरतर होते गए।

उनकी कविताओं में विवेकानन्द, तिलक और गांधी के चित्र इसके प्रमाण हैं। उनकी मार्क्सवादी प्रतिबद्धता फ्रायड और युंग के चिन्तन को भी अपनाने में आड़े नहीं आई।[1] मानव चित्र के आभ्यन्तर यथार्थ के प्रति भी वे आग्रहशील थे। अत: उनकी वैज्ञानिक चेतना ने आभ्यन्तर विश्व के वैचित्र्य को बिम्बमालिकाओं में पिरोने का सफल प्रयास किया है। उनकी कविताओं में प्रयुक्त लोक-विश्वासों और लोककथाओं के अनेक प्रसंगों का निर्वचन इसी दृष्टि से किया जाना चाहिए। वैज्ञानिक के लिए बाह्याभ्यन्तर लोक का वैचित्र्य ज्ञान की वर्तमान सीमाओं के कारण अपनी समग्रता में अविज्ञेय तो हो सकता है; अयथार्थ नहीं। मुक्तिबोध के लिए ब्रह्मराक्षस आभ्यन्तर यथार्थ है। अत: अयोध्यासिंह उपाध्याय 'हरिऔध' के 'प्रियप्रवास' में वर्णित बालकृष्ण के गोवर्द्धन-धारण प्रसंग की तरह उसे तर्कसम्मत रूप देने का मिथ्या प्रयास उन्होंने नहीं किया है क्योंकि ऐसे प्रयासों में प्रतीक अपनी सहस्त्रजिह्वा शक्ति खो बैठते हैं।

ब्रह्मराक्षस मुक्तिबोध का प्रिय पात्र रहा है। आलोच्य कविता के अतिरिक्त उनकी अनेक कविताओं में ब्रह्मराक्षस या ब्रह्मराक्षसों का ज़िक्र है और वे प्राय: ऐसे साधकों के रूपक हैं जो ईमानदारी से सामाजिक समस्याओं का समाधान अध्यात्म में ढूँढ़ते हैं किन्तु जिनसे मुक्तिबोध सहमत नहीं हैं।

मुक्तिबोध ने 'ब्रह्मराक्षस का शिष्य' शीर्षक कहानी भी लिखी है। उसका आलोच्य कविता से सम्बन्ध मुक्तिबोध के इस कथन से स्वत: सिद्ध है—"मैंने सोचा है कि मैं हर कविता पर एक कहानी लिखूँ।"[2] ब्रह्मराक्षस के सन्दर्भ में यह सोच कार्यरूप में परिणत हुई। इससे सिद्ध होता है कि मुक्तिबोध अपनी इस कविता को कितना महत्त्व देते थे।

कहानी के अनुसार ब्रह्मराक्षस सामन्तीय वातावरण से सम्बद्ध काशीवासी ब्राह्मण है। (या मानव-योनि में था) अपने मृत्यु-पूर्व जीवन में उसने विश्व की सभी विद्याओं को मथ डाला था। एक शिष्य को विद्यादान देकर वह ब्रह्मराक्षसत्व से मुक्ति पाता है। आलोच्य कविता का ब्रह्मराक्षस बावड़ीवासी है; उसके ब्राह्मणत्व का कोई उल्लेख नहीं है और उसे ब्रह्मराक्षसत्व से मुक्ति नहीं मिलती क्योंकि कविता का वक्ता उसका शिष्य बनने की कामना भर करता है। ऐसी कामना में मुक्ति की सम्भावना का ध्वनन अवश्य है।

'ब्रह्मराक्षस' कविता के दो अंश हैं। पूर्वार्द्ध ब्रह्मराक्षस के ब्रह्मराक्षसत्व से सम्बन्धित है एवं उत्तरार्द्ध में उसकी पूर्व कथा है—उसके पूर्वजीवन का अन्तस्संघर्ष और उसकी मृत्यु। पूरी कविता में कवि ने आभ्यन्तर यथार्थ को बिम्बित किया है। बाह्य घटना केवल उस महान व्यक्ति की मृत्यु की है जो मृत्यूपरान्त ब्रह्मराक्षस बना और कविता का वक्ता जिसका शिष्य बनना चाहता है। उस महान व्यक्ति को शोधक तो मुक्तिबोध ने स्वयं स्वीकार किया है—"वक्ष बाँहें खुली फैलीं एक शोधक की।"

प्रश्न यह है कि वह महान व्यक्ति कोरी कवि-कल्पना है या हमारे युग का कोई युग-पुरुष है। किसी काल्पनिक पात्र की मृत्यु पर कविता और कहानी लिखने की मुक्तिबोध को क्या आवश्यकता पड़ गई। मुक्तिबोध इस तरह के क़िस्सागो कवि नहीं थे कि मानवोत्तर प्राणी की न केवल रोमांच कथा लिखते, बल्कि उसका शिष्य बनने की कामना भी करते। संघर्षरत साधक (या शोधक) की मृत्यु ही दिखानी थी तो उसे ब्रह्मराक्षस क्यों बना दिया? मृत्यु के बाद उसे जीवित रखने की क्या अनिवार्यता थी? कविता में मरने के बाद साधक ब्रह्मराक्षस के रूप में भी वही कर रहा है जिसमें उसके प्राण बसे हैं। और जिसमें उसके प्राण बसे हैं; वह महत्त्वहीन नहीं है। कहा जा सकता है कि 'ब्रह्मराक्षस' फ़ैंटेसी है और उसमें चित्रित मृत्यु प्रतीक मात्र है, जिसका किसी युग-पुरुष की मृत्यु से कोई सम्बन्ध नहीं है। वस्तुत: फिर ब्रह्मराक्षसत्व का और शिष्य बनने की कामना का कोई अर्थ नहीं रह जाता। यह भी ध्यातव्य है कि केवल प्रतीक रूप मृत्यु को भी मुक्तिबोध ने अपनी कविताओं में चित्रित किया है किन्तु अपने स्वभाव के अनुसार उन्होंने उसकी प्रतीकात्मकता का स्पष्ट संकेत किया है—

*यह कौन यहाँ जो लेटी है*
*मृत आकृति पीली जड़ीभूत!!* [3]

*वह जो लेटी है शक्तिहंता*
*विगता स्वर्णाभा विद्युत की*
*वह कौन?*
*हमारी आत्मा ही तो नहीं कहीं*
*जीवन की दीर्घ यात्रा में*
*हम ने असावधानी से जिसको कहीं खो दिया है।* [4]

मुक्तिबोध के कवि-स्वभाव को ध्यान में रखते हुए और कविता में प्रदत्त सूत्रों पर विचार करते हुए यह निष्कर्ष निकालना समीचीन प्रतीत होता है कि बह्मराक्षस हमारे अपने युग के किसी महान व्यक्तित्व को प्रतीकित कर रहा है। मृत्यु की घटना में कोरी कल्पना नहीं है। दूसरे शब्दों में जिस आप्तत्व को ब्रह्मराक्षस प्रतीकित कर रहा है वह केवल चित्तीय यथार्थ नहीं है; जागतिक यथार्थ भी है। पर्याप्त चिन्तन के उपरान्त मैं इस निष्कर्ष पर पहुँचा हूँ कि ब्रह्मराक्षस हिन्दी के अद्वितीय साहित्यकार जयंशकर प्रसाद को प्रतीकित करता है। इससे यह भी स्पष्ट होता है कि मुक्तिबोध अपनी इस कविता को इतना महत्त्व देते थे कि इस पर कहानी भी लिखी और स्फुट संकेत भी यत्र-तत्र दिये।

आलोच्य कविता में ब्रह्मराक्षस के अतिरिक्त एक वक्ता है जो शिष्य बनने की कामना करता है किन्तु सुनते रहने के अतिरिक्त जिसका कर्तृत्व अत्यन्त तिरस्कृत है। प्रथम पुरुष का प्रयोग इस कविता में बहुत कम हुआ है। मुक्तिबोध की कविताओं में वक्ता या 'मैं' प्राय: कवि की अहं-चेतना को या मुखौटे को प्रतीकित करता है। एक प्रख्यात कवि की अहं-चेतना किसी कलाकार का, किसी साहित्यकार का अथवा किसी कवि का ही शिष्य बनने की कामना कर सकती है।

उपर्युक्त सभी विचार हवाई किले मान लिए जाएँगे यदि इन्हें कविता में अनुस्यूत सूत्रों से पुष्ट न किया जाए। अत: यहाँ कविता में अन्तर्निहित सूत्रों की सम्यक् व्याख्या अपेक्षित है।

'ब्रह्मराक्षस' कविता का प्रारम्भ बावड़ी के चित्रण से होता है। उल्लेखनीय है कि लगभग साढ़े सात पेज की कविता में डेढ़ पेज बावड़ी से—ब्रह्मराक्षस के निवास से—सम्बन्धित है। अत: बावड़ी का महत्त्व असन्दिग्ध है। इस बावड़ी के विषय में स्वयं मुक्तिबोध ने लिखा है—"मुझे लगता है कि मन एक रहस्यमय लोक है। उसमें अँधेरा है। अँधेरे में सीढ़ियाँ हैं। सीढ़ियाँ गीली हैं। सबसे निचली सीढ़ी पानी में डूबी हुई है। वहाँ अथाह काला जल है। उस अथाह जल से स्वयं को ही डर लगता है। इस अथाह काले जल में कोई बैठा है। वह शायद मैं ही हूँ।"[5] यह गद्य-बिम्ब कविता के बिम्ब से भिन्न है फिर भी दोनों में कतिपय महत्त्वपूर्ण समानताएँ हैं। गद्य-बिम्ब में बावड़ी संकेतित है। दोनों बिम्बों में अँधेरा, सीढ़ियाँ और अथाह जल सामान्य हैं। दोनों बिम्बों में जल में कोई बैठा है। उक्त गद्य-बिम्ब वर्षों तक कवि के चित्त में बसा रहा तब जाकर काव्य-बिम्ब में परिणत हुआ है। 'ब्रह्मराक्षस' की रचना मुक्तिबोध ने अपने जीवन के अन्तिम दशक में की थी। 'शायद मैं ही हूँ' पंक्ति के अभिधार्थ को ग्रहण कर कविता के ब्रह्मराक्षस में मुक्तिबोध का दर्शन असंगत होगा क्योंकि कवि का विचार है कि अभिव्यक्ति-प्रक्रिया में अर्थात सृजन के तीसरे क्षण में भी कवि-संवेद्य में परिवर्तन होता रहता है।[6] गद्य-बिम्ब से स्पष्ट है कि बावड़ी कवि के अचेतन को प्रतीकित करती है। जल का ऐसी प्रतीकत्व मनोविज्ञान-सम्मत है।[7] मानव की सृजनात्मकता में चित्र के गहनतर स्तरों के निर्णायक योगदान को अब प्रमाणित करने की आवश्यकता नहीं रह गई। जल की सृजनात्मकता या मातृत्व भी विश्व के अनेक सांस्कृतिक परम्पराओं में स्वीकृत रहा है। युंग के अनुसार, मिथकों के क्षेत्र में जल का मातृत्व प्रतीकों की स्पष्टतम व्याख्याओं में से एक है।[8] वेदों में जल को मातृतामह की संज्ञा प्रदान की गई है।[9] अत: जल रचयिता के अचेतन चित्र को, उसके सृजनात्मक पक्ष को प्रतीकित कर रहा है। जल और उसमें बैठा कोई एक—यह समूचा बिम्ब कवि के अचेतन से उभरा है। प्रमाणार्थ 'अँधेरे में' कविता के निम्न समवर्ती बिम्ब को उद्धृत किया जा सकता है—

*बाहर शहर के, पहाड़ी के उस पार, तालाब...*
*अँधेरा सब ओर*
*निस्तब्ध जल*
*पर भीतर से उभरती है सहसा*
*सरिता के तम श्याम शीशे में कोई श्वेत आवृत्ति*

उक्त बिम्ब का उल्लेख यहाँ इसलिए महत्त्वपूर्ण है कि 'अँधेरे में' मुक्तिबोध की अन्तिम कविता है; अन्तिम स्वप्न-कविता है। स्वप्न-कविता से अभिप्राय यहाँ स्वप्न पर आधारित जाग्रतावस्था में लिखी गई कविता से है; स्वप्न में देखी गई या रची गई कविता से नहीं। ऐसी स्वप्न कविता में अचेतनोद्भूत बिम्बों का प्रयोग स्वाभाविक है। देखे गए स्वप्नों को लिपिबद्ध करने के अपने व्यक्तिगत अनुभवों के आधार पर कह सकता हूँ कि उक्त बिम्ब अचेतनोद्भूत हैं। 'ब्रह्मराक्षस' के बिम्ब से इसकी समवर्तिता स्वतः सिद्ध है। शहर से बाहर होना, अँधेरा, निस्तब्ध जल दोनों बिम्बों में सामान्य है लेकिन 'ब्रह्मराक्षस' के बावड़ी-बिम्ब में कवि ने आयासपूर्वक विशिष्ट अर्थ गूँथा है। यहाँ उसी का निर्वचन अपेक्षित है।

आलोच्य कविता का मूल बिम्ब है—जल और उसमें बैठा कोई व्यक्तित्व। यह बिम्ब लोक परम्परा में प्रख्यात रहा है—'जिन खोजा तिन पाइयाँ गहरे पानी बैठ।' जायसी ने भी 'पद्मावत' में ऐसे मरजीवा का उल्लेख किया है। हमारा ब्रह्मराक्षस भी मरजीवा है लेकिन भिन्न अर्थ में। कविता के वक्ता की दृष्टि में उसकी साधना विफल होने पर वह व्यक्ति रूप में जीवित नहीं है; ब्रह्मराक्षस रूप में जीवित है। वह बावड़ीवासी है। अचेतनोद्भूत जलबिम्ब ने बावड़ी का रूप ग्रहण कर लिया है। युंगीय मनोविज्ञान की प्रख्यात व्याख्याता डॉ. जोलेंड जैकोबी के अनुसार, 'अचेतन के प्रारूप अपने अनुरूप चेतन सामग्री को आकृष्ट करने में सक्षम होते हैं।'[10] यहाँ जल बिम्ब ने बावड़ी को आकृष्ट किया है। ऐसी बावड़ी से मुक्तिबोध का साबका अवश्य रहा होगा। मोतीराम वर्मा ने 'लक्षित मुक्तिबोध' में एक ऐसी ही बावड़ी का ज़िक्र किया है। निष्कर्षतः अचेतनोद्भूत जल और उसमें बैठे किसी व्यक्तित्व का बिम्ब सृजन प्रक्रिया के दौरान बावड़ीवासी ब्रह्मराक्षस के बिम्ब में परिणत हो गया है। पानी में किसी के होने का भय आदिम है। यह आदिम भय आज भी बहुतों को नदी आदि में स्नान से रोकता है।

सामन्तीय वातावरण और संस्कारों में जीवित यह ब्रह्मराक्षस मुक्तिबोध के चित्र में जयशंकर प्रसाद का आभ्यन्तरीकृत रूप है। बावड़ी स्वयं में अचेतन चित्त की प्रतीक तो है ही; मुक्तिबोध ने उसे अचेतन की प्रतीक बनाया भी है। इस अचेतन में बैठा ब्रह्मराक्षस सामन्तीय वातावरण एवं संस्कारों में जीता है। इसीलिए कविता में बावड़ी के चित्रण में सामन्तीय वातावरण मूर्तित है। बावड़ी शहर से दूर है। शहर चेतन अनुभवों का व्यंजक है। बावड़ी चेतन अनुभवों से परे अचेतन की व्यंजक है।

साथ ही आधुनिकीकरण की या पश्चिमीकरण की प्रक्रिया में सामन्तीय सभ्यता के अवशेष शहर से दूर होते जाते हैं। खँडहर विगत बुलन्दी के द्योतक हैं। भिन्न प्रसंग में कहा भी गया है—'खँडहर गवाह है कि इमारत बुलंद थी।' इसी बुलंदी के कारण इमारत खँडहर बन पाती है; अन्यथा मटियामेट हो जाती। ध्यातव्य है कि विगत की ऐसी बुलंदी जयशंकर प्रसाद का प्रिय विषय रही है। बावड़ी आदि का निर्माण प्रायः सामन्त ही कराते थे। आधुनिक भारत में तो प्याऊ लगवाने की प्रवृत्ति भी ह्रासमान है। अब यह बावड़ी परिव्यक्त है। परिव्यक्त होने के दो अभिप्राय हैं—सभ्यता के दबाव में आज हमारा अचेतन परिव्यक्त है। इसका इससे बड़ा प्रमाण और क्या होगा कि नवजात शिशुओं के अँगूठा चूसने जैसी महत्त्वपूर्ण क्रियाओं पर भी अनेक शहरी परिवारों में अंकुश लगा दिया जाता है। दूसरी ओर औद्योगीकरण के फलस्वरूप शहरी जीवन में सामन्तीय सभ्यता के लिए अवकाश नहीं रह गया है। वह अचेतन संस्कारों के रूप में विद्यमान है। मनोविज्ञान के अनुसार अचेतन की पूर्ण व्याख्या कभी सम्भव नहीं है। जल की गहनता भी बात की गहराई की तरह अगम्य है। यह उपमा तुलसी को भी प्रिय रही है—"गिरा अरथ जल बीचि सम।" उल्लेखनीय है कि प्रसाद काव्य की गहनता भी आलोचकों के लिए चुनौती रही है। 'आँसू' का आलम्बनत्व आज भी विवादास्पद है। बावड़ी का परिवेश भी ग़ौरतलब है। मौन उदुम्बरों की उलझी डालें बावड़ी को घेरे हैं। घुग्घुओं के परिव्यक्त भूरे गोल घोंसले लटके हैं। प्रसंगात उल्लेख्य है कि घुग्घू अपने घोंसले नहीं बनाता; परिव्यक्त घोंसलों पर अधिकार जमा लेता है। लटकने वाले घोंसले केवल बया के होते हैं।

आलोच्य कविता का अगला छन्द एक ही वाक्य में है। एक ही वाक्य में पूरे छंद को उसकी लयात्मक गहनताओं के साथ साध सकने वाली चौड़ी छाती नये कवियों में केवल मुक्तिबोध की थी। ब्रह्मराक्षस का निवास और उसके आसपास का वातावरण पुण्यमयता का आभास देता है। विगत शत पुण्य से पुण्य की पूर्णता वर्णित है। वातावरण की ऐसी प्रतीति अतीत की उस श्रेष्ठता का सन्देह पैदा करती है जो कविता के वक्ता में दिल में खटके-सी लगी रहती है। ऐसे अतीत के प्रति मुक्तिबोधीय दृष्टिकोण स्पष्ट है। वे इसे वरेण्य नहीं समझते थे किन्तु मानव-मूल्यों की दृष्टि से पूँजीवाद की अपेक्षा सामन्तीय अतीत की कुछ अच्छाइयों को उन्होंने स्वीकारा था। श्रेष्ठता के खटके से लगे रहने का रहस्य यही है। जयशंकर प्रसाद ने ऐसे अतीत को प्रेमचन्द की तरह, अतीत के गड़े मुर्दे मानकर तिरस्कृत नहीं किया।

आलोच्य कविता के प्रथम खंड के शेष अंश में ब्रह्मराक्षस अपने मृत्युपूर्व जीवन के उस पक्ष का अनुसरण करता है जो उसके आभ्यन्तर विकास से सम्बन्धित था। इस पक्ष का चित्रण कवि ने उसके ब्रह्मराक्षसत्व को बरकरार रखते हुए किया है। विकास पूर्वापर क्रम की अपेक्षा करता है। 'अखंड स्नानरत ब्रह्मराक्षस क्रम-सापेक्ष अनेक क्रियाओं को एक साथ करता है। वह अखंड स्नान के साथ-साथ मंत्रोच्चार,

आलोचन, स्फीत अहं की तुष्टि एवं सिद्धान्तों का नवनिर्वचन करता है। अहं-तुष्टि एवं सिद्धान्त-निर्वचन के बिम्बों में स्वयं कवि ने पूर्वापर-क्रम की स्थापना की है। ब्रह्मराक्षस यह समझने के बाद ही, "कि नभ ने भी विनत हो मान ली है श्रेष्ठता उसकी" सिद्धान्तों की नई व्याख्याएँ करता है। कहा जा सकता है कि ब्रह्मराक्षस मानव नहीं है अतः वह इतिहासकाल की सीमाओं से परे है। अतः उसके लिए विभिन्न समयों पर सम्पन्न किए जाने वाले कार्यों को एक समय पर सम्पन्न करना सम्भव है।

बावड़ीवासी ब्रह्मराक्षस के रूपाकार का वर्णन कवि ने नहीं किया है। केवल उसकी देह-बाँह, छाती, मुँह और हाथ के पंजों का ज़िक्र भर किया है। स्नान के मूर्तन के सन्दर्भ में यह अनिवार्य था। ऐसी अनिवार्यता के अभाव में ब्रह्मराक्षस कदाचित् निराकार ही रहता। 'बावड़ी की जिन घनी गहराइयों में यह बैठा है वहाँ से उसके उच्चार की गूँज भी सुनाई नहीं दे रही; केवल अनुगूँज ही श्रव्य है जो पागल की बड़बड़ाहट प्रतीत होती है। सुज्ञात तथ्य है कि चेतन मन के लिए अचेतन के स्वर अर्थहीन प्रतीत होते हैं। व्यक्ति अपने स्वप्नों को प्रायः अर्थहीन समझने की भूल कर बैठता है। जिसकी गूँज भी सुनाई न दे रही हो उसका रूपाकार दृश्य कैसे हो सकता है। इसीलिए अनुमान प्रमाण का आश्रय लेना पड़ता है। बाँह, छाती आदि का ज़िक्र उसी अनुमान प्रमाण के सहारे है।

ब्रह्मराक्षस अखंड स्नानरत है। कहा जा सकता है कि पानी में बैठा है तो स्नानरत तो हुआ ही किन्तु हाथ के पंजे की क्रियाएँ ऐसी विवशता की गवाही नहीं देतीं। पानी में बैठे रहने की व्यंजनाओं से स्नान की व्यंजनाएँ भिन्न हैं। स्नान मनुष्य के आदिमतम व्यापारों में से एक है। वह कायिक ही नहीं मानसिक मैल से भी मुक्ति का साधन है। स्नान के रूप अनेक हो सकते हैं किन्तु उसका महत्त्व सभी धर्मों में स्वीकृत है। वजू करना, शुद्धि के लिए गंगाजल छिड़कना या ईसाइयों का बपतिस्मा स्नान के ही लघु संस्करण हैं। हिन्दू धर्म में और इस्लाम में शव को स्नान कराने की प्रथा है। ब्रह्मराक्षस न तो जीवित मानव है और न ही शव है अतः उसका स्नान भी विचित्र है—"मैल, फिर भी मैल।" इस वैचित्र्य का निर्वचन मुक्तिबोध के कला-चिन्तन के सन्दर्भ में किया जा सकता है। मुक्तिबोध ने मनोविश्लेषण-सिद्ध व्यक्तिगत पापभावना को प्रगति-प्रेरक मानकर स्वीकृति प्रदान की है। 'क्लाड ईथरली' शीर्षक कहानी में उन्होंने लिखा है—"मतलब यह कि ऐसे बहुतेरे लोग हैं जो पापाचार-रूपी, शोषणरूपी डाकुओं को अपनी छाती पर बैठा समझते हैं। वह डाकू न केवल बाहर का व्यक्ति है, वह उनके घर का आदमी भी है। समझने की कोशिश करो।...यह कि उस व्यापक अन्याय का अनुभव करने वाले किन्तु उसका विरोध करने वाले लोगों के अन्तःकरण में व्यक्तिगत पाप-भावना रहती ही है; रहनी चाहिए। ईथरली में और उनमें यह बुनियादी एकता और अभेद है।"[11]

यह व्यक्तिगत पाप भावना का नैरन्तर्य ही स्नान की अखंडता का प्रेरक है। इस प्रकार ब्रह्मराक्षस के अखंड स्नान के चित्रण के मूल में पाप-ग्रन्थि की मनोवैज्ञानिक धारणा है। मनोवैज्ञानिक दृष्टि से व्यक्ति अपने विकास की प्रक्रिया में अपनी पाप भावना से जूझता है। कारयित्री प्रतिमा के धनी व्यक्तियों में उक्त संघर्ष प्रबलतर होता है। मध्ययुगीन भक्त कवियों से लेकर गांधी जी के जीवन-प्रसंगों तक से उदाहरण दिये जा सकते हैं। कलाकार को भी यह संघर्ष अनिवार्यतः करना पड़ता है। प्रत्येक महान कलाकार को व्यक्ति के रूप में महान त्याग करना पड़ता है—ऐसा विचार युंग ने अनेकत्र व्यक्त किया है। मुक्तिबोध का स्वयं का संघर्ष अभी इतिहास का विषय नहीं बना है।

कलाकार के अन्तस्संघर्ष का प्रारम्भ व्यक्तिगत पाप-भावना पर विजय पाने के प्रयास से होता है। अखंड स्नान उसी को प्रतीकित कर रहा है। स्नान के साथ भय बद्धमूल है। हज़ारों वर्षों के विकास के बावजूद स्नानबद्ध भय निर्मूल नहीं हो पाया है। मनोवैज्ञानिक धरातल पर यह भय मृत्यु से सम्बन्धित है। डूबने और मरने की क्रिया के प्रतीकार्थ परस्पर अत्यधिक निकट हैं। गोताखोर इसीलिए मरजीवा कहलाते हैं। विकास की नई सम्भावनाओं के लिए अर्थात द्विजत्व प्राप्ति के लिए, मरना अर्थात अचेतन में डूबना अर्थात समाधि दशा प्राप्त करना अनिवार्य है। मंत्रोच्चार इस भय से उबारता है।

अपनी पापभावना से निरन्तर संघर्षरत ब्रह्मराक्षस महान कलाकार को प्रतीकित करता है। प्रसाद जैसा महान कलाकार व्यक्ति और विश्व की समस्याओं के समाधान के लिए अपनी महत्तम कलाकृति 'कामायनी' में एक अनुभूत जीवन-दृष्टि को पूरी प्रभविष्णुता से प्रस्तुत करना चाहता है। स्वयं मुक्तिबोध भी आजीवन इसके प्रयासी रहे। ऐसा तभी सम्भव है जबकि कोई जीवन-दृष्टि केवल सैद्धान्तिक स्तर पर ही स्वीकार न की जाए बल्कि उसे उसकी समग्रता में अपनाया जाए। इसी स्थिति को आलोच्य कविता के उत्तरार्द्ध में 'पूर्णता की सिद्धि' के रूप में वर्णित किया गया है। ऐसी सिद्धि के लिए प्रत्येक साधक को पहला संघर्ष अपनी जैविक वृत्तियों से करना पड़ता है। पाप-ग्रन्थि का निरोध या उदात्तीकरण उसका एक पक्ष है और सामन्तीय संस्कारों से सम्पन्न साधक के विशिष्ट सन्दर्भ में धर्म या अध्यात्म उसका दूसरा पक्ष है। सामन्तीय संस्कारों से सम्पन्न साधक के मार्गान्वेषण के प्रयास भी अन्ततोगत्वा अध्यात्म का आश्रय ग्रहण करते हैं। अखंड स्नानरत ब्रह्मराक्षस मार्गान्वेषण की प्रक्रिया में अध्यात्मरत होता है। इसीलिए उसके होंठों से 'अनोखा स्तोत्र' अथवा 'कोई क्रुद्ध मंत्र' अथवा 'शुद्ध संस्कृत गालियों का ज्वार' निकल रहा है। स्तोत्र या मंत्र को संस्कृत गालियों से उपमित करना मुक्तिबोध के जीवन और जीवन दृष्टि के सन्दर्भ में विचित्र नहीं लगता। मुक्तिबोध के पिता एक कर्मकांडी ब्राह्मण और ईमानदार थानेदार थे। उनका अनुशासन कठोर था। मुक्तिबोध के तथाकथित ज़िद्दी

स्वभाव में पिता के व्यक्तित्व की छाया देखी जा सकती है। कर्मकांडी पिता का कठोर अनुशासन पुत्र को प्रिय नहीं रहा होगा। इसी स्थिति का विकास आगे चलकर धार्मिक कर्मकांडों को ही नहीं बल्कि धर्म, अध्यात्म, ईश्वर और आत्मा को नकराने में हुआ। धर्म के प्रति घृणा का भाव ही मंत्रों को संस्कृत गालियों से उपमित करा रहा है। प्रसाद के सामन्तीय संस्कारों से संयुत धर्म और अध्यात्म की इस निस्सारता को मुक्तिबोध ने 'कामायनी : एक पुनर्विचार' शीर्षक ग्रन्थ में विस्तार से विश्लेषित किया है। 'कामायनी' को मुक्तिबोध अपने युग की सर्वश्रेष्ठ फ़ैंटेसी मानते थे किन्तु उसमें व्यक्त प्रसाद के सामन्तीय संस्कारों और आध्यात्मिक समाधान का मुक्तिबोध ने प्रखरतम और कटुतम विरोध किया। ऐसा ही विरोध विवेचित पंक्तियों में मुखर है। कलाकार अहंकार की भाँति धार्मिकों और ज्ञानियों का अहंकार भी प्रख्यात रहा है।

धर्म का एक रूप वह भी है जो अहंकार को स्फीत करता है। लोकोक्ति है—'बाभन नहाया; ग़ज़ब ढहाया।' हमारा ब्रह्मराक्षस तो अखंड स्नानरत, अखंड मंत्रोच्चारण और अखंड आलोचनारत है। उसके अहंकार का क्या ठिकाना! सूर्यचन्द्र के प्राकृतिक व्यापार भी उसकी अहं-तुष्टि का माध्यम बनते हैं। उनका ज्ञान-प्राप्ति से प्रफुल्लित किन्तु अतृप्ति से कंटकित तन-मन यह भी अनुभव करता रहा कि नभ तक ने "विनत हो मान ली है श्रेष्ठता उसकी।" स्फीत अहं के तुष्ट होने पर ही व्यक्ति तन्मय होकर ज्ञानदान देता है। गुरु-सेवा का महत्त्व परम्परा में इसीलिए स्वीकृत रहा है। निरंकुश माने जाने वाले कवियों के लिए भी वृद्ध-सेवा की अपेक्षा की गई है। अहं-तुष्टि के उपरान्त ही ब्रह्मराक्षस सिद्धान्तों का नवनिर्वचन करता है। आलोच्य सन्दर्भ की एक व्याख्या यह भी है कि मार्क्सवादी दृष्टि से धार्मिक और आध्यात्मिक चिन्तन भाववादी होता है। जीवन और जगत् के प्रति ऐसे चिन्तन की एप्रोच व्यक्तिनिष्ठ होती है; वस्तुनिष्ठ नहीं।

अहंकार की तुष्टि के उपरान्त ब्रह्मराक्षस सभी के सिद्धान्तों का नवनिर्वचन करता है। अपने युग की सभी विधाओं को उसने मथ डाला है। उसे विविध संस्कृतियों, दर्शनों और विज्ञानों का ज्ञान है। यह विशेषता आधुनिक हिन्दी के केवल एक ही साहित्यकार में थी और वे थे—जयशंकर प्रसाद। उन्होंने न केवल विभिन्न दर्शनों और विज्ञानों का दोहन किया बल्कि उसकी युगानुरूप व्याख्याएँ भी कीं। प्रसाद का समग्र साहित्य इस तथ्य को प्रमाणित करता है कि प्रसाद स्वर्णिम अतीत के गायक ही नहीं थे; बल्कि वर्तमान की समस्याओं के सन्दर्भ में अतीत की सम्यक् समझ को वे अनिवार्य मानते थे। यह कम बड़ी बात नहीं है कि जिस युग में विधवा-विवाह विवाद का विषय बना हो उस युग में प्रसाद विधवा-विवाह की बात तो दरकिनार; नारी के तलाक़ एवं पुनर्विवाह के अधिकार के औचित्य की स्थापना के लिए परम्परा से ऊर्जा ग्रहण कर रहे थे—'ध्रुवस्वामिनी' में। यह प्रसाद ही हैं जो गांधी युग में हिंसा का सैद्धान्तिक समर्थन कर रहे थे—'जनमेजय के नागयज्ञ' में।

ध्यातव्य है कि जिस कवि ने मंत्रोच्चार और संस्कृत गालियों को समकक्ष रखा, उसी कवि ने यहाँ वैदिक ऋचाओं को 'मधुर' विशेषण दिया है। आधुनिक हिन्दी के किसी कवि से मुक्तिबोध यदि सर्वाधिक प्रभावित हुए तो जयशंकर प्रसाद से। 'कामायनी : एक पुनर्विचार' इसी प्रभाव का प्रतिफल है। स्पष्ट है कि ब्रह्मराक्षस जिस कलाकार को प्रतीकित कर रहा है उसके वैशिष्ट्य को उभारने का कवि ने सफल प्रयास किया है। इस वैशिष्ट्य के विश्लेषण से सिद्ध है कि ब्रह्मराक्षस प्रसाद को प्रतीकित करता है। वह साहित्यकार विशेष को प्रतीकित करता है; साहित्यकार सामान्य को नहीं। इन तथ्यों को कविता के उत्तरार्द्ध के विवेचन से पुष्ट किया जा सकता है।

विवेच्य कविता का उत्तरार्द्ध समग्र पूर्वार्द्ध को दीप्त कर रहा है। इस उत्तरार्द्ध से ही पूर्वार्द्ध को एक सार्थकता मिलती है। ब्रह्मराक्षस के मृत्युपूर्व मानव-जीवन से सम्बन्धित कविता के उत्तरार्द्ध में सत्य-शोध के लिए किए गए संघर्ष की विराटता, शोधक की मृत्यु और शिष्य बनने की कामना अभिव्यक्त है। सत्य-शोध के लिए संघर्ष केवल वैचारिक न होकर समग्र जीवन का है। यह संघर्ष एक अतिरेकवादी पूर्णता को—एक अतिरेकवादी जीवन-दर्शन को—समग्रत: आत्मसात करने का है और ऐसे आत्मीकरण के लिए अपने अन्तर्जगत् में डूबना अनिवार्य है। उत्तरार्द्ध इसी अन्तर्यात्रा की दुर्गमता से प्रारम्भ होता है। 'आभ्यन्तर निराले लोक' से तात्पर्य अन्तर्जगत् से अर्थात चित्तीय जीवन से है। अपने चित्तीय जीवन के साक्षात्कार की दुर्लभता और विस्फोटकता मध्ययुगीन साधकों और मनोविश्लेषकों में समानत: चर्चित रही है। ऐसा साक्षात्कार तब और दुर्लभ हो जाता है जब वह नेकी और बदी के सन्दर्भ में न होकर उससे भी उग्रतर "अच्छे व उससे अधिक अच्छे" के बीच के संघर्ष के सन्दर्भ में हो। कलाकार का संघर्ष नेकी और बदी में से एक को चुनने के लिए नहीं होता। उसका संघर्ष व्यक्ति और विश्व की समस्याओं के सन्दर्भ में किसी जीवन-दर्शन के लिए होता है किन्तु किसी भी जीवन-दर्शन और जीवन-पद्धति की पूर्ण सिद्धि अति दुष्कर होती है। यहाँ भी कलाकार पूर्ण साक्षात्कार के लिए सीढ़ियों पर चढ़ना चाहता है किन्तु सीढ़ियाँ तय नहीं कर पाता। चढ़ता है कि गिर पड़ता है। पैरों में मोच है और अनेक घाव छाती पर है। छाती के घाव उसकी वीरता के व्यंजक हैं। इस संघर्ष में बहुत थोड़ी सफलता मिलती है लेकिन वह गहरी है क्योंकि संघर्ष ईमानदारी से किया गया है। असफलता निश्चित मिली है लेकिन भव्य है क्योंकि उसके मूल में गहन संघर्ष की मानवीय अन्तर्कथा है। संघर्ष की यह अन्तर्कथा—यह व्यथा-कथा—वस्तुत: अतिरेकवादी पूर्णता से सम्बद्ध है। किसी भी अतिरेकवादी पूर्णता की सिद्धि सदैव दुष्कर रही है। उदाहरणार्थ न तो पूर्ण अहिंसक बनना सरल है और न ही पूर्णतया मार्क्सवादी। पुराने प्रगतिवादी साहित्यकारों से मुक्तिबोध का विरोध इस आधार पर था या कि वे अपने साहित्य में अपने से और

समाज से संघर्षरत मार्क्सवादियों के चित्र अंकित करने की बजाय मार्क्सवादी सिद्धों का चित्रण करते हैं। ज्यामितीय दृष्टि से बने 'सत्यं वद' 'धर्मं चर' जैसे भव्य नैतिक मान-व्यवहार में कितने कठिन होते हैं—यह सहज अनुमेय है।

जयशंकर प्रसाद आजीवन प्रत्यभिज्ञा दर्शन को—मुक्तिबोध की दृष्टि में अतिरेकवादी पूर्णता को—उसकी समग्रता में जीने के प्रयासी रहे। 'कामना', 'एक घूँट', 'आँसू', 'कामायनी' जैसी रचनाएँ प्रमाणार्थ देखी जा सकती हैं। आधुनिक हिन्दी के किसी अन्य कवि ने दर्शन विशेष की समग्रता में सिद्धि के लिए ऐसा संघर्ष नहीं किया जैसा जयशंकर प्रसाद ने किया। उनके संघर्ष का चित्रण मुक्तिबोध ने इन शब्दों में किया है—"रवि निकलता लाल चिन्ता की रुधिर सरिता प्रवाहित कर दीवारों पर, उदित होता चन्द्र वर्ण पर बाँध देता श्वेत धौली पट्टियाँ।" प्रसाद की चिन्ता-रूपी रुधिर-सरिता लाल थी। यहाँ लाल रंग में कोई व्यंजना नहीं है तो उसके उल्लेख की कोई आवश्यकता न थी। मुक्तिबोध जैसे कवि का अधिक पदत्व दोष से बचना स्वाभाविक है अत: लाल चिन्ता को मार्क्सवादी चिन्ता मानना—शोषण मुक्ति की चिन्ता मानना—असंगत न होगा किन्तु इस चिन्ता के ज़ख़्मों पर जो फाहा रखा जाता है, वह मार्क्सवादी नहीं है। मुक्तिबोध के काव्य में चाँद का चित्रण मार्क्सवाद-विरोधी प्रतिक्रियावादी शक्तियों के अर्थ में प्राय: हुआ है। कहना यह है कि दर्द तो सही है किन्तु दवा सही नहीं है। अत: सत्य का यह शोधक आसमानी छोरों पर फैले अनगिनत दशमलव-बिन्दुओं के गणित-मैदान में काम आता है; चुक जाता है। यह गणित—यह जीवन-दर्शन—आसमानी है; यथार्थ से दूर। यह गणित भाव, तर्क और कार्य के सामंजस्य का गणित है। इस भाव (इच्छा), तर्क (ज्ञान) और कार्य (क्रिया) के सामंजस्य (सामरस्य) की विस्तृत आलोचना मुक्तिबोध ने 'कामायनी : एक पुनर्विचार' में की है। व्यक्ति और विश्व समस्याओं के शैव समाधान की हिन्दी के किसी आलोचक ने यदि कटुतम आलोचना की है तो वे मुक्तिबोध हैं किन्तु इससे प्रसाद की महत्ता कम नहीं हो जाती। अज्ञेय और भारती की तरह मुक्तिबोध ने छायावादी कवियों और छायावाद काव्य पर कीचड़ नहीं उछाला। प्रसाद के संघर्ष में उनकी आस्था अटूट थी। प्रसाद के कवि-रूप की महत्ता को उन्होंने मुक्त कंठ से स्वीकार किया किन्तु प्रसाद के निष्कर्ष उनकी दृष्टि में असंगत और अधूरे थे।

उपर्युक्त विवेचन से स्पष्ट है कि ब्रह्मराक्षस का संघर्षजन्य गणित अर्थात भाव, तर्क व कार्य का समीकरण, अर्थात इच्छा, ज्ञान और क्रिया की समरसता जयशंकर प्रसाद का गणित है। इस सामरस्य के प्रति प्रसाद की निष्ठा अटूट रही। अपने जीवन में प्रसाद को अनेक विषम परिस्थितियों का सामना करना पड़ा। अपने पैतृक व्यवसाय को भी उन्हें देखना पड़ा। इसी को लक्षित कर मुक्तिबोध ने कहा है—"धन-अभिभूत अन्त:करण में से सत्य की झाँईं निरन्तर चिलचिलाती थी।"

'कामायनी' के मनु की समस्या जितनी व्यक्ति की है; उतनी विश्व की भी है। प्रसाद जितने आत्मचेतस थे, उतने ही विश्वचेतस भी थे। एक सप्राण अनबन, एक जीवन्त विकलता उनके व्यक्तित्व में बद्धमूल थी। ये प्रसाद ही थे जो ख्याति के शिखर पर पहुँचकर भी विषादाकुल थे। उनका यह विषाद 'प्रलय की छाया' जैसी कविताओं में प्रतिवर्तित है। मुक्तिबोध कल्पना करते हैं कि यदि उन्हीं दिनों प्रसाद से उनका मिलन होता; यदि वे प्रसाद के समकालीन होते, तो उनकी व्यथा स्वयं जीकर उन्हें उनकी महत्ता की प्रतीति कराते। सम्भवतः मुक्तिबोध की सोच यह थी कि यदि प्रसाद की आन्तरिकता को, जिसकी चर्चा उन्होंने अनेकधा की है, शैव दर्शन की वायवी दृष्टि के स्थान पर मार्क्सवाद की वैज्ञानिक दृष्टि मिल जाती तो शायद 'कामायनी' में वे झोल न रहते जिनका ज़िक्र 'कामायनी : एक पुनर्विचार' में विस्तार से किया गया है। मुक्तिबोध की दृष्टि में प्रसाद अपने सामन्तीय संस्कारों से और पूँजीवादी युग की सीमाओं से ऊपर न उठ सके। दो पाटों के बीच में पिस गए। यही ट्रैजिडी है। वे ब्रह्मराक्षस के रूप में कवि के अन्तस्तल में जीवित हैं। कविता का नायक अचेतन में विद्यमान इसी ब्रह्मराक्षस का शिष्यत्व प्राप्त करना चाहता है ताकि उसकी सच्चिद्वेदना को संगत एवं पूर्ण निष्कर्षों तलक पहुँचा सके।

## सन्दर्भ


1. कृष्णमुरारि मिश्र, *आद्यबिम्ब और मुक्तिबोध की कविता*, राधाकृष्ण प्रकाशन, देखिए, द्वितीय अध्याय
2. *एक साहित्यिक की डायरी*, भारतीय ज्ञानपीठ प्रकाशन, तृतीय संस्करण, पृ. 29
3. *चाँद का मुँह टेढ़ा है*, भारतीय ज्ञानपीठ, 1971, पृ. 211
4. वही, पृ. 212
5. *एक साहित्यिक की डायरी*, पृ. 3
6. वही, पृ. 21
7. "The water is the commonest symbol for the unconscious."
—*The Collected Works of C.G. Jung*, Vol. 9, Part II, Tr.R.F.C. Hull, Princeton University Press, 1958, p. 18
8. "The maternal significance of water is one of the clearest interpretation in the whole field of mythology."
—*The Collected Works of C.G. Jung*, Vol. 5, Tr. R.F.C. Hull, Rautledge & Kegan Paul , London, p. 218
9. "In Vedas the waters are called Matritamah, most maternal." —Ibid
10. डॉ. जोलैंड जैकोबी, *कॉम्प्लेक्स/आर्केटाइप/सिम्बल*, अनु. रॉल्फ मनहाइम, राट्लेज एंड केगन पॉल, लंदन, पृ. 33-35
11. *काठ का सपना*, भारतीय ज्ञानपीठ प्रकाशन, प्रथम संस्करण, पृ. 15

परिशिष्ट-1

# पारिभाषिक शब्दावली

| | |
|---|---|
| अन्तर्दृष्टि | Insight |
| अन्तर्मुखता | Introversion |
| अन्तर्मुखी | Introvert |
| अचेतन | Unconscious |
| अध्यवसित रूपक | Allegory |
| अभिवृत्ति | Attitude |
| अभिव्यक्ति | Manifestation |
| अहं | Ego |
| अहं-चेतना | Ego-consciousness |
| अहं-व्यक्तित्व | Ego-personality |
| आत्म | Self |
| आत्मोपलब्धि | Self-realization, individuation |
| आत्मोपलब्धि-प्रक्रिया | Process of scif-realization / Process of individuation |
| आद्यबिम्ब | Archetypal image |
| आद्यरूप | Archetype |
| आद्यावशेष | Archaic remnants |
| आनुवंशिक | Inherited |
| आनुवंशिकता | Heredity |
| आप्तपुरुष | The Wise Old Man |
| आप्त व्यक्तित्व | Mana personality |
| आस्फालन | Inflation |
| उच्चतर | Superior |
| कराला | Terrible Mother |

| | |
|---|---|
| क्षतिपूरकता | Compensation |
| ग्रन्थि | Complex |
| गहनता-मनोविज्ञान | Depth psychology |
| घटक | Factor |
| चिन्तन | Thinking |
| चित्त | Psyche |
| चित्त-कल्प | Transformation |
| चित्तीय निकाय | Psychic system |
| चित्तीय ऊर्जा | Psychic energy |
| चेतन | Conscious |
| चेतना | Consciousness |
| छाया | Shadow |
| तेजस | Libido |
| दिव्य-दर्शन | Vision |
| परिवर्तक | Transformer |
| पुराकथा | Myth |
| पृथक्कृत | Differentiated |
| प्रकार | Types |
| प्रक्रिया | Process |
| प्रक्षेपण | Projection |
| प्रगति | Progression |
| प्रज्ञा | Wisdom |
| प्रतिगति | Regression |
| प्रतीक | Symbol |
| प्रत्यय | Idea |
| प्रत्यय-ग्रन्थि | Complex of idea |
| प्रत्ययीकरण | Ideation |
| प्राक्कल्पना | Hypothasis |
| बहिर्मुखता | Extraversion |
| बहिर्मुखी | Extraverted |
| बिम्ब | Image |
| भाव | Affect |
| भावना | Feeling |
| मनोविश्लेषण | Psycho-analysis |

| | |
|---|---|
| मनोवैज्ञानिक काव्य | Psychological poetry |
| महामाता | The greater mother |
| मातृ-राज्य | Realm of Mother |
| माया | Anima |
| मुखौटा | Persona |
| लक्षण | Symptom |
| वत्सला | Loving Mother |
| विश्लेषणात्मक मनोविज्ञान | Analytical psychology |
| वृत्ति | Instinct |
| व्यक्तिगत | Personal |
| व्यक्तिगत अचेतन | Personal unconscious |
| व्यक्तिता | Individuality |
| व्यक्तित्व | Personality |
| शिशु-मनोविज्ञान | Child psychology |
| संकल्पात्मक काव्य | Visionary poetry |
| संपूरक | Complementry |
| संवेग | Emotion |
| संवेदन | Sensation |
| समंजन | Adoptation |
| समाहिति (आत्मीकरण) | Assimilation |
| सहानुभूति | Intution |
| सामग्री | Content |
| सामूहिक अचेतन | Collective unconscious |
| साहचर्य | Association |
| स्वायत्तता | Autonomy |

परिशिष्ट-2

# ग्रन्थ-सूची


## आधार ग्रन्थ

**(अ)**

1. *The Collected Works of C. G. Jung*, Vol. 5, Tr. R. F. C. Hull, Routlege & Kegan Paul Ltd., London, 1956
2. *The Collected Works of C. G. Jung*, Vol. 6, Tr. H. G. Baynes, Revised by R. F. C. Hull, Routlege & Kegan Paul Ltd., London, 1971
3. *The Collected Works of C. G. Jung*, Vol. 9, Part 1, Tr. R. F. C. Hull, Priceton University Press, 1959
4. *The Collected Works of C. G. Jung*, Vol. 9, Part 2, Tr. R. F. C. Hull, Priceton University Press, 1968
5. *The Collected Works of C. G. Jung*, Vol. 2, Tr. R. F. C. Hull, Priceton University Press, 1958
6. *The Intregation of Personality*, *C. G Jung*, TR. Stanley M. Dell, Kegan Paul Trench, Trubner & Co., London, 1940
7. *Modern Man in Search of a Soul*, *C. G. Jung,* Tr. W. S. Dell and Cary F., Kegan Paul Trench, Trubner & Co., London, 1933

**(ब)**

1. *चाँद का मुँह टेढ़ा है,* गजानन माधव मुक्तिबोध, भारतीय ज्ञानपीठ प्रकाशन, 1971
2. *तार सप्तक,* संकलनकर्ता एवं सम्पादक अज्ञेय, भारतीय ज्ञानपीठ प्रकाशन, 1972

## सहायक ग्रन्थ

**(अ) संस्कृत**

1. *कठोपनिषद्* (ईशादिनी उपनिषद्), गीता प्रेस गोरखपुर, पंचम संस्करण
2. *कौटिल्लीय अर्थशास्त्रम्,* पंडित पुस्तकालय, काशी, 1964
3. *जन्म-मरण विचार,* भट्ट वामदेव
4. *प्रबोधचन्द्रोदयम्,* कृष्ण मिश्र
5. *मनुस्मृति,* टीकाकार पं. हरगोविन्द शास्त्री, चौखम्बा संस्कृत सीरीज, वाराणसी, संवत् 2021

6. *महाभारत,* गीता प्रेस, गोरखपुर
7. मैत्र्युपनिषद्
8. *विवेक चूड़ामणि*
9. *श्रीमद्भगवद्गीतारहस्य,* लोकमान्य बाल गंगाधर तिलक : अनुवादक, श्रीमान माधवराज जी सप्रे, जयन्त श्रीधर तिलक, पूना 2, 1965
10. *श्वेताश्वरोपनिषद्,* (ईशादिनी उपनिषद्) गीता प्रेस, गोरखपुर, पंचम संस्करण
11. *सौन्दर्यलहरी,* शंकराचार्य

## (ब) पालि

*धम्मपद,* अनुवादक : भिक्षु धर्मरक्षित, मास्टर खेलाड़ीलाल एंड संस, वाराणसी, 1959

## (स) हिन्दी

1. *अन्धा युग,* डॉ. धर्मवीर भारती, किताब महल, इलाहाबाद, 1968
2. *आँसू,* जयशंकर प्रसाद, भारती भंडार, इलाहाबाद, संवत् 2015 वि.
3. *आधुनिक पाश्चात्य काव्यशास्त्र और समीक्षा के उपादान,* डॉ. नरेन्द्रदेव वर्मा, मध्य प्रदेश हिन्दी ग्रन्थ अकादमी, भोपाल, 1971
4. *आधुनिक हिन्दी कथा साहित्य में मनोविज्ञान,* डॉ. देवराज उपाध्याय, साहित्य भवन (प्राइवेट) लि., इलाहाबाद, प्रथम संस्करण
5. *एक साहित्यिक की डायरी,* गजानन माधव मुक्तिबोध, भारतीय ज्ञानपीठ प्रकाशन, 1969
6. *कनुप्रिया,* डॉ. धर्मवीर भारती, भारतीय ज्ञानपीठ प्रकाशन, 1966
7. *काठ का सपना,* गजानन माधव मुक्तिबोध, भारतीय ज्ञानपीठ प्रकाशन, 1967
8. *काव्यबिम्ब,* डॉ. नगेन्द्र, नेशनल पब्लिशिंग हाउस, दिल्ली, 1967
9. *नई कविता का आत्मसंघर्ष तथा अन्य निबन्ध,* गजानन माधव मुक्तिबोध विश्वभारती प्रकाशन, नागपुर
10. *नई कविता की चेतना,* जगदीश कुमार, सन्मार्ग प्रकाशन, 1972
11. *नई कविता : विलायती सन्दर्भ,* जगदीश कुमार, सन्मार्ग प्रकाशन, 1976
12. *नई समीक्षा : नये सन्दर्भ,* डॉ. नगेन्द्र, नेशनल पब्लिशिंग हाउस, 1974
13. *पद्मावत,* मलिक मुहम्मद जायसी, व्याख्याकार, वासुदेवशरण अग्रवाल, साहित्य सदन, झाँसी, संवत् 2018 वि.
14. *पाश्चात्य काव्यशास्त्र,* डॉ. रामपूजन तिवारी, राधाकृष्ण प्रकाशन, 1971
15. *प्रेमप्रकाश*—शाह बरकतुल्लाह प्रेमी, सम्पादक : लक्ष्मीधर, फ्रैंक ब्रदर्स, दिल्ली, 1943
16. *बिहारी रत्नाकर,* पं. जगन्नाथदास रत्नाकर, ग्रन्थकार, बनारस, 1955
17. *भगवान बुद्ध,* धर्मानन्द कौसाम्बी, राजकमल प्रकाशन, दिल्ली, 1956
18. *भारत के वन्य पशु,* श्रीराम शर्मा, प्रकाशन विभाग, सूचना और प्रसारण मंत्रालय, भारत सरकार, 1966
19. *भारती का खँडहर,* डॉ. जगदीश कुमार, राधाकृष्ण प्रकाशन, 1971
20. *भारतीय प्रतीक विद्या,* डॉ. जनार्दन मिश्र, बिहार राष्ट्रभाषा परिषद, पटना, 1959
21. *माताभूमि,* वासुदेवशरण अग्रवाल, चेतना प्रकाशन लिमिटेड, हैदराबाद, सं. 2010 वि.
22. *मधुमालती,* सम्पादक माताप्रसाद गुप्त, मिश्र प्रकाशन प्रा. लि. इलाहाबाद 1961

23. *मनोविश्लेषण और साहित्यालोचन,* प्रो. कलीमुद्दीन अहमद, अनुवादक : डॉ. देवेन्द्रनाथ शर्मा, भारती भवन, पटना, 1969
24. *मनोविज्ञान की ऐतिहासिक रूपरेखा,* डॉ. सीताराम जायसवाल, हिन्दी समिति, सूचना विभाग, उत्तर प्रदेश शासन, लखनऊ, 1972
25. *यामा,* महादेवी वर्मा, भारती भंडार, इलाहाबाद, तृतीय संस्करण
26. *रघुवंश* (कालिदास ग्रन्थावली), सीताराम चतुर्वेदी, अखिल भारतीय विक्रम परिषद, काशी, द्वितीय संस्करण।
27. *रामचन्द्रिका,* केशवदास, अनुवादक : भगवानदीन, रामनारायणलाल बेनीमाधव, इलाहाबाद, दशमावृत्ति
28. *रामचरितमानस*—गीताप्रेस, गोरखपुर
29. *रिचर्ड्स के आलोचना सिद्धान्त,* डॉ. शम्भूदत्त झा, भारती भवन, पटना, 1967
30. *रीति विज्ञान,* विद्यानिवास मिश्र, राधाकृष्ण प्रकाशन, 1973
31. *विवेकानन्द-रोमां रोलां,* अनुवादक : अज्ञेय, रघुवीर सहाय, लोकभारती प्रकाशन, इलाहाबाद, 1968
32. *शैलीविज्ञान और आलोचना की नई भूमिका,* रवीन्द्र श्रीवास्तव, केन्द्रीय हिन्दी संस्थान, आगरा
33. *सन्धिनी, महादेवी वर्मा,* लोकभारती प्रकाशन, इलाहाबाद, 1969
34. *सतह से उठता आदमी,* गजानन माधव मुक्तिबोध, भारतीय ज्ञानपीठ प्रकाशन, 1972
35. *सात गीत वर्ष,* डॉ. धर्मवीर भारती, भारतीय ज्ञानपीठ, 1964
36. *सुन्दरविलास,* सुन्दरदास
37. *हिन्दी साहित्य* (द्वितीय खंड), डॉ. धीरेन्द्र वर्मा, ब्रजेश्वर वर्मा, भारतीय हिन्दी परिषद, प्रयाग, 1959
38. *हिन्दी साहित्य का आलोचनात्मक इतिहास*—डॉ. रामकुमार वर्मा, रामनारायण लाल, इलाहाबाद, 1954

### (द) अंग्रेज़ी

1. *Archetypal Patterns in Poetry*—Moud Bodhin, Oxford University Press, London, 1963.
2. *Complex/Archetype/ Symbol in the Psychology of C. G. Jung*, Dr. Jolande Jocobi (Originally published in German as 'Komplex/ Archrtypus/ Symbol in der Psychologic C. G. Jungs by Raschar Vwriag, Jurich and Stuttgart, 1957), Translated by Ralph Manheim, Roulege & Kegan Paul, London.
3. *The Enchaferd Flood* (or the romantic incarnography of the sea), W. H. Auden, Faber & Faber, (Lectures delivered in March, 1949).
4. *The origin and History of Consciousness*—Erich Neumam, Tr. R. F. C. Hull, Rautheon Books, New York, 1954.
5. *An Introduction to Jung's Psychology*—Mrs. Fordham, Penguin Books Ltd; London, 1953.
6. *Man And His Symbols*, C. G. Jung and M. L. Ovon Franz, Joseph L. Henderson, Jolande Jacobi, Aniela Jaffe, Adlers Book Ltd ; London, 1964.
7. *New Developments in Analytical Psychology*—Michael Fortham, Routledge& Kegan Paul, London, 1957.

8. *The Psychology of C. G. Jung*—Dr. Jolande Jacobi, Translated froms Guraman 'Die Psychologic von C. G. Jung' by K. W. Bash (Chic), Kegan Paul, Trench, Trubner & Co. Ltd ; London, 1942.
9. *The Forms of the Things Unknown*, Herbert Read, Faber and Faber Ltd., London

## कोश ग्रन्थ

### (अ) हिन्दी

1. बृहत् हिन्दी कोश
2. हिन्दी कथाकोश (हिन्दुस्तानी एकेडेमी)
3. हिन्दी विश्वकोश
4. हिन्दी साहित्य कोश (भाग 1)

### (ब) अंग्रेज़ी

1. *Dictionary of Psychology*, Ed. : Howard C. Warren, Houghton Mifflin Company, The Riberside Press Cambridge, U.S.A.
2. *Dictionary of Philosophy and Psychology*, Ed. James Mark Baldwin, The Macmillan Company, New York.
3. *Encyclopedia of Poetry and Poetics*, Ed. : Alex Praminger, Associated Ed. : Frank J. Warnke and O. B. Hardison, J. R., Princeton University Press, 1965.
4. *Encyclopedia of Psycho-analysis*, Ludwig Eidelberg, M. D., Editor in Chief, The Free Press, New York, 1968.
5. *Encyclopedia of Psychology*, Editors : H. G. Eyenck, London and, W. Arnond, Wureberg; Executive Ed : J. Cumming, R. Meile, Berne ; Search Press, London 1972.
6. *Psychiatric Dictionary*, Liland E ; Hinsie, M. D, and Roberd Iean Campbell, M. D., Oxford University Press, New York, 1960.

### (स) पत्र-पत्रिकाएँ

1. वार्षिक लेखक संगोष्ठी 1976-77 के शोध-पत्र, भाषा विभाग, हरियाणा सरकार, चंडीगढ़
2. समन्विति, दिल्ली विश्वविद्यालय

✪